JN057796

ダ(ﾞﾞ)メになる

Anthropology at a "Neutral Point" of Inconsequence

人類学

監修 **吉野 晃**

編 岩野邦康・田所聖志
稲澤 努・小林宏至

DAME/TAME

Edited by YOSHINO Akira,
IWANO Kuniyasu, TADOKORO Kiyoshi,
INAZAWA Tsutomu, and KOBAYASHI Hiroshi

北樹出版

はじめに

　本書を読んでいる方はどのような気持ちでこの本を手に取ったのだろうか。ダメというタイトルが気になったから？　大学の先生に教科書指定されたから仕方なく？　あるいはウェブサイトの隅っこに出てきたからかもしれない。いずれにせよ、まず読者が気になるのは、「ダメ」という部分であろう。結論を先に述べれば、本書は、ダメ（駄目）であり、かつタメ（為）でもある本を目指して編まれたものである。そのため書名も、見方によっては「ダメになる人類学」と見えることもあるし、「タメになる人類学」と見えることもある。本書は、ダメそうな（文化）人類学者が、ダメそうな人たちと共有したダメな事例を集めた、珠玉の事例集である。これらは一見すると、ダメなようにも思えるが、時には積極的にダメになることは返ってダメ（駄目）ではなくタメ（為）になるのではないか、と編者らは考えている。

　ダメの語源は囲碁にあると言われている。ダメとはつまり「駄目」である。囲碁は白と黒の石を置いて、どちらがより多くの陣地をとるか、というゲームなわけだが、駄目とは、打っても打たなくても別に領地が増えるわけではない目を指す。だから駄目の場所に石を置いたとしても、勝負に影響を及ぼすわけではない。それが転じて、「役に立たない」であるとか、「使い物にならない」といった意味で使われる言葉となったわけだが、われわれはこのダメな感じを積極的に評価したいと思っている。

　勝敗という目指すべき方向性がある囲碁であるならばともかく、私たちの人生・生活には明確な方向性や指標があるわけではない。ただ、「こうした方がよいよ」と言われることは多く、実際、助言に従った方がよいことの方が多いのだが、人生・生活は常に最善手を打ち続けられるわけではない。明確な勝敗があるわけではない日常生活において最善手が何かなどわかるはずもなく、私たちは時として、駄目を指して落ち込んだりもする。「あぁ、無駄だった」「失敗してしまった」「正規ルートから外れてしまった」と。しかし、ダメなことはかなり状況依存的で、場合によってはタメになることかもしれない。

私たちの日常生活はさまざまな制約に溢れている。たとえば、小さいころから、あれをしてはダメだ、これをしてはダメだと言われて育つ。たとえば人を殺してはダメだという大きな問題から、授業中に寝てはダメだという日常生活の細部に至るまで、ダメに包まれているのである。そして場合によってはそのダメなことは、ある社会における慣習として〇〇文化として継承されたり、法律や条例で明文化されたりすることもある。

　しかし興味深いことに、かつてダメだったけれど今はよくなった、または、かつてはよかったけれど、今はダメになったということもある。たとえば、性の多様性（LGBTQ）は、かつてこそほとんど社会的に認知されたり承認されたりすることはなかったが、現在では少しずつ理解されるようになってきている。逆に喫煙文化は、かつてこそどこにでも（それこそ駅、エレベータ前、飛行機の中にまで）灰皿があったが、今では建物や地域全体で全面禁煙化され、メディアにおいては喫煙シーンの放送自粛などといった状況にまで追い込まれている。

　つまり囲碁の駄目とは違い、日常生活におけるダメかどうかは、非常に状況依存的であり、その線引きはその時代や社会状況に大きく依存している。なので、世間や社会から「ダメだね」とか「ダメ人間」と言われてもあまり気にしないようにしよう。その点、文化人類学者は基本的に世間から見て（よい意味で）「ダメ」な領域の人が多いような気がする。

　文化人類学者の「仕事場」はフィールドとも呼ばれるが、フィールドにいる文化人類学者は、対象社会の規範と価値を常に頭のどこかで気にしながら聞き取りや分析を行っている。どうして彼／彼女はあんなにも周りから称賛されるのだろうか、とか、さっきの行為で急にみんなの顔色が曇ったぞ、とかである。これらを注視することは、なにをダメとし、なにをダメとしないのかを強く意識しているということの現れでもある。また文化人類学者は、その社会でダメとされる人物や振る舞いを否定しないばかりか、それらを積極的に取りあげてその社会が大切にしているものを明らかにしようとする。ダメとされる人物の語りや、ダメとされる行為の背景が、意外とその社会の本質を突いていると感じた経験をもつ文化人類学者は多いのではないだろうか。

　つまり文化人類学者は、二重の意味で「ダメの専門家」とも言えるのである。一つは、人類の文化のもつ多様性に寛容で、かつ、そこにこそ注目する学問的背

景をもった研究者として。もう一つは、文化の多様性に共感した結果、自身の振る舞いもおおらかで寛容になってしまった人間として。つまり「ダメの専門家」が書く、「ダメ」の事例集が本書『ダメになる人類学』である。

　本書は、以下の2通りの人たちを主たる読者と想定して書かれている。一つは、大学の1年生で初めて文化人類学という学問に触れる学生である。たとえ文化人類学を専攻するわけではない経済学部、工学部、理学部、法学部……などの学生であっても伝わるように書かれている（つもりである）。「やっぱり日本人でよかった。日本に生まれてよかった」ではなく、「うーん……この人たちはダメだなぁ。でもまぁ楽しそうではあるし、それもありかな」と思ってくれれば本望である。大学生活はいろいろな悩みもあろうかと思うが、ダメだと感じたり、もうダメだと思ったとしても本書を繰って、著者らを笑い生きる糧にしてくれればと願っている。

　もう一つの対象は、かつて大学で文化人類学を学んだ人たちを想定している。「グローバル化と言われ続けて何十年もたったけど、まだ『未開』ってあるの？」そもそも「いまの文化人類学者って何やっているの？」ということに対して、（まだ／新たに）こんなことやってますよ、と答えているつもりである。ヌアーは難民キャンプで牛（あるいは野生のキュウリ）がなくなったら今度はレモンを使うし、超監視国家となった中国においては現代版「上有政策下有対策（上に政策あれば下に対策あり）」が継続しているし、パプアニューギニアでは婚資が豚から現金となったのだけれど、再び現金から豚に戻ったりしている。そういう意味で、文化人類学者らは今だに忙しく過ごしている。

　本書は「教科書」として使うことも想定してつくられているが、いわゆる一般的な教科書とは様相を異にしている。つまり、学説史や文化人類学における諸理論をほとんど記載していないのである（その代わりに各章末にはBook Guide、各部末にはキーワードリストが用意されている）。それには以下のような理由がある。まず、学説史や諸理論を紹介する良書はすでに数多出版されているため。また文化人類学やその周辺領域を専攻しない学生（経済学部、工学部、理学部、法学部……）にとっては、学説史や諸理論は「入口」として敷居が高いためである。そして何より編者らは、文化人類学の一番面白い部分は、想像力を掻き立てる事例（特に執筆者自身が登場する部分）にあると考えているためである。

本書を「教科書」として使用する場合は、反転授業として使用してもらえればと考えている。つまり事前に本書の該当箇所を読んできてもらい、講義にてその学説史的背景、理論的な説明を加えるということである。本書は、これまで文化人類学の教科書で何度も登場してきたような基本的な概念（アニミズム、機能主義、通過儀礼、構造主義……等々）に対してほとんど言及していない。学生はまずは事例を読んできて、授業の中でそれを体系的に解説してもらい、理解するというのが本書を「教科書」として使用した際の使い方となる。

　前置きが長くなってしまったが、最後にもう一つだけ。本書は、学術的な諸問題、日常における疑問の終着点・到達点として想定されて編まれたわけではない。むしろその逆で、本書から学問的な諸問題、日常的な疑問が開かれていくというようになれば、という思いで編まれている。そのため各章の末尾には、Further Studies として、参考文献ではなく、この場所に行こう、このサイトを見てみよう、この観点からこの作品を観てみよう！といった項目を設けている。本書はゴールではなく、スタートである。ぜひ本書をもって「街」にでてほしい。

　本書が『ダメになる人類学』となるか『タメになる人類学』となるかは、あなた次第だ。

目 次

はじめに　　ii

第1部

生業・生態

Chapter

1 移動への構え──家を堅牢につくっちゃダメですか？　2
家はしっかりつくる？　2／定住／移動に関する研究　2／ミエンの焼畑と家の建て方
3／移動するか定住するか　4

2 "丁寧な暮らし"と過去になりたての未来
　　──食べ物は手づくりじゃなきゃダメでしたっけ？　6
様々なレトロフューチャー　6／レトロフューチャーとしてみる日本農業機械史と手仕事
6／歩行型トラクター・自脱型コンバインの描いた未来予想図　7／丁寧な暮らし・丁寧な歴
史意識──"未来"と"過去"双方向の予想図　8

3 資源管理と集団魚毒漁──コモンズには社会の秩序がないとダメ　10
コモンズと社会の秩序　10／小規模社会の資源管理　10／テワーダの集団魚毒漁　11／
グローバル・コモンズ概念の難しさ　13

4 人が決めてもダメでした──人間と家畜の関係性　14
ノマド（遊牧民）に惹かれて　14／家畜利用とその原理　14／あなたはなぜ移動したの？
15／自然と人とのかかわりあい　16

5 もめごとの処理──話し合わなきゃダメですか？　18
もめごとを処理する　18／狩猟採集民にみるもめごとの処理　18／「身を引く」というこ
と　19／解決することと解消すること　20

第2部

食と習慣

Chapter

1 混ぜないビビンバがダメな理由──韓国料理が大事にするもの　24
韓国料理との距離感　24／なぜ混ぜて食べるのか　24／美味しさの背景　26／混ぜない
ビビンバとは　27

2 ニューギニア島の食生活と歴史──サツマイモなしではダメなのです　28
ニューギニア島の食生活　28／人類の食生活の多様性　28／イモとニューギニア高地人
29／日本でのサツマイモと社会の変革　31

3 時間の感覚と生活習慣──0時に日付が変わらないとダメですか？　32
時刻に合わせた生活　32／人類と時間の観念　32／旧暦と新暦──並行する2つの時間
33／時計の「時間」＝絶対的な基準？──縛られなくてもよいのかも？　35

4 働かないとダメですか？
　──業務内容：飲茶（アットホームな「職場」です）　36

「勉強しなさい！」がない社会　36／「もう一つの資本主義経済」が教えてくれること　36／日に数回お茶を飲むアットホームな「職場」です　37／人付き合いこそが「仕事」です　39

5 異なる医療文化の出会い──脈診は片腕だけじゃダメでした　40

医療と歴史・文化　40／東アジアへの近代医療の導入──中国大陸を中心に　40／史料からみる異なる医療文化の出会い　41／医療・身体に関する人類学と歴史学　43

第 3 部

交換と経済

Chapter

1 婚資を分割払いしてはダメですか？── 一括払いは水くさい　46

贈与とお返し　46／贈与交換と婚資　46／ミエンの婚資　47／負い目は縁？　48

2 あなたのコメはどこから？　わたしは実家から！
　──自由にコメを送っちゃダメだった国ニッポンの現在　50

日々食べるコメの入手方法から覗く「直近の過去」　50／食糧の調達をめぐる社会と近代　50／コメの調達をめぐる人々の歴史意識　51／身辺卑近の問いから見える直近の過去と社会　52

3 資源開発と結婚ブーム──現金はダメだからまたブタで　54

鉱物エネルギー資源開発がもたらすものとは　54／資源開発による生活と社会への影響　54／資源開発のもたらした結婚ブーム　55／資源開発をどのように「文化人類学する」のか　56

4 勝手に使っちゃダメですか？──モノの所有と使用　58

自分のモノとは？　58／「モノを所有する」こと　58／そこは他人の家だけど？　59／変わっていく所有の概念　61

5 シェアリングが支える豊かさ──そんなに持たなきゃダメですか？　62

持つこと＝豊かさ？　62／持たないこと＝豊かさ？　62／今日のムラブリ　63／分かち合うということ　64

第 4 部

コトバと世界観

Chapter

1 洗濯物の下をくぐっちゃダメなわけ
　──バリ島における上下の秩序と世界観　68

洗濯物の下をくぐってはいけない？　68／パンツで知る上下の秩序　68／秩序の感覚と世界観　69／身体感覚としての「浄性」　70

2　時間と人間関係──集合時間を決めてもダメでした　72

時間とは　72／時間学の問い　72／テワーダにおける約束・時間・人間関係　73／時間
と人間関係の捉え方　75

3　コーラがオレンジ色ではダメですか？──言葉とカテゴリー　76

とりあえずビール　76／名前とモノ──どの文化でも常に同じものを指し示すのか　76／
フィールドの宴会から　77／「観察」のおもしろさ　78

4　用語に惑わされてはダメ！──琉球語の人称と数の話　80

「僕らはみんな生きている」　80／除外と包括　80／包括は1人称複数か？　81／「僕
らはみんな生きている」から見えてきたこと　83

5　識字文化の諸相──本は読まないとダメですか？　84

読むことを期待されていない文字？　84／声の文化と文字の文化　84／東南アジアの宗教
リテラシーの事例　85／読んでわからない文字言語、聞いてわからない音声言語　86

第5部

────── 家族・親族 ──────

Chapter

1　ミエンの親子観──血がつながってなければダメですか？　90

親子は血がつながっている？　90／親子関係の研究　90／ミエンの養子　91／人間関係
の多面性　93

2　核家族化──大家族ではダメですか？　94

日本の家族　94／核家族化？　94／ミエンの家族　94／家族の形　97

3　移動を生きる──家族って一緒に暮らさなきゃダメですか　98

今、離れて暮らす家族たち　98／文化人類学における家族をめぐる議論　99／分散居住──
トランスナショナルな家族の営み　99／家族って一緒に暮らさなきゃダメですか　101

4　漢族の名前と世代──勝手に名前を変えたらダメですか？　102

名前は勝手に変えることができない？　102／漢族社会における名前の「ルール」　102／
名は体（と系譜と世代）を表す　103／名前を変えてはダメですか？　105

5　祖先は恋のオジャマ虫──気軽に好きな人と交わっちゃダメですよね？　106

恋愛・性愛の多様化とインセスト・タブー　106／インセスト・タブーと人類学　106／祖
先の目を気にしながらのアプローチ　107／いつでもどこでも不自由な恋愛　108

6　ふたつの絆──つながらないとダメですか？　110

「つながり」って何？　110／つながりの諸相　110／「くっついてはいけない」　111／
キズナ中毒を考える　112

第6部

儀礼・宗教

Chapter

1 ウシに生きられなくなった人々——代わりにレモンじゃダメですか？ 118
人生うまくいっていますか？ 118／ウシの供儀 118／ウシを失ったとき 119／あなたにとっての「レモン」とは？ 121

2 「問いの精霊」に憑かれた女
——主体性や自己がなくてはダメだと考えるのはダメかもしれない 122
自己が過剰な現代社会？ 122／自己や人格をめぐる人類学 122／「かけがえのない自己」の怪しさ 123／自分ではないものとともにある自己 124

3 拾われなかった遺骨の行方
——残骨灰を廃棄してもダメじゃない、だけど…… 126
火葬場に残された父の骨 126／飛躍的な火葬の普及で生じた残骨灰 126／ご遺骨をぞんざいには扱えません 127／遺骨をどう扱いますか？ 129

4 宗教の定義をめぐる問題——信じてない神様を拝んじゃダメですか？ 130
アナタハ神ヲ信ジマスカ？ 130／「宗教は信仰の表現だ」という考えは意外に新しい 130／タイ国の山地から 131／無信仰は正しい？ 132

第7部

ジェンダー

Chapter

1 儀礼の変化——女性が儀礼を執り行ってはダメですか？ 136
ジェンダーによるタブー 136／宗教とジェンダー 136／ミエンの従来の儀礼と女性の参入 136／ジェンダーの壁の乗り越え方 139

2 保健活動と性——人前で話題にしてはダメなこと 140
性と医療の普遍性と個別性 140／保健活動と性 140／テワーダと村落保健 141／性の医療化 143

3 ニューギニア高地社会の「男らしさ」——モテなくてはダメですか 144
「モテ」と「男らしさ」 144／ニューギニアの「男らしさ」と身体観 144／ひとり身の男性たち 145／「儀礼的同性愛」の現在 147

4 移民女性とジェンダー ——「女は外、男は内」じゃダメですか？ 148
家事・育児は元々女性の仕事なのか 148／家庭内の性別分業をめぐる議論 148／妻の海外移動と家庭内性別役割分担の再編 149／「女は外、男は内」はやはりダメなのか 150

第 8 部

記憶と歴史

Chapter

1 雪かきをめぐる、知恵と工夫とやっつけ仕事
——雪国のダメな感じのブリコラージュ　154

国境の長いトンネルを抜けて、新幹線で 1 時間くらい走ると、そこはさほど雪国ではなかった
154／環境決定論と雪かき作業の近代史　154／除雪システムの体系化とブリコラージュ的雪
かき　155／「文化人類学的雪かき」をめぐって　156

2 祖先の歴史——コピペではダメですか？　158

「本当の事実」を探そうとする人々　158／記憶と歴史　158／現代中国における族譜の編纂
159／各社会における「写す」ことの意味　160

3 複数の歴史を生きてはダメですか？——祖先を選んで「未来」を創る　162

修学旅行はどこへ？　162／複数の歴史を生きること　162／始祖を選んでアイデンティ
ティを決める　163／福建農村の歴史学習（親族ツーリズム）　164

4 「記憶」が「歴史」になるとき——活字で残さないとダメなんです　166

昔の暮らしを記録する活動・仕事　166／民俗学における「記憶」論　166／市民からの希
望で「歴史」を書き残す　167／「記憶」から「歴史」へ　168

第 9 部

メディア・表象

Chapter

1 民族とエスニシティ——漁業をしない漁民はダメですか？　172

名は体を表す？　172／固定的な「部族」から「エスニックグループ」へ　172／漁業をし
ない「漁民」　173／文脈・状況依存的な「自分たち」「あの人たち」　174

2 メディアが文化を創ってはダメですか？
——その話、誰から聞いた？　何から聴いた？　176

近所のオジサンとトランプ大統領　176／ウインクからサイバー空間まで　176／メディア
によって創られる民俗知識　177／メタレベルから文化や伝統を再考する　179

3 情報化社会を生き抜くヌエル人
——閲覧者数＝真実と考えるのはダメですか？　180

インターネットの信じ方とは？　180／真実を作り出すものは何／誰か　180／アフリカで
出会った真偽判定のロジック　181／強大な真実生成装置　183

4 高齢者とコミュニティ
　──高齢者が神前でエアロビをしてはダメですか？　184

「高齢者」は弱者？　184／福祉の人類学、老年人類学そしてポピュラー文化研究からみた「高齢者」　184／守護霊儀礼での高齢者による「奉納エアロビ」：タイ北部のフィールドから　185／儀礼を見直す、そして高齢者の新たな役割・居場所を考える　186

第10部
国民国家とガバナンス

Chapter

1 "文化資源"とお国自慢
　──大河ドラマと博物館は、タイアップしなきゃダメですか？　190

"文化資源"の登場と地域の博物館　190／文化資源とは？　190／文化資源としての地域の歴史と「お国自慢」　191／文化資源の掘り方──露天掘りから採掘方法の模索へ　192

2 茅葺の家ではダメですか──地域社会を形成していた年齢階梯集団　194

災害と地域社会　194／日本の村落と年齢階梯集団　194／常識にとらわれない町おこし　195／変わりゆく社会集団　196

3 国家の指示通りではダメだから
　──イデオロギー国家における国営農場の運営戦略　198

東西冷戦時代とわたし　198／社会主義国に関する研究動向　198／すべてはノルマ達成のため　199／微視的視点からみる社会主義社会　201

4 ダメなガソリンスタンド
　──違法だが不正ではない？　村社会のルール　202

傷んだバイクで走りだす　202／法を越境する村のモラル　202／ダメなガソリンスタンド　203／違法だが不正ではない　205

5 平和構築とノープロブレム
　──自分が世界の中心じゃやっぱりダメですか？　206

自分が中心ではいけない人類学者　206／人類学的平和研究のジレンマ　206／自文化中心主義？　それともフィールドの世界観？　207／悩ましい「自己中」の問題　208

引用・参考文献　211
おわりに　218
事項索引　221
人名索引　224
著者紹介　225

凡 例

・キーワードリスト

　各部の終わりに 50 音順でキーワードを挙げています(本文中ゴチック表記)。また、各キーワードを取り上げている事典等（以下①〜⑦）の略称および掲載ページ数を示し、項目名が本書中と異なる場合は、〔　〕内に、掲載ページにおける見出し・項目名を記載しています。

参考文献（太字は略称)

- ①（**弘**）石川栄吉・梅棹忠夫ほか編『文化人類学事典（縮刷版）』弘文堂、1994 年
- ②（**最新**）綾部恒雄編『文化人類学最新術語 100』弘文堂、2002 年
- ③（**民俗**）福田アジオ・新谷尚紀ほか編『精選 日本民俗辞典』吉川弘文館、2006 年
- ④（**20**）綾部恒雄編『文化人類学 20 の理論』弘文堂、2006 年
- ⑤（**キー**）山下晋司・船曳建夫編『文化人類学キーワード（改訂版)』有斐閣、2008 年
- ⑥（**丸善**）日本文化人類学会編『文化人類学事典』丸善、2009 年
- ⑦（**Lex**）奥野克巳・石倉敏明編『Lexicon 現代人類学』以文社、2018 年

・本文中の写真は、断りのない限り筆者撮影。
・本書には、法や慣習、ある社会における常識等を逸脱する事例についての記述があるが、それらは、各社会において犯罪とされる行為を推奨するものではないことに留意されたい。

第１部

生業・生態

Chapter 1

移動への構え
家を堅牢につくっちゃダメですか？

▦1▦　家はしっかりつくる？

　終の住処はしっかりつくりたい。地震・天災の多い日本に住んでいると、しっかりした耐震建築や防災建築に心を砕く。しかし、**生業**や環境が異なると、そうした「常識」は通用しない。

▦2▦　定住／移動に関する研究

　普通、生業の型は**狩猟**、**採集**、**牧畜**、**農耕**と分けられる。この他に**漁撈**もある。これらの生業のうち、**定住性**の高い農耕以外は、何らかの意味で**移動**を伴う。採集狩猟民は自然の動植物を採捕し、牧畜民は野生の植物を**家畜群**に食べさせる。いずれも自然の植物や動物の繁殖に依拠している。1か所に定住してその周囲の資源が枯渇してしまっては、次世代の動植物の繁殖は期待できない。よって、移動が必然的に伴う。牧畜民の移動は、季節による移動であり、環境の異なる2か所間の移動（移牧）や四季ごとの移動などがある。

　生業は、食糧となる動植物の種の再生産に人間が介入するか否かで分類されてきた。農耕は植物の、牧畜は動物の種の再生産過程に人間が介入する。これには植物の作物化と動物の家畜化も含まれる（**ドメスティケーション**）。一方、採集と狩猟と漁撈は種の再生産には介入しない。この線で生業が分類されてきたが、移動（遊動）のあるなしで分類する意見もある。西田正規は、遊動生活と定住生活に大別し、遊動生活のなかに遊動的採集狩猟民と牧畜民、定住生活のなかに中緯度森林の定住的採集狩猟民と農耕民を分類した［西田　2007］。**焼畑**耕作民は、日本の焼畑耕作のように定住的な焼畑耕作を行う人々もいるが、一方で数年ごとに移住をくり返す移動性の高い焼畑耕作民もいる（そのメカニズムは次節で述べる）。この移動性の高い焼畑耕作民は、遊動生活民と定住生活民の中間に位置する。移動するといっても、年間を通しての遊動ではないので、遊動生活民には分類できない。

▪3▪　ミエンの焼畑と家の建て方

　ミエンはタイの山地にいる農耕民である。他民族からはヤオと呼ばれ、古くは中国南部から、焼畑耕作を行いつつヴェトナムやラオスを経てタイまで至った。今でも、湖南、広東、広西、雲南、ヴェトナム、ラオス、タイに広く分布する。焼畑耕作は耕地の切り替えを頻繁に行うため、耕地の切り替えに伴って住居の移動も起こる。タイのミエンが耕作する陸稲（りくとう／おかぼ）は、毎年畑を開かねばならない。陸稲は雑草に弱く、同じ耕地で2年目になると雑草が増えてきて陸稲の収量は急速に下がるからである。休閑（耕作せず放置すること）は少なくとも5年は必要であり、できれば10年以上休閑したほうがよい。そうなると、現在耕作している土地の十倍以上の土地が必要となる。焼畑耕作の人口支持力が弱い所以である（1平方キロメートルあたり数人〜30人）。陸稲を植えた後には、別の作物を輪作の形で栽培し、3〜4年で休閑する。このほかに、以前はアヘン芥子を栽培していた。

　村の人口が増えれば、より遠くに畑を開かざるをえない。しかし、片道2時間以上かかるような所での耕作は効率が悪い。そのため、畑の近くに出作り小屋をつくりそこで寝泊まりして耕作するが、そうした出作り小屋が増えて出作り小屋群ができる。この段階ではあくまでも耕作のための一時的出作り小屋の群れである。徐々に生活の重点をこの出作り小屋群へ移していき、結果として村へ成長する。そのような過程で移動が行われてきた。これは村の人の過去の移動歴などを聞いて再構成したプロセスである。もちろん、戦乱や疫病などの災厄を避けるための移動もあった。また、既存の村へ直接移動することもあった。いずれにしても、移動はミエンの生活につきものであった。実際に移動歴を聞くと、5年に1回の頻度で移動していた人もいたくらいである。

　タイでは1990年に商業的木材伐採禁止令が出て、一部でまだ行っている所はあるが、全国レベルでは焼畑耕作はできなくなった。直接的に焼畑耕作を禁止したのではなく、一定の太さ以上の木は切ってはならないという政策であったが、木を伐れないのでは焼畑耕作はできない。結果としてミエンの焼畑耕作の歴史に終止符が打たれた。その後は常畑耕作に移行し、肥料と農薬を使った農法に替わった。そうしたことがあって、1990年代には海外出稼ぎがピークとなった。

シンガポールや台湾、香港に出稼ぎに行く人が増えた。2年ほど働いて金を貯め、村に戻るのである。

　台湾の工場で出稼ぎして帰ってきた男性の話である。彼は出稼ぎで貯めた金で家を新築した。50歳過ぎの頃だった。平屋で、土台から1メートル位の高さまでコンクリートの壁をつくり、その上に材木で壁を建てた。わたしが「壁全部をコンクリートにしたらよいのに」と言ったら、思わぬ返事が返ってきた。「それだと壊しにくいじゃないか」。え?! 壊すために建てているのか？　そうではなかった。彼の説明では、従来、ミエンは移動するときに旧居を壊して移動する。具体的には屋根を落とすのである。それによって、人が住んでいる家ではないことを示す。そうして毀たれた**家屋**をわたしもいくつか見てきた。それが移動のときのマナーである。

　しかし、すでに焼畑耕作は行われていない。常畑耕作になり、定住化の趨勢は明らかである。彼もこの村に50年以上住んでいる。そもそも、新たに土地を探しに行くとして、どこへ行くのか？　かつてのように自由に耕地を切り開ける森林の余地などない。都市部へ移住するならともかく、耕作に伴って移動することはほとんどあり得ない。しかし、彼は家を建てるときに、いざ移動となったら壊しやすいことを念頭に置いていた。それで、壁の半分は木製となっていたのである。ここに、実際の生業が替わっても、代々の移住生活で培われた移動への気構えがミエンには色濃く残っていることを知らされたのである。

■4■　移動するか定住するか

　このように、生業や環境によって、**家屋**に対する感覚は大きく異なる。件の男性は焼畑耕作を経験してきた世代であるから、このような感覚をもっていた。しかし、常畑耕作が常態となってから生まれた新しい世代の者が、同様にこのような感覚をもっているとは限らない。

　生業と移動／定住は密接に関連しており、生業が変わっても、移動／定住の感覚は残るものである。家屋の建て方には、その社会の**世界観**、**霊魂観**、**社会構造**、**ジェンダー**などが色濃く反映されているが、環境世界に対してどう生きてゆくかという長年培われた感覚やスタイルも反映されるのである。

（吉野　晃）

牧畜や狩猟採集、漁撈を生業としている人たちはどのような住まいに住んでいるのだろうか。ま
た、移動はどのように行っているのだろうか。調べてみよう。

Book Guide

サーヴィス，E. M. 著，増田義郎監修，1991，『民族の世界——未開社会の多彩な生活様式の探
　　究』講談社学術文庫（初出 1979）
清水郁郎，2005，『家屋とひとの民族誌——北タイ山地民アカと住まいの相互構築誌』風響社
西田正規，2007，『人類史のなかの定住革命』講談社学術文庫（初出 1986）

"丁寧な暮らし" と過去になりたての未来

食べ物は手づくりじゃなきゃダメでしたっけ？

■1■　様々なレトロフューチャー

　1950〜60年代に描かれた未来都市は、透明なチューブウェイが中空に張りめ
ぐらされ、人々はぴったりとした全身タイツ状の衣服を身にまとっていた。[1] 21
世紀に突入して久しいが、残念ながらこういった景色が実現する気配はない。

　「昔の未来」は商業デザインの世界では"レトロフューチャー"という一つのジャ
ンルとなっている。SF映画の世界設定などではしばしば効果的に使われている
ので、馴染みのある人も多いだろう。

　デザイン分野以外のレトロフューチャーはわりと切なく苦みを伴うことが多
い。交通インフラなどでは、なまじ規模が大きい分「つわものどもが夢のあと」
的な風情を漂わせる物件が各地に散見される。日本国内の有名どころでは、姫路
モノレール[2]、武蔵野操車場[3]などが、この手のものが好きな好事家たちによく
知られている。世界的には旧共産圏などにも多数存在しているようである。

　社会の各所には、予測された未来が予測通りに到来せず、中途半端な形で佇ん
でいる事柄は意外に多い。むしろ予測が完全に的中した成功例のほうが少数派な
のではないかと思えるほどである。

■2■　レトロフューチャーとしてみる日本農業機械史と手仕事

　一例として日本の農業、特に農業機械の歴史をレトロフューチャー的に概観し
てみよう。

　2010年代末である現在、望ましい農業および農産品のイメージは、生産者の
細やかな配慮による高品質で新鮮な作物が、家庭の台所に届き調理され消費者に
美味しく食される、というものであろう。いわゆる"丁寧な暮らし"というキー
ワードが、このような価値観を象徴している。実際の農作業の行程がどの程度自
動化され効率化されているかよりも、顔が見える手仕事感が重視されている時代
だということができる。

一方、歴史を紐解けば、20世紀半ばまで日本の食糧需給は供給不足を基調としていた。特に主食である米の供給不足は慢性化していた。そのため、農業・食糧政策および関連する諸制度は、基本的に安定供給のため増産を機軸として整備された。こうした政策は農村政策とも関連し、近代的な農業土木技術による農地の整備と同時に、積極的な各種農業機械の導入の背景となっていた。

　一般に1950〜1960年代は、日本が工業立国に成功し経済成長していく時期として語られることが多い。しかし農村部に注目すると、景観は、それまでの変化に比べれば激変といってよいほどに変化し、労働の変化を必然的に伴う機械化が進展していた。日本の農村社会の特徴のひとつであった稲作の労働をめぐる**ユイ**、**モヤイ**、スケなど、お互いに助けあいながら働く機会は、機械化とともに失われていった。

　文化人類学は近代化以前の社会を対象とすることが多かったが、近年では機械化など**新しい技術の導入**についての調査研究も活発である。森田敦郎［2012］はタイの農業機械の製造と普及について調査を行い、日本とは異なるエンジニアリングのしくみに注目している。

▓3▓　歩行型トラクター・自脱型コンバインの描いた未来予想図

　日本の稲作農業は、1960年代後半から1970年代前半に主要な作業をすべて機械化することに成功した。その過程は直線的ではなく、農政官僚、農業機械技術者、農家の試行錯誤に満ちていた。

　1930年代、まず機械化が進展したのは、脱穀調整作業であった。回転脱穀機に動力を導入するかたちで開発された動力脱穀機が普及し、ゴムローラー式の籾摺り機も普及した。

　第二次世界大戦前には、岡山県、石川県などの先進地域で自動耕耘機が開発され導入されたが、全国的に耕耘機が普及するのは、1954（昭和29）年に神奈川県川崎市の農機具メーカー細王舎が輸入改良し、各種アタッチメントを開発したメリーティラーの発売を契機とした。小型で低廉な歩行型トラクターは、より大型の耕耘機の普及を予想していた農業機械技術者の思惑を超えて、爆発的に普及した。これは、性能は劣っても安価で入手しやすい機械を求める小規模自作農の思惑を反映していた。

広く普及した歩行型トラクターは、機械の入替時期により高性能な四輪の乗用トラクターに置き換えられたため市場は縮小したが、現在でも家庭菜園用のものが普及している。1950〜60年代を舞台とする映画などには、当時の近代化しつつある農家のアイコンとしてしばしば登場する。[4]

　1960年代中盤の収穫作業の機械化をめぐっても、いくつかの未来予想図があった。高度経済成長期に都市部と農村部の収入格差が拡大していたため、農政は農家経営の大規模化を目指していた。そのため、収穫作業の機械化は、当時欧米で普及していた普通型コンバインの導入による大規模化を念頭に、収穫作業の機械化を目指していた。一方、農機具メーカーは、それまでの中〜小規模の農家を対象とした農機具市場の延長上にある自脱型コンバインの開発を推進した。

　1966（昭和41）年に井関農機が自脱型コンバイン、フロンティア HD50 の販売を開始すると、各農機具メーカーも自脱型コンバインの販売を開始し、急速に普及した。同時期に田植え機も実用化されたため、水稲稲作における耕地での労働集約的な作業である田植えと稲刈りは1970年代前半には機械化された。

　この時期は、減反政策に象徴される生産調整路線への転換期でもあった。コメづくりは量より質を重視するようになった。また、同時期に道路網が整備され、自家用車が普及したことにより、日本の農村部でも通勤圏が拡大し、自宅から近隣の事業所への通勤が可能となった。機械化によって軽減された労働は、農業経営の拡大ではなく、会社に勤めながら農業を行う兼業化へむかった。

■ 4 ■　丁寧な暮らし・丁寧な歴史意識——“未来”と“過去”双方向の予想図

　コメづくりにおいて量から質への決定的な転換が生じたのは1970年代であり、この時期は、水田稲作の機械化がほぼ達成された時期であった。

　美味しいおコメを求め、好きな銘柄を少量ずつ買う、当世風にいえば“丁寧な暮らし”ができるようになった技術的・社会的基盤には、20世紀後半いくつかの未来予想図のなかから実現した現在、すなわち「機械化され少人数で効率的にコメづくり」が可能となった近代農業機械史の動きがある。

　食べ物や匂いを伴う空気環境、あるいは目に映る景観など、身体感覚をめぐる価値観や価値体系を自らのなかで相対化するスキルには、意外に個人差がある。個々の感覚の精粗が、思わぬ人間関係の軋轢（あつれき）のもととなることもままある。

身体感覚をめぐる価値体系を相対化する一つの方法として、対象の"過去"が
どのようなものであったかに関して仮説を立てて予想図を描き、それを検証する
「丁寧な歴史意識」をもつことは有効である。
　"丁寧な暮らし"と同様、身のまわりのもの一つひとつの過去を予想していろ
いろ気にかけてみる丁寧な歴史意識も、生活を豊かなものにしてくれる。

（岩野　邦康）

注
1)　手塚治虫、藤子・F・不二雄の描いた SF マンガにおける未来など。ヒューゴー・ガーンズバック著、
　　川村哲郎訳『ラルフ 124C41 ＋』（早川書房、1966 年）などが最初期の未来都市を描いた作品。
2)　1966 年に開業した跨座式モノレール。当初の計画どおりに乗客数が伸びず、1979 年に正式に廃止。
　　2011 年から手柄山交流ステーションのモノレール展示室でその歴史を紹介している。
3)　1974 年に開設された日本最大の操車場。コンピューターの導入など近代的な施設であったが、鉄道
　　貨物自体が急激に減少したため、1986 年廃止。跡地は現在ららぽーと新三郷。
4)　印象的な作品としては『喜劇 駅前団地』（1961 年公開）で伴淳三郎が演ずる孫作が運転する歩行型
　　トラクターや、『となりのトトロ』（1988 年公開）でサッキがメイを探しにいく道中で出会う歩行型ト
　　ラクターなど。いずれもトレーラーを牽引している。

Further Studies　　　近所のホームセンターの農機具の歴史的深度を探ろう

各種の農業資材や園芸用品を販売しているホームセンターは、全国各地に展開している。そこで
販売されている農機具をいくつかピックアップして、それぞれがいつ発明・考案され、どのよう
に普及したかについて考察してみよう。またそれぞれの農機具の現在の生産地とかつての生産地
についても予想し、調べてみよう。大型化や小型化などの形態の変化、流通の広域化などのほ
か、かつては専業農家で使っていた農機具が現在は家庭菜園用に変化しているなど、主な使用層
の変化も発見できるかもしれない。

Book Guide

芦田裕介，2016，『農業機械の社会学——モノから考える農村社会の再編』昭和堂
暉峻衆三，2003，『日本の農業 150 年——1850〜2000 年』有斐閣ブックス
新潟県，1974，『新潟の米百年史』新潟県農林部（新潟の米百年史編集事務局）
森田敦郎，2012，『野生のエンジニアリング』世界思想社

Chapter 3

資源管理と集団魚毒漁
コモンズには社会の秩序がないとダメ

▦ 1 ▦　コモンズと社会の秩序

　限られた地球上の領域や資源の管理は現代世界の課題であり、人類全体の共有する領域や資源を指すグローバル・コモンズ（global commons）という表現も生まれている。**コモンズ**とは、小規模社会でみられる**共有地**を指す言葉であり、一般にその領域や資源には利用制限の慣行や決まりがみられる。グローバル・コモンズとは、こうしたコモンズのあり方を世界大に拡げたものである。

　だが、グローバル・コモンズは現状では理念に過ぎず、いわばローカル・コモンズと現実的には連続した概念とは見なせない。小規模社会では秩序が保たれ資源管理が実現されている一方、国際社会の秩序は可変的で調停機能が不足しているからである。では実際に小規模社会では、社会の秩序と資源管理の工夫はどのように結びついているのだろうか。

▦ 2 ▦　小規模社会の資源管理

　小規模社会における漁撈（ぎょろう）と狩猟の資源管理の方法を、「利用者を制限する」「回数を制限する」「技術を制限する」「所有権を制限する」に分けた秋道智彌による整理を敷衍してみよう［秋道 1995］。

　「利用者を制限する」とは、個人や団体が特定の空間を占有して行われる。例えば日本の漁業協同組合（以下、漁協）は、特定の海域を共同漁業権漁場、つまりなわばりとして設定している。なお、国家が国有地や**国定公園**を指定して立ち入り制限を行うのもこの例である。

　「回数を制限する」とは、禁漁する種類や期間や場所を設ける方法が一般的で、日本でもよくみられる。例えば秋田県男鹿市のある漁協は、さざえは 6 月 10 日〜9 月 20 日、かきは 6 月 1 日〜8 月 31 日までを禁漁期間としている。また、**狩猟採集**を行う北米先住民クリーは、狩猟域を巡回し、一度捕獲した領域を一定期間休ませることで資源の回復を待った。また、南米先住民アチュアルは、妊娠し

ているペッカリーと子を連れた雌のペッカリーを殺さず、バク、カピバラ、ナマケモノ、シカは食物タブーのために食べない。これも資源の枯渇を避けるための資源管理の方法であろう。

「技術を制限する」とは、特定の漁具や狩猟道具の利用を禁じ、ある資源の取得を不可能にしたり困難にしたりすることである。例えば日本では、捕獲量が増えて過収奪になる恐れがあるため、海に帯状の網を仕掛ける刺し網漁が禁じられたり、潜水漁で潜水具の利用が禁じられたりといった例がある。また、魚を捕る技術が特定の集団や人物に制限される事例もある。例えば、パプアニューギニアの沿岸部に住むオロコロの人々の間では、スズキ目の大型魚であるバラマンディを捕らえる漁具や**呪術**を伴う漁法の保有は特定の**リニージ**（共通の祖先からの系譜関係が明確である出自が同じ人々の集団）に制限されている。

「所有権を制限する」とは、獲物の所有権を特定の集団や人物に制限するという方法である。例えば、北米先住民イヌイットは、獲物に銛先が突き刺さると柄が外れる離頭銛を使った大型海獣の捕獲を行ってきた。クジラ、イルカ、アザラシ、オットセイ、セイウチなどが獲物であり、最初に獲物に銛が当たった人が所有権を主張できる。銛先には所有者独自のマークが刻まれており、獲物を仕留め損なっても、海岸に漂着したり別の人が捕らえた獲物から銛先が見つかれば、最初に撃った人に優先権があった。また、特定の魚などが特定の個人や集団のものとされる例もある。例えばハワイでは、漂着したクジラは王のものとされ、パプアニューギニアのマヌスではカツオ、マグロ、ボラ、イワシなど群れをつくる魚は特定の**クラン**（系譜関係の不明確な親族集団）のものとされた。

▦3▦　テワーダの集団魚毒漁

パプアニューギニアの**農耕民**テワーダの人々は、植物の根から毒をつくり、それを川に流して魚をしびれさせて捕獲する**魚毒**漁を行っていた［田所 2014］。魚毒漁は世界中でみられるが、毒の原料となる植物は地域で異なる。

一般に魚毒漁は漁獲量が多くなる傾向がある。毒を流せばほぼ確実に魚はしびれるからである。一方で、水量が多いと毒の効果が薄れ漁獲量も減ってしまうため、乱獲を防ぐための資源管理と、毒を流す漁場の適切な設定が重要である。

テワーダの魚毒漁の特徴は大規模な集団漁である点である。この漁は多くの人

集団魚毒漁で使われた容器

が魚を得る貴重な機会である。2003年7月の漁には19の村から80人の男性と14人の女性が参加した。テワーダ全体の村の数は31で、約6割の村から参加者が出たことになる。では、どのような資源管理の方法をテワーダの人々はとっていたのか。魚毒漁の流れを見てみよう。

　魚毒漁は近辺のアンカヴェ川で行われる。アンカヴェ川は水量が多く流れが速い。ここでは通常、釣り針漁が行われる。近辺では1年中雨が多いが、魚毒漁は比較的晴天が続く7月頃に行われることが多い。漁は通常1年に1回行われる。

　漁のきっかけをつくるのは魚毒呪術師である。魚毒呪術師とは魚毒を川に流すときに呪術を伴う儀礼を行う男性である。こうした男性は2003年時には7人おり、彼らのいずれかが漁の実施を提起するとされた。儀礼には火を用いる呪術を含むものと火を使わない呪術の2種類があり、魚毒呪術師はいずれかを秘儀的知識として保有する。火を用いる呪術の威力のほうがより強い一方、実行した魚毒呪術師の身体は「熱を与えられる」ことで深刻な影響を受けるという。そのため、火を用いる呪術を行う魚毒呪術師がその役割を務めることはまれである。

　魚毒呪術師はまず、毒の材料である植物を栽培する男性に植物の提供の約束を取り付け、さらに若者に指示して魚毒漁を行う知らせを各村に伝える。それに応じて男性たちが川辺に集まると、大量に集めた植物から魚毒を作る作業が始まる。魚毒は石の上で木の棒を使って植物の根をたたき、にじみ出た樹液を水にさらして作る。この魚毒が木の皮で作った長さ10メートルほどの巨大な容器にたくさんたまるまで、男性たちは一晩中作業を続ける。そして、翌朝、男性全員は川下で待機し、魚毒呪術師はただ1人になって魚毒を川に流すのである。

　以上のような魚毒漁には「技術の制限」と「回数の制限」という資源管理の工夫がみられる。魚毒を川に流す技術をもつのは魚毒呪術師に限られる。漁の提案ができるのも魚毒呪術師のみで、その結果、漁が何度も行われることがないという回数制限に結びついている。魚毒呪術をはじめとする秘儀的知識や経験の不均衡

によって生じる魚毒呪術師と他の男性との区別が、資源管理につながっている。

　また、魚毒漁は男性全員が共同作業を行う機会であり、その点で集団の凝集性をつくりだす契機であるという社会的意義がある。その場での様々な作業への参加を通じ、男性間に在る知識や経験の不均衡が確認される。こうした不均衡はこの社会の秩序の基礎となっている。テワーダでは男性同士の知識と経験の不均衡が社会の秩序を形成し、同時に資源管理にも結びついているのである。

■ 4 ■　グローバル・コモンズ概念の難しさ

　集団魚毒漁を通じてテワーダという小さな共同体を見てみると、社会の秩序と資源管理とは切っても切り離せない事柄であることにあらためて気づかされる。

　翻って国際社会では、近年、プラスチックゴミの海洋投棄が話題となっている。2050 年までに海洋上のプラスチックゴミが魚の量を超えるというのだ。先進国で出されたプラスチックゴミの途上国や新興国への流出も問題になっている。これらに関する規制を設けるのは現状ではかなり難しい。知識や経験の不均衡がありながらも社会の秩序が保たれたテワーダの例をみると、国際社会の秩序と資源管理とを関連づけて考えることの重要性とその難しさが改めて浮き彫りになる。

（田所　聖志）

Further Studies　コモンズにふれる

・コモンズは意外と身近にある。近場に漁港があれば行ってみよう。掲示板に禁漁の対象である魚種や期間、場所を記した知らせがある。町に空き缶のポイ捨てを禁じるポスターがあるのも道路がコモンズであるからだ。生活のなかのコモンズを探してみよう。

・コモンズ概念を広めたギャレット・ハーディンのエッセイ「コモンズの悲劇（The Tragedy of the Commons）」(1968) はオンラインで無料で読める。英文だが気が遠くなるほどの長文ではないのでチャレンジしてみよう。冷戦時代の世界の雰囲気も肌で感じられる。

　(https://science.sciencemag.org/content/162/3859/1243.full)

Book Guide

田所聖志，2014，『秩序の構造——ニューギニア山地民における人間関係の社会人類学』東京大学出版会

秋道智彌責任編集，2007，『資源人類学　第 8 巻　資源とコモンズ』弘文堂

内堀基光・菅原和孝・印東道子編著，2007，『資源人類学』放送大学教育振興会

Chapter 4

人が決めてもダメでした
人間と家畜の関係性

■1■ ノマド（遊牧民）に惹かれて

　幼い頃から数年ごとに引越しをしていたせいか、新しい場所へ移る際に感じる高揚感と緊張感はわたしの人生の楽しみでもある。おかげで現在でも、職も居住先も落ち着きなくさまよっているのではあるが、思い返せばモンゴルに興味を持った理由はそのノマディック（nomadic：定住地をもたない）な生活形式であった。わたしが大学生の頃、文化人類学を教えてくださった吉野晃先生は"生業（せいぎょう）"を扱った講義のなかで、「遊牧」という言葉を黒板に書き、次のように述べた。

　「遊牧という文字には"遊ぶ"という字が使われているため、ぶらぶらして時を過ごすイメージがありますが、きちんとした論理で彼らは動いています」。

　講義を聞いてから著しく時が経ってしまったため、詳細な言い方などは異なっていたはずだ。しかし、「遊牧」が、論理的に展開されているというその言葉は、わたしをひどく魅了した。「遊牧の論理を知りたい」。それが、わたしがモンゴルをフィールドとする一つの動機でもあった。

■2■ 家畜利用とその原理

　牧畜は、狩猟採集、農耕とならぶ生業のひとつである。家畜を飼育し、乳、肉、皮などを得て加工をし、畜産物を得る。その畜産物に依拠し生活する形態が牧畜である。牧畜の起源は諸説あるが、近年の考古学においては、紀元前9千年紀半ばに南東アナトリア（トルコ南東部）のタウルス山脈南麓で始まったと考える説が有力となっている［マルジャンほか 2008：80］。現在では、アンデスのリャマ、アルパカ飼育、中央ユーラシアのウマ、ヒツジ、ヤギ、ウシ、ラクダ飼育、ロシアやスカンジナビア半島など極北のトナカイ飼育、西アジア、アフリカ北部などのラクダ飼育、アフリカでのウシ飼育など、世界中で多様な形態の牧畜が行われている。家畜化された動物には、群居性有蹄類（ゆうてい）であるという共通点がある。彼らは自発的に群れる性質をもっているため、人間は家畜をまとめて管理することが

可能になるのである。

　これまで人類学では、牧畜形態、**人間と家畜の関係性**（ドメスティケーション、放牧原理、儀礼時における家畜利用など）、畜産品をはじめとした物質文化分析（畜産物の呼称など）、牧畜社会分析（国家政策に伴う社会変容）など、牧畜を取り巻く諸要素に関し分析が行われてきた。ここではわたしのフィールドであるモンゴルを例に、人間と家畜の関係性の一端に焦点を当ててみよう。

　モンゴルでは 5 畜（ウシ、ウマ、ヤギ、ヒツジ、ラクダ）を組み合わせて、数世帯で構成される宿営集団(ホト・アイル)で飼育管理する**移動式牧畜**が主流である。1 ホト・アイルが管理する家畜は 1,000 頭を超えるケースも少なくない。多数の家畜を少ない労働力でコントロールするためには、「人が家畜に介入し、群れを管理しやすくすること」が欠かせない。例えば、種オスに"ふんどし"をはかせて交尾を制限したり［小長谷 1996：34-35］、種オス以外は去勢するなど、バースコントロールを行う。家畜を去勢することは、肉質を柔らかくするほか、家畜の性格を穏やかにし群れとしてまとまりやすくすることにもつながる。

　また、牧地選定も牧畜を行う上での重要な作業である。モンゴルでは、一定周期で寒雪害（積雪などのため家畜が草を食べられず衰弱死するといった、冬から春にかけての厳しい気象条件下で家畜が死に至る事象）が発生することが知られている。寒雪害では家畜をすべて失うこともあるため、牧畜民にとって避けたい災害である。被害を最低限に食い止めるための一つの手段として、夏から秋にかけて良質な草の生えている場所で放牧し、家畜に体力をつけさせる方法がある。そのため人々は、草原を様々に区分して認識し、状況に応じて利用する民俗知をもっている。また、雪害を避けて通常の放牧地を離れ、長距離移動をすることも厭わない。いずれにせよ、適切な時期に適切な放牧地へ移動することが大切である。

▥ 3 ▥　あなたはなぜ移動したの？

　2012 年末から 2013 年にかけての冬、わたしはモンゴル東部のヘンティー県にて牧地選定に関し聞き取りを行っていた。近年は温暖化の影響もあり、雪害が頻繁に起きるのだが、その年は珍しく草の量も質も良い年であった。そのため、大抵の牧畜民は、長距離移動はせずに通常の移動範囲のなかで牧畜を行っていた。

　そんななか、珍しい世帯に出会った。彼らの移動距離は通常の移動範囲をはる

馬の乳搾りを行う牧畜民夫婦

かに超える、まさに雪害時にも匹敵する長距離に及ぶものであった。彼らの移動先は都市部に近いわけでもなく、目立った特徴がある土地でもない。むしろ県境にある人気のない場所である。そのためわたしには彼らの移動は腑に落ちなかった。わたしは詳しく移動の経緯を聞くことにした。「今年は避難する必要もないようないい年であったのに、なぜこの土地を選んだのですか？」と質問するわたしに対し、家の主人はしばし考え、一言こう言った。「なぜって言われてもなぁ……、俺たちにもわからない。家畜に聞いてくれ」。

　家の主人によると、人間にとっては住み慣れた街に近いところで移動するのが一番だという。そのため彼らも普段居をかまえている県内で冬を越すことを何回か試みたことがあった。しかし家畜がとにかく落ち着かずそわそわし、逃げようとして大変だったという。そのため結局、家畜を赴くままに自由に進ませて、人が家畜についていくことにしたところ、結果的に長距離移動になったという。

　「ウシやウマは賢いため自分たちにとって良い場所に行きたがるもので、家畜の方がどこが良い場所であるかよく知っている。もちろん人としては住み慣れている市や中心地にいたいが、私たちは家畜についてきたのだ」。

　この事例が意味するところを、以下で少し考えてみよう。

■4■　自然と人とのかかわりあい

　モンゴル高原では移動式牧畜が何世紀にもわたり続けられてきた。1991年まで約70年にわたりソ連の衛星国としてソ連型社会主義を実践した時期には、家畜飼育方法や乾草製造の方法、その乾草の利用方法、畜産品の売却方法などを国が決めるようになり、牧畜が質的に大きく変化した。

　特に"自然"に対しては、従来のモンゴルの牧畜民が抱いていた価値観とは逆の、スターリンの提唱した「自然改造」（人間が農業・水利開発・植林などで自然環境に作用を及ぼすことで、自然環境は人間に対してより多くの収穫や気候の緩和をもたらすという考えかた［地田 2012]）も随所にみられるようになった。

　現在のモンゴルの牧畜でも、一見人間が家畜をコントロールしているように見

える。しかし、牧畜民の行動の意味を丁寧に紐解くと、人間が家畜をコントロール下に置くことだけではなく、人間と動物の相互作用によって牧畜が成立していることがわかる。

　一般的に、野生の植物や動物を、人間にとって都合のよいように適応させるプロセスをドメスティケーションという。ドメスティケーション化された動物は、家畜となる。これまで文化人類学のみならず、考古学、農学など様々な分野が、人間が動物をいかに家畜化したかということに関して論じてきたが、人間と家畜の関係性を丹念に**参与観察**し記述する文化人類学的な調査は、人間による動物の一方的な管理をイメージさせるドメスティケーションという概念に対して、人と動物の相互的な関係性を指摘できうる可能性を生んでいる。

　今、牧畜民を取り巻く環境は、国家による定住化政策や経済や文化のグローバル化、気候変動等により大きく変化している。そのなかで人間と動物がどうかかわりあうのか。民族誌的視点はみなさんに面白い事実を提供してくれるだろう。

（中村　知子）

Further Studies　　「牛の博物館」

日本三大和牛の産地、岩手県奥州市前沢にある、ウシに特化した博物館である。かつて岩手にいた野生牛や和牛のルーツといった生物学的展示のほか、家畜化や労働力としてのウシ利用、信仰対象としてのウシなど、世界の様々な地域におけるウシと人のかかわりあいを展示している。博物館見学の後は、ぜひ近隣のお食事処にてウシに思いを馳せながら特産品の前沢牛を堪能していただきたい。きっと格別の味に感じるだろう。なお、ホームページでも一部の展示を見ることができる。(http://www.isop.ne.jp/atrui/mhaku.html)

Book Guide

佐藤俊編，2002，『遊牧民の世界』京都大学学術出版会

谷泰，1997，『神・人・家畜――牧畜文化と聖書世界』平凡社

福井勝義・谷泰編，1987，『牧畜文化の原像――生態・社会・歴史』日本放送出版協会

Chapter 5

もめごとの処理
話し合わなきゃダメですか？

■1■　もめごとを処理する

　私たちは「もめごと（conflicts）」を避けて通ることができない。誰かとともに生きている以上、私たちは実にいろいろなもめごとに直面する。家族を例にとっても夫婦喧嘩や親子喧嘩がある。恋人同士でも痴話喧嘩があり、友人同士でも仲違いがあり、隣人とのご近所トラブルもある。私たちの周りはもめごとで溢れているのである。

　もめごとが起きたとき、みなさんはどうするだろうか。相手との円満な関係を望むなら、関係を改善したり修復したりするためにも、まずは話し合うことが重要だと考えるのではないだろうか。確かに、もめごとの多くは意見の相違から生じるものであるから、その原因を探るためにもまずは腹を割って話し合い、お互いが納得できる着地点を見つけることがもっとも穏当な解決方法に思える。

　しかし話し合いでは決着がつかなかったり、両者の間に権力の差があったりすると、私たちはそれぞれの社会における適切な方法に準じて解決することとなる。例えば知人や村長といった第三者に意見を求めたり、警察や裁判所といった第三者機関に判断を仰いだりする。しかしそこでもまた、基本的には「話し合い」がもたれる。その結果に納得するかどうかは別にして、私たちは妥協したり譲歩したりしながら、もめごとに対処するのである。

■2■　狩猟採集民にみるもめごとの処理

　もめごとは秩序を揺さぶる。詐欺や窃盗、傷害、姦通、殺人など、比較的軽微なものから重大なものまで、もめごとの原因は実に多様だが、これらの行為が「悪」とされるのは、平穏な日常に亀裂を生じさせるからである。このようなとき、安定した秩序を取り戻すために法律が果たす役割は大きいが、その他にも**慣習法**や宗教法をはじめ、道徳、エチケットといったやや不明瞭なものを参照したりして、私たちはもめごとに対処している。人類学が考える**法**（law）とは、そ

うした規則や規範、さらには明文化されたものからそうでないものまでを含む幅の広い概念である。その上で人類学は、どのような社会にも、もめごとを処理する手段と装置が組み込まれていることを明らかにしてきた。例えば**狩猟採集民**では、仲介役となるリーダー的存在がいないため、もめごとを起こした当人たちが「その場を離れる」ことでもめごとを処理する。

　狩猟採集民の多くは遊動生活を送ってきた。遊動生活とは、生活の場所を頻繁に移し替える生活スタイルのことである。なぜそのような生活を送ってきたかといえば、彼らの生活が、食料を生産するのではなく、食料を一方的に獲得する食料採捕経済に根ざしているからである。食料を生産しないのだから、同じ場所に長期にわたって滞在すると周囲の資源はいずれ枯渇する。この問題を回避するために、彼らはより資源が豊富な場所に自ら**移動**していく。

　そんな狩猟採集民のあいだでは、集団ではなく個人が移動することも珍しくない。その理由のひとつがもめごとである。もめごとを起こした当人同士、あるいは片方が別の集団に生活の場所を移すことで、もめごとに対処する。険悪な仲にある人としばらく離れていると、いつのまにか怒りがどこかに行ってしまうという経験をしたことがある人は少なくないと思うが、まさにそれである。彼らはそうやって、もめごとに向き合ってきた。

　しかし同時代を生きる狩猟採集民の多くは、すでに遊動生活を送らなくなっている。国家へと取り込まれる過程で社会変容を経験し、**定住**生活を送るようになったからである。そして定住化が進んだことで、遊動という従来の方法がとても難しい状況が生まれた。もちろん、だからといってもめごとの処理の仕方が全く別物になるわけではない。重要なのは、社会の変化とともにもめごとの処理がどう変化したかである。そんな視点から、わたしが調査する人々について紹介しよう。

▪3▪ 「身を引く」ということ

　タイ北部には、様々な少数民族が暮らしている。その多くは**焼畑移動耕作民**として知られる人々だが、唯一、狩猟採集民として生きてきた人々がいる。タイでは「黄色い葉の精霊」というミステリアスな名前で呼ばれているムラブリである。

ムラブリは狩猟採集をベースに森での遊動生活を長らく送ってきた。だが1980年代中頃から1990年代後半にかけて状況は大きく変質した。政府による開発を通じて、定住化したからである。定住生活の基本的要件とは、身体と土地の強固な結びつきである。それは遊動によるもめごとの処理を非現実的な選択肢として排除してしまう。そのような状況のなか、彼らはどうやってもめごとを処理しているのだろうか。

　今日ではムラブリも「タイ人」としての市民権をもっている。そのため性暴力や殺人といった重大な問題についてはタイの法律に従うことになるが、夫婦間や親子間、友人間での意見の相違に端を発する日常的なもめごとは、彼らなりの方法で処理される。それはどのような方法かというと、「身を引く」という、私たちからするとどこかスッキリしない方法である。

　遊動生活の頃とは違い、定住生活では人間関係が物理的に近くなるため、不和や軋轢が起きる確率は相対的に増す。だが彼らは話し合おうとはしない。もめごとが起きそうになったり実際に起こると、黙り込んだり、仕事場である畑に姿をくらましたりする。自分から「身を引く」ことでその場をやり過ごそうとするのである。

　ムラブリは自分から身を引くことで、不和や軋轢がそれ以上大きくならないようにする。言い争わないための手っ取り早い方策は、争いの原因となりうる発言自体を控えたり、その場から離れたりすることである。話し合いとはそもそも意見の相違を前提とする。だからこそ意見を擦り合わせる過程で何かしらの衝突は免れえない。しかしそのような衝突は、発言を控えることで容易に回避しうる。

　人間なのだから、それぞれに「これが正しい」という考えがあるのは当然である。だがそれが争いを生んでしまう原因となるのであれば、彼らは自分から「身を引く」ことで、もめごとの芽を早くから摘んだり、もめごとがそれ以上大きくならないようにする。重要なのは、こうした方法が、もめごとを処理するだけでなく、もめごとそれ自体を回避する機能を兼ね備えていることだろう。だから実際の社会生活でもめごとが顕在化することも滅多にない。

■4■　解決することと解消すること

　「問題を解決する」と私たちはよく口にする。「解決する」とは、「結論を出す」

ということである。解決することのできる問題も確かにある。しかし善悪の判断ができない問題もたくさんある。それが人間関係に起因するものならなおさらのことだろう。そんなとき、ムラブリでは「解決」ではなく「解消」が図られる。話し合うことでどちらが正しいか間違っているかを判断するのではなく、それぞれの「正しさ」をそのままに、当人同士が「身を引く」ことで、もめごとを処理（＝解消）しようとするのである。

　解消とはあくまでもめごとの回避を目指すものであるため、もめごとの根本的な解決にはなかなか至らない。だから話し合いによる解決を「普通」だと考える私たちからすると、どこかスッキリしない。しかし、原因を曖昧にしておくからこそ、誰かが否定されることもないし、排除されることもない。複数の「正しさ」を前に、ムラブリはお互いの意見を尊重し合いながら、解釈の余地をあえて残すことで、平穏な日常をつくりあげているのである。

　もめごとの処理において、「話し合い」は確かに穏当な方法ではある。しかしひとつ間違えば相手を糾弾することにもなりかねない。時には自分の正義を押し通すことも大事かもしれないが、それが和解ではなく相手の否定を目的としているなら、それは「正しくはない」とムラブリは言う。他者と上手く付き合い、他者とともに生きていくために、原因の所在をあえて曖昧にしておく「余裕」も必要なのだと。

（二文字屋　脩）

Further Studies　　お悩み相談

インターネットを使用して「悩み」と打ち込んで検索してみると、「悩み相談」「悩み相談掲示板」「悩み事が頭から離れない」「悩みを打ち明けて」「悩み　相談できない」「悩み相談電話」「悩み相談　無料」といった関連検索ワードが出てくる。これらの文字情報からでも、「悩みを解決するためにはまず話すことが大切」という私たちの社会の当たり前を知ることができる。では、「悩み相談」は誰が、どんな場所で引き受けてくれるのだろうか。手元にあるスマートフォンを使って調べてみよう。悩みの種類によっても結果は全然違ってくるはずだ。

Book Guide

宮本勝編，2003，『くらしの文化人類学6　〈もめごと〉を処理する』雄山閣
ロバーツ，S.，1982，『秩序と紛争——人類学的考察』千葉正士訳，西田書店

キーワードリスト

新しい技術の導入　丸善：692-〔テクノロジーと文化〕

移動　丸善：306-〔移動と移住〕　※吉原和男ほか編『人の移動事典』丸善、2013 年

家屋　丸善：66-〔マイホーム〕

家畜　弘：148-、丸善：290-［家畜が伝えること］

慣習法　弘：185-、キー：154-〔法と慣習〕、丸善：538-

共有地　民俗：55-〔入会〕

魚毒　弘：204［漁具・漁法］

漁労（漁撈）　弘：208-〔漁撈・漁撈文化〕、丸善：190-

クラン　弘：231-

国定公園（国立公園）　丸善：600-〔自然の保護と支配の争い〕

コモンズ　丸善：71-〔公共空間〕

参与観察　キー：2-〔フィールドワーク〕

ジェンダー　本書第 7 部参照

社会構造　弘：338-、キー：148-

呪術　弘：354-、キー：108-、丸善：444-

狩猟採集　弘：298-〔採集狩猟文化〕、キー：52-〔狩猟採集民〕、丸善：182-

生業　民俗：299-、丸善：170-〔働く〕

世界観　弘：418-

定住　丸善：328-〔漂泊と定住〕

ドメスティケーション　丸善：46-〔栽培化〕：50-〔家畜化〕

人間と家畜の関係性　Lex：50-〔自然の人類学〕

農業機械　弘：574-〔農具〕

農耕　弘：575-〔農耕・農耕文化〕、丸善：194-、キー：56-

法　最新：166-〔法と正義〕、キー：154-〔法と慣習〕

牧畜　弘：699-〔牧畜・牧畜文化〕、キー：54-、丸善：186-

モヤイ　民俗：562-

焼畑　弘：786-、キー：56-〔農耕〕

ユイ　民俗：583-

遊牧　弘：699-〔牧畜・牧畜文化〕

リニージ　弘：819-〔リネージ〕、キー：160-〔リネージ〕

霊魂観　弘：830-〔霊魂〕

第2部

食と習慣

Chapter 1

混ぜないビビンバがダメな理由

韓国料理が大事にするもの

■1■　韓国料理との距離感

　代表的な韓国料理のひとつにビビンバがある。より韓国語の発音に近い表記では ピビムパプとなり、ピビムは混ぜること、パプはごはんを意味する。器に盛ったごはんの上に、野菜のナムル（和え物）や牛肉、卵などを彩りよく配置し、コチュジャン（唐辛子味噌）のタレで全体をよくかき混ぜて味わう。各素材を一つひとつ吟味して食べるということはなく、渾然一体となった味わいこそをよしとする。最近でこそ混ぜてから食べるという基礎知識もだいぶ知られてきたが、ひと昔前までは韓国旅行でビビンバを混ぜずに食べはじめてしまい、店員が慌てたように飛んできてかわりにかき混ぜてくれた、といった話もよく聞かれたものだ。

　近年の日本では 2003 年頃からの韓流ブームをきっかけとして、韓国料理がずいぶんと身近になった。旧来のキムチ、焼肉、冷麺といった定番料理に加えて、サムギョプサル（豚バラ肉の焼肉）、スンドゥブチゲ（辛口の豆腐鍋）、タッカルビ（鶏肉と野菜の鉄板炒め）といった新しい料理が広く知名度を獲得している。

　そもそも日本と韓国は**食文化**として共通する部分が多い。野菜や肉などの主要食材に共通する種類が多く、味噌、醤油といった発酵調味料を味付けに多く用い、宗教的な**禁忌**はほぼなく、そして何よりも**米飯**を**主食**とする概念がある。日本語の「ごはん」が炊いた米であるとともに食事そのものを表すように、韓国語の「パプ」も炊いた米と食事の両方を指す。米食が基本である以上、それに合わせた副菜が生まれるのは当然であり、韓流ブームの影響力はもちろんながら、韓国料理が身近になった背景には食文化の共通性が大きくある。

■2■　なぜ混ぜて食べるのか

　その一方で、ビビンバのように彩りよく盛り付けた料理を、念入りにかき混ぜてから食べる食文化は顕著な差異点といえるだろう。韓国人はビビンバのみならず、ジャージャー麺や、カレーライス、カキ氷、弁当なども混ぜて食べる。同じ

料理であっても食べ方の点で違いが生まれるのはやはり異文化である。

ビビンバの色彩は陰陽五行思想に通ずる

韓国食文化研究の第一人者である李盛雨は『韓国料理文化史』のなかで、ビビンバの由来は祖先祭祀を行う際、「供物をひとつ残らず飲福すなわち神と分かち合って食べるために、飯にいろいろなおかずを残さず混ぜて食べた」のが始まりとしている［李 1999：105］。その上でビビンバに限ることなく、「我が国の食は五穀飯（雑穀入りのごはん）、骨董羹（いろいろな材料を入れた鍋料理）、骨董麺（混ぜ麺）などいろいろ混ぜて食べるのが特色のひとつとなっている」（カッコ内は筆者）と述べた。

また、こうした混ぜて食べる文化は韓国料理の根本となる思想的な部分ともかかわる。韓国料理研究家の鄭大聲は『焼肉は好きですか？』において、ビビンバを「朝鮮半島に古くから伝わる陰陽五行の思想に根差したもの」であり、「ニンジンは赤色、ホウレン草などは青、ダイコンの生菜は白、卵は黄色と白、シイタケや肉のそぼろ、海苔などは黒というように、食材に対応する『色』が重要」としている［鄭 2001：173］。

この陰陽五行思想は春秋戦国時代の中国で生まれて朝鮮半島に伝わったもので、世の中の万物を陰と陽、そして木、火、土、金、水という五要素（五行）に照らし合わせて説明するものだ。朝倉敏夫・林史樹・守屋亜記子の『韓国食文化読本』では、「料理の食材は、基本となる五つの色、五方色によって選ばれ、味でいえば五味を基本とする。五方色とは、青、赤、黄、白、黒で、五味は酸味、苦味、甘味、辛味、塩味となる」と説明している［朝倉ほか 2015：159］。

これらの要素はバランスよく調和を保った状態がよしとされ、それが崩れることは心身の**健康**を損なうことと考える。例えば、夏に韓国の知人宅を訪問した際、今日は伏日だから、ということでサムゲタン（高麗人参とひな鶏のスープ）を出してくれた。伏日とは盛夏に3度ある庚の日（暦の表記である十干のひとつ）を指し、庚は五行のうち金に相当するため火に弱く、火気の強まる盛夏には心身のバランスが崩れやすくなると考える。

これを防ぐために、伏日は栄養価の高い食べ物を食べることが推奨されるのだ

が、その代表がサムゲタンであり、またユッケジャン（牛肉の辛いスープ）やチュオタン（ドジョウ汁）であったりもする。こうした食習慣が家庭料理としても意識されているというのは、陰陽五行思想が身近なものとして根付いているとの証左だ。

■3■ 美味しさの背景

　韓国人の味の好みとしても陰陽五行思想は反映される。料理の基本である五味五色を揃えるということから、食材や味付けを重ねて仕上げることが多く、味の面でも複合的な美味しさが好まれる。

　例えば、漬物は日本だと浅漬け、ぬか漬けなど素材をシンプルに味わうものが多いが、韓国のキムチは野菜、果物、香辛料、塩辛などをふんだんに用いて複合的な味わいに仕立てる。粉唐辛子やニンニクの刺激、すりおろしたリンゴやナシの甘味、アミ（小型のエビ）、カタクチイワシ、イシモチ、イカナゴといった塩辛のうま味がそれぞれ味の決め手となる。

　あるいは刺身の食べ方も大きく異なる。日本のようにワサビ醤油も使用するが、チョコチュジャンと呼ばれる唐辛子酢味噌をつけダレとしたり、刺身をサンチュ、エゴマの葉といった葉野菜に載せ、サムジャン（味付け味噌）、ニンニク、青唐辛子と一緒に包んで食べたりもする。特に葉野菜で食べる際は、大口を開けてひと口で頬張ることが推奨され、味覚として舌に感じるのみならず、シコシコとした刺身とシャキシャキとした生野菜の食感を楽しみ、かつそれを歯だけでなく上アゴや頬の裏でも味わうよう教えられる。

　日本的な感覚だと魚の微妙なうま味を感じられなくなるのではと心配にもなるが、むしろ韓国では刺身と野菜の組み合わさった複合的な味わいと食感を重視する。特に食感については韓国語では「シムヌンマッ（噛み味）」という言葉があるほどで、基礎となる五味とは別に、これも味の一種と考える。

　韓国の刺身店ではアナゴやカレイなどを骨ごとぶつ切りにした刺身があり、これをセコシ（日本語の背越しに由来）と呼んで珍重する。

韓国の刺身

慣れないうちは骨を食べるという感覚に戸惑うが、これもシムヌン マッを尊ぶ**調理法**のひとつ。試してみると噛むという作業は食べるという原初的な喜びを強調し、また長く噛むことによって染み出る味にも気付かされる。

　こうした体験により新たな味を発見するとき、同じ食材、よく似た調理法の料理であっても、それが異なる味の好みに立脚する別の文化であることがよく実感できる。

■4■　混ぜないビビンバとは

　韓流ブーム以降、韓国に関する情報は各段に増え、以前よりも多くのことが広く知られるようになった。ここでは食文化を中心に話を進めたが、よく似たようにみえても、実際には美味しさの背景、何をもって味覚とするかは大きく異なっている。それは食文化だけに限ることではなく、日韓で現象としてよく似ている事柄の多くは、根本的な部分にまで踏み込んでみると実は異なるということが非常に多い。

　特に近年の日韓は文化的な交流が進む一方で、領土問題や歴史認識の問題などで政治的に対立する構図が多々みられる。政府間はもちろん民間でもその議論は紛糾しているが、同じ問題を共有しているようで、出発点となる認識が異なり、噛み合わない議論をくり返していることが少なくない。自文化の常識のみにとらわれて、相手を知ろうとしない主張は、さながら混ぜないビビンバのようなものであろう。
　　　　　　　　　　　　　　　　　　　　　　　　　　　　　　　（八田　靖史）

Further Studies　**新大久保コリアンタウン**

東京都新宿区の百人町、大久保一帯に広がる日本最大規模のコリアンタウン。歓楽街である歌舞伎町に隣接し、1980年代以降、出稼ぎに来た韓国人のベッドタウンから発展した。当初は同胞向けの韓国料理店、食材店が中心だったが、韓流ブーム以降は日本人観光客が増え、グッズショップ、コスメショップ、ライブハウスなども増えている。アクセスにはJR山手線の新大久保駅、大江戸線の東新宿駅、西武新宿線の西武新宿駅を利用。

Book Guide

朝倉敏夫・林史樹・守屋亜記子，2015，『韓国食文化読本』国立民族学博物館
鄭大聲，2001，『焼肉は好きですか？』新潮社／李盛雨，1999，『韓国料理文化史』平凡社

Chapter 2

ニューギニア島の食生活と歴史

サツマイモなしではダメなのです

■1■ ニューギニア島の食生活

　パプアニューギニアの山間部に住むテワーダの人々の村で住み込み調査を続けていたら、日本にいるときよりも傷の治りが遅くなった。ちょっとしたすり傷でも治るのに 2 週間以上かかってしまう。当時わたしは、彼らと同じように**サツマイモ**、**タロイモ**、バナナを**主食**としており、肉や魚をほとんど食べていなかった。そのせいでタンパク質不足になったことも要因のひとつかもしれない。

　ニューギニア島の人口は、標高の低い沿岸部や内陸平原の「低地」、標高約 1,500 メートル以上の「高地」に比較的多く分布してきた。低地は気温が高くマラリアなどの病気が多かったが、漁撈によってタンパク源の入手が比較的容易だった。高地は気温が冷涼なため病気が少なかったが、タンパク源の入手は比較的困難だった。また、低地と高地の中間の「周縁部」には、もともと人があまり住まなかった。地域によって主食も異なり、低地ではサゴヤシのデンプン、高地ではサツマイモ、周縁部ではサツマイモ、タロイモ、バナナが主食である。テワーダの居住域はこの周縁部である。

■2■ 人類の食生活の多様性

　人類の食事の種類は、ベジタリアンのようなものから肉しか食べないものまで幅広い。人類学には、ある集団が世代を超えて生存を維持している限り、彼らの食生活は適切であるとする考え方がある。食の多様性は世界各地の自然環境に人類が適応する過程で生まれた。

　例えば牧畜民、狩猟民、農耕民の食事は極端に異なる。ケニアの牧畜民であるトゥルカナの人々は、ウシ、ラクダ、ヤギ、ヒツジ、ロバを飼っており、彼らの主食であるそれらの乳や乳製品は食事全体の約 62% を占める。また、北米先住民のイヌイットは、サケなどの魚、アザラシ、クジラ、トナカイを主食とし、1 日あたり平均約 200g のタンパク質、約 185g の脂質をとるという［マッケロイ・タ

ウンゼント　1995]。日本人男性はタンパク質を平均約 74g、脂質は約 66g とるという記録がある [国立健康・栄養研究所　2013]。これらを単純に比較すると、イヌイットの食生活は高タンパクで高脂質の偏ったものに見えるが、生肉や骨を食べることで生存に必要な栄養をとることができている。また、アジアの稲作農耕民の多くは魚を食べ、中南米のトウモロコシを主食とする農耕民はマメ類を組みあわせて食べることで、タンパク不足を補っている [マッケロイ・タウンゼント　1995]。

■3■　イモとニューギニア高地人

　ニューギニア島高地の食生活で重要な食べ物はサツマイモとタロイモであるが、最初に栽培されたのはタロイモであった。ニューギニア高地ではタロイモやバナナなどの農耕が約 9 千年前に開始された [ベルウッド　2008]。これは中国の長江・黄河流域で農耕が始まった時期とほぼ同じである。初期農耕は湿地帯に排水溝を区切って盛り土をして営まれた。

　彼らの農耕と食生活が大きく変化したのは、約 250 年前にサツマイモが西洋人などの手を経て高地の西側から流入して以降であった [ベルウッド　2008]。サツマイモはタロイモが生育しない砂や石の多い土壌環境でも栽培できたため、高地の東側にも約 150 年前までに広がった。その結果、高地全体で食糧増産が進んで人口が増加し、各地への移住も活発に行われて言語文化集団の分裂も増えた。周縁部に人が多く住むようになったのもこの頃である。このように、サツマイモの導入は、ニューギニア高地において生態環境と社会構造の広汎な変化を引き起こしたことから「サツマイモ革命（sweet potato revolution）」とも呼ばれている [Watson 1965]。

　低タンパクの食生活の具体例として、周縁部のテワーダの食生活を見てみよう。表 1 は 2008 年 8 月にテワーダの人々の食事を調べた結果である。調査は連続する 7 日間に 2 世帯（11 人）を対象に行った。表 1 にはテワーダの成人男女が 1 日にとったエネルギー・栄養素摂取量の平均値を示した。男性については食品を分類して値を示した。このデータは、サンプル数が少ないためあくまで概観を示すものである。また比較のため、日本人の 20 歳から 29 歳の成人男女の値も示した。

　この結果について 2 点指摘したい。まず、テワーダの人々はサツマイモ、タロイモ、バナナを 1 日に合計約 1.3kg と大量に食べていた。この量は食事の全重量

表1　1日あたりのエネルギー・栄養素摂取量の平均値

集団名	性別	食品名	重量 (g)	エネルギー (kcal)	タンパク質 (g)	脂質 (g)
テワーダ人	男性	イモ	941	1,260	12	3
		バナナ	370	440	4	0
		葉野菜	338	189	12	1
		パンダナス	142	207	4	15
		他の植物	258	214	7	1
		動物	14	18	7	0
		計	2,063	2,328	47	20
	女性		1,597	1,811	36 (うち動物性 5)	13 (うち動物性 0)
日本人	男性			2,119	74 (うち動物性 41)	66 (うち動物性 34)
	女性			1,612	58 (うち動物性 32)	52 (うち動物性 25)

出典：筆者の調査および国立健康・栄養研究所［2013］

の 63％を占め、得られるエネルギー量も全エネルギー量の 73％を占めた。また、テワーダの人々のタンパク質の摂取量は極めて少なかった。彼らのタンパク質の摂取量は男女ともに日本人の 6 割程度であり、そのほとんどは植物性のものである。狩猟や漁撈も行われているが、肉や魚を食べるのは月に 2、3 回程度である。

　こうした低タンパク食でもテワーダの集団は何世代も維持されてきたので、この食生活は彼らには適していると考えられる。また、低タンパクの食生活について、なぜ肉や魚をほとんど食べないのにニューギニア高地人の身体は筋骨隆々であるのか、その生理メカニズムの解明に取り組む研究も行われている［梅崎　2007：2011，中山・市石　2015］。

　次に、サツマイモの文化的な意味について見てみよう。2019 年 4 月、わたしはニューギニア東部高地に住むカマノ語を話す人々のナガミト村に滞在した。この村の 50 歳前後の男性によれば、この地に最初に移り住んだのは彼の 5 世代前の祖先である兄弟 2 人であり、彼らは、セレンタ、クゴファリレ、テベノフィエ、ヒギファゾエと呼ばれる 4 種類のサツマイモを持って移住してきたという。現在、ナガミト村近辺では少なくとも 23 種類のサツマイモが栽培されており、そのなかにこれらも含まれる。1 世代の平均交代期間を 25 年と仮定すると、5 世代前の祖先が生きた時期は約 125 年前頃になる。東部高地でサツマイモが栽培されはじめて程なく彼らの移住はなされたのだろう。

サツマイモは彼らの**身体**の成りたちについての考え方、すなわち身体観という観念にも結びついている。この村の男性たちによると、身体の要素は油（favaza）と骨（zefelina）と肉（wufa）である。このうち油は葉野菜と野生動物を食べて身体に取り込まれ、骨は父親から自然と受け継がれる。そして、肉はサツマイモを食べ、働くことでつくられるという。

　つまり、サツマイモがナガミト村の歴史をスタートさせ、現在も彼らの生活や観念の基礎をつくっている。サツマイモばかり食べる生活こそが社会を前進させる力だったのである。

■4■　日本でのサツマイモと社会の変革

　サツマイモは日本には16世紀に導入され、江戸中期以降に西日本の九州、瀬戸内、東海で雑穀とともに主食となった［小山・五島　1985］。また、1721年と1846年の人口を比べると、北関東では約28パーセント減少した一方、薩摩、長門、周防、土佐をはじめ西南日本では20パーセント以上も人口が増加した［速水　2009］。人口増加の直接の原因はサツマイモではないが、サツマイモは生産力の高さによって人口支持力を高め、その結果生じた人口と食糧の余裕が、19世紀の西日本の社会経済を活性化させた原因のひとつとなったとする推測もある［小山・五島　1985］。人口増加と反幕勢力の雄藩の台頭との関連も暗示されている［速水　2009］。サツマイモは日本でも社会の変革に一役買ったかもしれない。

（田所　聖志）

Further Studies　　**主食について考える**

・ニューギニア高地人にとってのサツマイモのような食べ物があなたにはあるだろうか。日本人の主食はお米だと長い間いわれてきた。では、1日、朝から口にしたものをすべてノートに記録し、あなたにとっての主食が何か確認しよう。

・お米や稲作とかかわる伝統行事を列挙しよう。また、他の国の主食とその主食とかかわる伝統行事を調べよう。

Book Guide

梅崎昌裕，2007，『ブタとサツマイモ──自然のなかに生きるしくみ』小峰書店
大貫恵美子，1995，『コメの人類学──日本人の自己認識』岩波書店
中山一大・市石博編，2015，『つい誰かに教えたくなる人類学63の大疑問』講談社

Chapter 3

時間の感覚と生活習慣
0時に日付が変わらないとダメですか？

■1■　時刻に合わせた生活

　1日は24時間、1年は365日で構成されている。現代日本には「時は金なり」という言葉があり、**時間**は貴重な資源として認識されている。そして、時間を無駄にしないように計画性があるほうがよいとされる。

　近年は、スマホで時間がわかるから時計は持ち歩かないという人も増えてはいるが、基本的に私たちは知ろうとすればすぐに現在時刻がわかる環境で暮らしている。このように、現代日本では時刻に依拠して暮らしている。そもそも、「時は金なり」は英語の Time is money が由来である。時刻に依拠して暮らし、かつ時間は貴重な資源だと認識しているのは日本だけではなく、世界中で広く認められる事象であろう。

　さらに、時刻に合わせた規則正しい生活がよいものだとされており、早寝早起きは推奨される。毎朝6時半にはNHKラジオで「ラジオ体操」が放送されるが、これに合わせて起床・運動する人々もいる。そもそも1年の始まりは元旦で、時計に合わせてカウントダウン……という光景は世界中でありふれた光景である。現代社会では、みな時計が刻む時間に合わせて生きているのである。

■2■　人類と時間の観念

　アーリ（John Urry）が『場所を消費する』のなかの「時間と空間の小史」でまとめているように、近代社会は一般に、前近代社会以上にクロック・タイムに依拠している。しかし、人類が時刻に依拠して暮らし、かつ時間は貴重な資源だと強く認識するようになったのは、ヨーロッパでも近代になってからであって普遍的なことではないという。アーリは、その事例として、ヌアー族の時間観念を挙げている。

　もちろん、ヌアー族が時間をまったく把握していないわけではない。エヴァンズ＝プリチャード（Sir Edward Evan Evans-Pritchard）の民族誌を紐解いてみよう。

ヌアー族も、月の満ち欠けを数えたり寝た回数を数えたりして日にちを考えるという。また、あまり正確ではないが、今日、明日、明後日という単語も彼らの言葉にあるという。昼間と夜を区別する語、午前と午後、一日のうち過ぎ去った時間と残された時間を区別する語などもある。しかし、彼らはイギリス人の時間（タイム）に相当する表現法はもっていない。そのため、彼らは時間について、私たちがするように、それがあたかも実在するもののごとく、経過したり、浪費したり、節約できるものとしては話さない。彼らは、時間と闘ったり、抽象的な時間の経過に合わせて自分の行動を調整せねばならない、というような、私たちが味わうのと同じ感情を味わうことは絶対にない。そのため、時間に言及するときは、そのときに起こっていた出来事を引き合いに出す。例えば、キャンプ開始の頃とか除草の頃とかである。また、彼らの一日を刻む時計は、牛時計であり、牧畜作業の一巡である。そのため、ヌアー族が出来事を対置するときには「乳搾りの時間に帰ってくるだろう」「仔牛たちが戻ってくる頃、出発するつもりだ」といった表現をする。ヌアーにとっての時間という概念は、抽象的なものではなく生活のなかの具体的な事象と結びついたものなのである。

　また、時計の時刻がないというのは私たちには想像しづらいところもあるが、非常に興味深い。エヴァンズ＝プリチャードは、「物事は順序正しく行われているが、正確に行動を合わせねばならないような自律的な照合点は存在しないから、彼らは抽象的な体系によって支配されるということはない。この点、ヌアー人は幸せである」と述べている。ただし、リーチがかつて述べたように、自然状態における時間は本来区切れのない連続体であり、それを人為的に区切って意味付けしてきた。人為的に区切るという意味では、時計の時間で区切っている私たちも、牛に合わせて区切っているヌアーも同じである。

▪3▪　旧暦と新暦──並行する2つの時間

　わたしが調査をしているのは、中国南部の地方の小さな港町 汕尾〔シャンウェイ〕である。初めてここを訪れたのは2006年で、当時すでに大人はみな腕時計をするか携帯を持つかという状態であった。今ではスマホも日本以上に普及している。市場でちょっとした買い物をするのもスマホのQRコードで決済する。日本以上に立派な現代社会だ。しかし、しばらく暮らしてみると、どうも日々の時間の感覚が違

新暦・旧暦時計（小林宏至撮影）

うと感じた。

　そう感じた理由はいくつかあるが、一番の原因は**新暦**（太陽暦）と**旧暦**（太陰暦、農暦）が併存していることである。中国も公的には日本と同じ新暦のカレンダーが採用されている。ところが、田舎の町で暮らすと、これとは異なるカレンダーで動く行事が多いことに気づく。伝統文化を大切にしようという政策の影響もあり、近年の中国では全国的に旧正月、端午節、中秋節は旧暦に合わせて祝日となるものの、この港町ではそのほかにも旧暦に基づいた行事がたくさん行われている。

　この町で熱心に信仰されている神様たちにはそれぞれに誕生日があり、人々はそれを祝う。もちろん旧暦である。また、毎月1日（新月）と15日（満月）は区切りであり、その日の朝神様に祈りをささげる家々も多い。月の満ち欠けと連動しているので、空を見て、そうだ今日は15日だと確認する人もいる。空にカレンダーがあるのである。また、「今日は月末で、明日は1日だから散髪に行ってくる」という人や、「1日はいつも中学の同級生と飲茶」などという人もいるが、これらはすべて旧暦に合わせてのことである。特に老人たちと暮らしていると、旧暦のほうが日々の生活にもリンクしていることが多い。この町での廟での儀礼は23時からというものも多いが、これは子の初刻である23時からその日が始まっていると考えるからであるという。わたしが初めて旧正月を過ごしたとき、22時半頃に「周囲で爆竹が鳴るから注意しろ」と民俗研究家からアドバイスのショートメールを受け取った。しばらくして23時を過ぎると、各家の人々が玄関先で爆竹を鳴らして新年を祝い始めた。

　その一方で、新暦も存在する。旧正月も0時を回るとまた爆竹が鳴り始める。メールをくれた民俗研究家の親戚でわたしのガイド役をしていた大学生は、「本当は11時に爆竹を鳴らすんだけど、最近は24時間制が広まっているから、12時過ぎが新年だと思っている人も多いかもね」と説明した。また、小・中学生は日本と同様、月曜日から金曜日まで登校し、土日が休みである。そのため、老人たちが毎日のように行く飲茶レストランも、土日の朝になると普段は見かけない子どもたちや若い人々でいつも以上に賑わう。新暦の元旦を迎えるときには、香

港でのカウントダウンと花火の打ち上げのテレビ中継を観る家もある。

■4■ 時計の「時間」＝絶対的な基準？――縛られなくてもよいのかも？

　アーリが言うように、私たちはクロック・タイムに依拠して生活している。なかでも日本では、時間を忠実に守ることが美徳とされており、電車などは「到着が3分遅れました。申し訳ございません」というアナウンスが入るほどである。しかしながら、人間が決めた抽象的な時間に、人間が必要以上に振り回されるのは滑稽だともいえる。エヴァンズ＝プリチャードに「ヌアー人は幸せである」と言わせしめたのはそれゆえだろう。ヌアー的に考えれば、電車が到着した時間こそが「到着時刻」なのかもしれない。

　わたしが暮らした中国の港町のような旧暦と新暦が併存する社会は、「人間が決めた抽象的な時間」が2つあることになる。「時間が2つもあったら大変」「振り回されそう」と思うかもしれない。だがそこで暮らしてみた実感としては、時間による束縛が2倍になるというよりは、「人為的に時間が決められていている」ことをより自覚できた。0時ではなく「23時に年越し」することで、その社会での合意があればそこが区切りとなるということを体感できた。こうした旧暦と新暦の併存の経験は、人間がつくったクロックタイムを相対化させてくれるのである。

（稲澤　努）

Further Studies　　日本の年越し

12月31日に、神社やお寺に行って、「日本の年越し」を体験してみよう。明治神宮や成田山新勝寺、川崎大師など、大きな神社で人ごみに紛れて「年越し」をするのもいいし、地方の小さな神社で地域の人々の「年越し」を体感するものも面白い。なお、地方では「正月はタクシーも営業しない」という地域もあるので注意すること。

Book Guide

アーリ，J.，2012，『場所を消費する（新装版）』吉原直樹監訳，法政大学出版局
エヴァンズ＝プリチャード，E. E.，1997，『ヌアー族――ナイル系一民族の生業形態と政治制度の調査記録』向井元子訳，平凡社

働かないとダメですか？

業務内容：飲茶（アットホームな「職場」です）

▪1▪ 「勉強しなさい！」がない社会

「勉強しなさい！」。これは昭和のコドモたち（「サザエさん」のカツオ、ちびまる子ちゃんなど）に投げかけられてきた言葉である。

これに対してコドモは次のように切り返す。「なんで勉強するの？」と。するとオトナは再びコドモに諭すように伝える。「勉強しないと、ちゃんと仕事に就けず、ご飯を食べていけないよ」と。そう、勉強することは、仕事につき、生きていくために必要なものなのだと教えられる。しかし、わたしが調査している中国東南部の農村社会で暮らす友人は、まったく逆の話を（コドモと）わたしにする。

「いいか、小林。中国の農村社会にとって教育なんて意味がないんだよ。一生懸命勉強して、小学校で一番になる。それでも村では数十番台だ。それでも勉強して村でトップになる。しかしやはり県レベルでは大したことはない。さらに市レベル、省レベル、国家レベルとなれば、平平凡凡な人材に過ぎないのさ」と。13億の人口を有する中国的な発想といえばそれまでだが、ここにもまた彼らの生きる現実と、教育以外に活路を見出すという彼らなりの生存戦略がある。

▪2▪ 「もう一つの資本主義経済」が教えてくれること

仕事、**労働**、生業に関する文化人類学的な研究は膨大にあるが、基本的なスタンスとして西洋近代的な労働観や生業観を、それとは別の視点から照射してくれる意義がある。例えばサーリンズ（Marshall Sahlins）の『石器時代の経済学』は、狩猟採集民が常に飢えとの闘いを強いられ、1日の大半を獲物を探し捕る（採る）ことに奔走していた、というイメージを再考させてくれる。また近年出版された「仕事」に関する文化人類学的研究において目を引くのが、小川さやかが報告するタンザニアと中国を往還する「もう一つの資本主義経済」である。例えば『「その日暮らし」の人類学』［小川　2016］のなかで描かれるタンザニア社会の生存戦

略は、日本や西洋近代的なそれとは真逆であり、わたしの調査地と非常に近しい。そのため調査地はまったく違うのだが、ありありと彼らの様子や生存戦略を思い浮かべることができる。

　日本社会では、学校教育を通して、勉強すること、就職すること、他人に迷惑をかけないことが叩きこまれ、仕事は「与えられ」、「続く」ものだと考える人が多いだろう。そんな人が突然、人生半ばで公官庁や企業をクビになってしまったら。これまでのシステムが崩壊してしまったら……すぐには立ち直れないだろう。多くの場合は、失業保険をもらいながらハローワークに通い始め、新たな職を探すことになるだろうが、それもまた公的なセーフティネットによる労働者の再生産であることには変わらない。同じ状況に陥る可能性を新たに自らつくり出してしまっているともいえる。

■3■　日に数回お茶を飲むアットホームな「職場」です

　わたしが中国東南部の村落社会でフィールドワークを始めてから15年以上が経過したが、その間に多くの友人たちは、その都度、仕事（商売）を変えてきた。これは日本社会において模範とされてきた（**会社**一筋〇〇年、勤続〇〇年といったような）「労働観」とは全く異なる。彼らにとって生業とは、何か特定の職業に就くことではないのである。ある人物のライフコースからその一端を見てみよう。

　林濤（仮名）は1983年生まれ。3人兄弟の長男である。彼は中学校までは地元の学校に通ったが、それ以降は出稼ぎに行くなど「ふらふら」していた。2005年頃から、再び地元に戻ってきて、同級生の伝手で民宿の手伝いを始める。しかし民宿の経営が傾き始める2010年頃からは、都市部に出て保険の外交員の仕事を目指すようになった。しかし2015年頃、それがうまくいかず再び地元に戻ってくる。その際、亡き父が保持していた山の上の土地を再

山の上で放牧する林濤（仮名）

停電中も茶会は始まる

利用し、羊、犬、カモなどの畜産を行うようになり、生活を安定させ地元の女性と結婚した。しかし2019年から、今度は弟の伝手を頼りにアフリカ（ガーナ）へと移住してしまう。わたしは彼に「なぜアフリカに行くのか？　結婚したし、生活も落ち着いたじゃないか？」と尋ねると、彼は「ここに居たって仕方ないじゃないか」と返す。

　決して彼が珍しいわけではない。このように「商売」を次々と変えることは、わたしの調査地では頻繁に起きている。彼らにとって「商売」は、あくまでもお金を稼ぎ、生活を持続させるための手段に過ぎず、景気がよかったり、面白そうであれば、（たとえアフリカでも）フットワーク軽く、次々と仕事を変えてしまうのである。

　それにしても、なぜ彼らは何の不安もなく、仕事を変えたり、辞めたりできるのだろうか。失業保険やハローワークに代わるものはないのか？　この問いへの答えは、彼らの日常生活のなかに隠れていた。わたしは彼らと日常生活をともにしていたのだが、1日のなかで多くの**時間**を「茶会」に割いていた。「茶会」といっても大それたものではなく、家屋の前で簡単な茶器セットで行われる茶会、食前・食後の茶会、宴の前後の茶会などで、とにかく茶を飲む機会が多い。平均すると1日5〜6回に及ぶだろうか。村落内では朝起きてから寝るまで、常に誰かが誰かと茶を飲んでいる。一度、家計に占める「茶会」の費用を（林濤含む）友人らに尋ねたが、茶・タバコ（その他）を合わせると約1,000元ほど。これは平均的な農村部の月収の4分の1〜5分の1程度に相当する。

　フィールドワークを始めた当初、わたしは1日のほとんどの時間、そして多くの費用を「茶会」に割いている彼らを見て「大丈夫なのか？」と心配をしていた。だが今になって思えば、それこそが彼らにとっての「仕事」であり「保険」であり「ハローワーク」なのであった。彼らは常に転々と仕事を変えるが、その仕事は常に「茶会」でつくられる**ネットワーク**によって紹介、斡旋されていたのであ

る。先の林濤も実際、同級生、知人、親族、兄弟を経由して「仕事」を変えてきたのであった。もちろん「茶会」ではいつも仕事の話をしている訳ではない。来たるべき「いつか」に備え、茶を飲みながら、様々なネットワーク（親族・友人・知人）を常に「アップデート」しているのである。

▪ 4 ▪ 人付き合いこそが「仕事」です

　大学生は 3 年生にもなると、みな就職活動で浮足立ってくる。自分は何がしたいのだろうか。自分にとっての適職は何だろうか。そもそも自分は就職できるのだろうか、と。そして毎晩、適性診断や就職関連のテスト問題を解き続ける日々が続く。もちろん、それはとても大切なことであるし、プロフェッショナルな仕事は大変美しい。ただ、「勉強しなさい」同様、希望通りの仕事についたとしても、「老後に備えなさい」といったように、私たちは常に強迫観念のごとく「仕事」をすることから離れられない。

　林濤などの生活を見ていると、状況に応じて頼るべきときは人に頼る、という彼らの生き方が羨ましくなるときがある。将来のために金を貯めるというよりも、関係性の維持、新たな関係性の構築のために、積極的に彼らは関係性維持の道具（茶、タバコ、応接セット）を購入する。というのも、このような関係性こそが彼らにとっての資本であり、セーフティネットとして働くためである。つまり、彼らにとっての資本は、消費を控えることによって蓄えるものではなく、積極的に消費することで生み出されるものなのである。

　ちなみに林濤は生活に困窮した際、「茶会」でわたしに金の無心をしてきた。その金はまだ返ってきていないのだが、アフリカまで催促に行くべきであろうか……。恐らくそこでもまた何度も茶会がもうけられることは間違いないであろうが。

（小林　宏至）

Further Studies　　働き、蓄える社会？

厚生労働省のウェブサイトから「『人生 100 年時代』に向けて」の項目をみてみよう。配布資料や議事録も見ることができる。日本社会における「仕事」がどのようなものか、そして今後政府がどのような方向性にしたいかをみることができる。

Chapter 5

異なる医療文化の出会い
脈診は片腕だけじゃダメでした

▪1▪ 医療と歴史・文化

　熱が出た、咳が止まらない、お腹が痛い、怪我をしたといった身体の不調時に、みなさんはどういう行動をとるだろうか。わたしの場合、とりあえず休養し、市販の薬を用いてみて、それでもよくならなければ病院へ行く、というパターンが多い。今日、日本の病院で私たちが受ける**医療**は、基本的には近代西洋医学に基づくものだ。これは明治期に近代化が進められるなかで、漢方をはじめとする伝統医学を排除し、近代医学を国家の医療体系とすることが定められたことによる。

　一方、中国や台湾の街を歩いていると、伝統医学の看板を掲げた病院や診療所を見かけることが多くある。これらの地域では、近代医学と並行して、伝統医学もまた国家の医療体系に組み込まれている。

　近代医学に基づくものにせよ、伝統医学に基づくものにせよ、あるいは村々や家々で伝承されてきたような民間療法にせよ、医療・医術は、それぞれの**自然観**や生命観、疾病観などに基づいて人の身体に働きかけるものだといえる。現代の日本において、診察を受けにいった先で、説明や治療を受けて、納得したり安心したりするとき、わたしは近代医学的な感覚を、診療を行う側と一定程度共有しているわけだ。

▪2▪ 東アジアへの近代医療の導入——中国大陸を中心に

　歴史的にみれば、東アジア諸地域にとって、近代医学やそれに基づく医療は、19世紀から20世紀にかけて導入された新しい学知・技術だった。各地域におけるその導入や普及の過程に関する研究史については、飯島渉「『医療社会史』という視角」（『歴史評論』787号、2015年11月）や鈴木晃仁「医学史の過去・現在・未来」（『科学史研究』第Ⅲ期、269号、2014年4月）などを参照するとよいだろう。ここでは、中国大陸における、近代医学・医療の導入の過程を概観してみよう。

　中国大陸への近代医療の導入については、医療宣教師や、租界や租借地などの

役割が指摘されてきた。医療宣教師たちは中国社会へのキリスト教布教の一環として診療や医学教育を行った。広州やマカオを中心とした彼らの活動は、19世紀半ば以降、上海などの各開港場でも展開され、後に内陸部へも拡大していった。租界や租借地、植民地・香港といった外国人居住地もまた、近代医療や衛生事業がもたらされる窓口となった。開港によるヒトやモノの移動の活性化はコレラやペストといった感染症の流行をもたらした。これらへの対処として租界や植民地当局が行った医療・衛生事業は、清朝政府にも影響を与え、清朝に続く中華民国期には、近代医学・医療の全面的な導入や衛生事業の制度化が進められていく。

その一方で、この間、中国伝統医学を「迷信」「非科学的」として排斥しようとする中医廃止論がたびたび提起された。存続の危機に直面するなかで、伝統医学の医師たちは、職業団体としての組織化や学会誌の刊行、伝統医学の教科書の編集、伝統医学を学ぶための学校の設立などの自己変革を行い、1936年には中華民国政府によって公認されるに至る。

伝統医学が公認されたのは、以上のような医師たちの努力だけではなく、社会からの広範な支持があってのことであった。当時の人々が、伝統医療に日常的に接していたかどうかは、おそらく社会階層によって様々であっただろう。だが、伝統医学・医療が歴史的に長期にわたって存続してきたことを考えるに、その基盤にある自然観や生命観・身体観などは多くの人々に一定程度共有されていたのではないかと思われる。

では、こうした人々は、近代医療に接したとき、どのように反応したのだろうか。また。自らとは異なる医療観や身体観をもつ人々に接したとき、近代医療の医師はどのように対応したのだろうか。

■3■　史料からみる異なる医療文化の出会い

過去の事象を扱う歴史学研究の場合でも、現地へ赴き対象地域を観察したり、関係者への聞き取り調査などを行うことはある。だが、100年近い過去の事象を扱おうとするとき、問いかける対象はやはり主として歴史史料ということになる。ここでは、20世紀前半に活躍したアメリカ人医師、ヒューム（Edward H. Hume）の手記［Hume 1945］から、異なる医療文化をもつ者同士が出会ったときの様子をうかがってみよう。

ヒュームはイェール大学による中国内陸部への医療普及事業のため、1906年に湖南省 長 沙に診療所と学堂を設立し、現地の人々への診療や教育を行っていた。

　診療所開設当初、「中国人の病気に中医（伝統医療）より西医（近代医療）が効くとは思えない」といった声もあれば、ヒュームによる診療が自身の想像とは違っていたため、反発を示す患者もいた。ある清朝高官は、発熱のため診察を受けにきたが、彼にとっては見慣れない体温計を口に入れられたことに怒り、またヒュームが左腕の脈しか確認しなかったのに対し、「お前は医療をまったくわかっていない！」と怒鳴りつけた。当初ヒュームは、なぜ怒鳴られたのかよくわからなかったが、後に同僚の中国人医師はこう説明した。中国人は、左腕には心・肝・腎の、右腕には肺・脾・生殖器官[1]の情報を伝える脈があると教えられているので、片腕の脈診だけでは不十分だと思われたのさ、と。ヒュームは、高官の診療所への来訪により診療所の評判が上がることを期待していたので落胆した、と記しているが、こうした経験は、後に彼の診療活動に役立つことにもなった。

　患者の受療習慣の違いに戸惑わされることもあった。ある裕福な女性患者は、「身分の高い中国人女性が男性医師に診察されるのは、ふさわしいことではないと思われるので」、自身は天蓋におおわれた寝台から出ずに、ヒュームに象牙でできた裸の女性型人形を手渡した。人形の腹と胸には印がつけられており、これが女性自身の痛む箇所を示していた。人形を見せた後、女性は天蓋の隙間から右腕を差し出した。このとき、ヒュームは、脈診が期待されていることに即座に気付き、脈診を行い、続いて差し出された左腕の脈も見ている。そのためかどうかは定かではないが、このときは、患者に診療を拒絶されることはなかった。

　以上のエピソードからは、異なる医療観や習慣をもつ医師と患者の間のちょっとした葛藤と、在来の医療文化をある程度受容しつつ診療活動を行うヒュームの姿を見てとることができる。手記には、こうした関係が、患者・医師間だけでなく、伝統医学の医師との間にもあったことが記されている。前節で触れたように、制度史上では、対立が強調されがちな近代医学と伝統医学だが、現場の医師の活動からは、それだけではない側面があったことが見えてくる。

▓4▓　医療・身体に関する人類学と歴史学

　上述のエピソードが示すように、医療や身体に対する考え方は、地域によって様々であろうし、時代によっても異なり得る。また、同じ地域・時代であっても、性別や世代、民族や社会階層などによって異なる場合もあるだろう。医療や身体をめぐる様々な文化のありようや、その歴史的変化を知ることは、異文化への理解を深めるというだけでなく、高齢化・長寿化が進むなかで、**健康**保持が大きな関心を集めているように見える今現在の私たちの社会を相対化して見る視角を得ることにもつながるだろう。

　人類学の領域では、医療や身体、病気を、様々な民族や文化集団の「生活の文脈」に位置付けて考察する医療人類学という分野がある［波平編 2012］。歴史学においても、人類学の視点を学びつつ、医療や身体にかかわる諸問題の歴史的変化を、広く社会的・文化的要素を踏まえて考察する医療社会史研究が進められている。

（福士　由紀）

注
1)　ヒュームは"genital organ"と記しているが、今日の日本の東洋医学によると、「心包」あるいは「腎」ともされる［山田・代田 2018，平間 2019］。

Book Guide
飯島渉，2009，『感染症の中国史』中公新書
クロイツァー，R. C.，1994，『近代中国の伝統医学』難波恒雄訳，創元社
永島剛・市川智生・飯島渉編，2017，『衛生と近代』法政大学出版局

キーワードリスト

医療　弘：69〔医療人類学〕、最新：24〔癒し〕、20：213〔医療・身体論〕、キー：32〔医療
　　人類学〕、丸善：388〔医療と癒し〕、Lex：80〔ケア〕

会社　丸善：206-209

旧暦　弘：287-288〔暦こよみ〕

禁忌　弘：458〔タブー〕、キー：566〔通時と共時〕；97〔聖と俗〕

健康　弘：69〔医療人類学〕、キー：32-33〔医療人類学〕、丸善：30〔健康ブーム〕

米　弘：62〔稲、稲作〕

サツマイモ　弘：307-308、民俗：54〔イモ〕

時間　弘：322-323、キー：94-95

自然観　弘：320〔自然崇拝〕、丸善：600〔自然の保護と支配の争い〕、Lex：42〔自然 / 人間〕、
　　50〔自然の人類学〕

主食　弘：369〔食物〕

食文化　弘：368〔食事〕、最新：27〔食文化研究〕、キー：76〔食〕、丸善：58〔食事法〕

身体　弘：172〔からだ〕、丸善：484-487〔身体と感情〕

新暦　弘：287-288〔暦こよみ〕

タロイモ　弘：463、民俗：54〔イモ〕

調理法　丸善：56、Lex：88-〔可食性の人類学〕

ネットワーク　弘：569-、キー：152-、丸善：628-〔社会関係資本〕

労働　丸善：170-171〔「働く」の概説〕

第3部

交換と経済

Chapter 1

婚資を分割払いしてはダメですか？
一括払いは水くさい

■1■ 贈与とお返し

　私たちの通念では、借金を残しているのは体裁が悪いものである。借金に限らず、物をもらったり、世話をしてもらったりすると負い目が生じる。負い目は劣位感でもある。その負い目を解消するためにお返しをする。このくり返しである。

　しかし、お返しの時期は微妙である。友人から親切心で世話してもらったことに対して、お返しを物などですぐに返すと、「水くさい」「他人行儀だ」と言われたりする。どうやら、その友人としては、友人だからお返しなど考えない無償の世話をしたつもりであったのに、他人同士のサービスと物のやりとりのようだという感覚である。ましてや現金を支払ったりしたら、友人関係は決定的に壊れるだろう。一方、社会的距離がある人からの贈与に対しては、一定期間内に返礼しないと、礼儀を知らないと非難される。

　このように、贈与に伴う負い目の解消のためのお返しは、時期を選ばないと人間関係を変えてしまう可能性がある。

■2■ 贈与交換と婚資

　贈与交換（互酬性）は文化人類学の重要なテーマである。マリノフスキー（Bronislaw Kasper Malinowski）によるトロブリアンド諸島のクラ交換の研究をはじめ、市場交換とは異なる交換として、贈与交換は常に人類学者の関心を引きつけてきた。

　モース（Marcel Mauss）は、贈与交換を与える義務、受け取る義務、返礼する義務の３つの義務からなるものと論じた。与えた者は貰った者に対して優位に立ち、もらった者は負い目を負う。その負い目がお返しの原動力となる。ポランニー（Karl Polanyi）は、贈与交換（互酬性）を交換の一般的な類型（互酬性、再分配、市場交換）のなかに位置づけた。サーリンズ（Marshall Sahlins）は、互酬性を、社会的距離の近い者同士の一般的互酬性（返礼を期待しない贈与）、社会

的距離が遠い者同士の否定的互酬性（略奪や値切りなど贈与を最小化し返礼を最大化する）、そしてその中間の社会的距離をもつ者同士の均衡的互酬性（一定期間内の返礼が必要）に分類し、互酬交換のなかにみられる給付と返礼との間の時間差と交換者たちの社会的距離との関連を明らかにした。

　婚姻に伴う贈与として、**婚資**（聘財）がある。結婚に際して夫方集団から妻方集団へ贈与される財である。一般に、婚資として贈られる物は、当該社会において特に価値があると認められている物であり、現金とは限らない。婚資の機能は、①娘の婚出に対する代償、②婚姻締結の承認、③姻族間の関係の強化等が考えられる。①婚出に対する代償としての機能は、妻が夫方に移動する夫方居住がルールとなっている社会において顕著である。婚姻締結交渉あるいは婚礼そのものにおいて、婚資の贈与が不可欠の要素として組み込まれている場合には、②婚姻締結承認の手続の一部となっていると見なすことができる。婚資の贈与がその後の夫方・妻方の贈与交換をもたらす契機となっている場合、または一連の贈与交換の一部となっている場合には、③姻族間の関係強化の機能を果たしているとみられる。

■3■　ミエンの婚資

　タイの山地民、ミエンの結婚までの過程を見ていく。男女の交渉は、男子が女子の家に夜間訪れ朝方に帰る夜這_{ばい}によって始まる。そのうちに関係認知の過程として、男子方と女子方の親同士が〈講女_{コンシアッ}〉という儀礼を行うこともある。関係がある程度認知された男女の場合、男子が女子のピャオの仕事を手伝ったり、女子側のピャオに住み込む場合もある。こうした同棲に近い関係は数年続くことも、その後関係を解消してしまうこともある。いわば試行的段階である。また、「足入れ婚」の如くに、女子の方が男子方のピャオに一時的に居住して仕事を手伝う例も見られた。

　次の段階では、当該の男女の生年月日時をつき合わせてその相性の良し悪しを判断する（〈討年庚_{トウニンケン}〉）。〈討年庚〉の後日、婿方が嫁方に腕輪を送る（〈過手信_{チアシオウフィン}〉）。
　第三段階は〈吃開口鶏_{ニャンゴイヅゥイチェイ}〉あるいは〈講親家_{コンツインチャー}〉という。この段階では、婚礼の大体の条件が決定される。このときに交渉される諸条件は、婚資の額、嫁方招待客の数、婚礼の日数、新郎新婦の客に対する拝礼儀礼〈拝堂_{バーイトン}〉を行うか否かと

いったことである。第四段階は〈下定〉（チアディン）という。このときには、前段階での話を詰め婚礼のおおよその月日を仮定しておく。また、この〈下定〉のときには通常、銀の延棒〈銀条〉（ニャーンティウ）1本が婚資の一部として婿方から嫁方へ送られる。婚資の支払いはこの〈下定〉に始まる。〈下定〉で仮定した婚礼月日のおおよそ1か月前の吉日に第五段階の儀礼が行われる。この儀礼を〈過銀〉（チアニャーン）（銀を渡す）という。〈過銀〉では、婚礼の日取りを正式決定し、婚資の一部を支払う。わたしが聞いたところでは、〈銀条〉2本という事例が多かった。

　婚資の額は〈銀条〉12本というのが標準であるが、具体的な本数は上記の交渉によって決まる。婚礼のときには2本の延棒が支払われる。しかし全額を婚礼までに支払うわけではない。結婚後も数年〜10年くらいの間隔で、夫が妻の両親に分割で支払ってゆく。すべて払い終わると「太った豚」という儀礼（豚を1頭供犠する）を行い完済を確認する。支払期間が長いので、完済する前に妻の両親が亡くなったという例もある。わたしが「いっぺんに払えば良いじゃないですか」と言うと、「それは水くさい」「情がない」という返事であった。すなわち、負債を抱えていることが、夫と妻の両親との関係を長く維持できるということになるのである。

■4■　負い目は縁？

　市場交換の分野では、借金や負債はマイナスの資産とされる。しかし、贈与交換の分野では、負い目を負うことはマイナスにはならない。むしろ、ミエンのように人間関係を維持してゆくために必要なものとなっている。翻ってみれば、現代日本の人間関係も、**義理**とか**恩**という負い目によって維持されている面があるのではないか。

（吉野　晃）

Further Studies	あなたが行っている贈与交換は？

あなたは友人や家族、親戚とどのような贈与交換を行っているか、思い出してみよう。特に、贈り物をもらったら、いつどのようにお返しするかをチェックしてみよう。

Book Guide

上杉富之，1999，『贈与交換の民族誌——ボルネオ・ムルット社会の親族と祭宴関係のネット
　ワーク』（国立民族学博物館研究叢書 1）国立民族学博物館

岸上伸啓編，2016，『贈与論再考——人間はなぜ他者に与えるのか』臨川書店

モース，M.，2014，『贈与論　他二篇』森山工訳，岩波書店（吉田禎吾・江川純一訳，2009，
　ちくま学芸文庫版もある）

Chapter 2

あなたのコメはどこから？　わたしは実家から！
自由にコメを送っちゃダメだった国ニッポンの現在

■1■　日々食べるコメの入手方法から覗く「直近の過去」

　21世紀に入って20年が過ぎようとしている現在の日本社会にも、様々なところに歴史になりたての「直近の過去」が隠されている。

　試みに、あなたの職場の同僚や、趣味の仲間、大学のクラスメートなどに、「わたしは家で食べるコメを〇〇で入手していますが、あなたはどこから入手していますか？」と問いかけてみてほしい。場合によっては居合わせた全員が「コメは米屋で買いますが、何か？」という均一な答えしか返さず、会話がまったく広がらないこともあるかもしれない。

　日本有数のコメどころ新潟県の県庁所在地である新潟市に暮らすわたしの場合、同僚や友人から返ってくる回答は、バラエティに富んでいる。兼業でコメづくりをしている家も多く、そういった人は自家生産のコメを食べている。いわゆる自給自足である。また、生産者でなくてもコメ農家の親戚・知人から無償有償でコメを入手している例がかなり多い。文化人類学的にいえば、非市場経済における**互酬・贈与**ということになろう。スーパーや米屋で購入している人もいるので、これは近代的市場経済における等価交換ということになろう。アームチェア人類学者ならぬ、オフィスチェア人類学者の気分があじわえる。

　こういった会話を掘り下げていくと、一回で入手する際の量や、玄米に決めている、精米されたコメの方が楽など、細かいこだわりやコメに対する考え方なども聞けて、なかなか興味深い。

　1942（昭和17）年から1982（昭和57）年まで、日本のコメの流通は食糧管理法の強い規制のもとにあった。そのため、コメの入手をめぐる多様性は、原則的には発生しえなかったが、実際には様々な方法でコメは入手されていた。

■2■　食糧の調達をめぐる社会と近代

　地域・時代を問わず、社会にとって食糧の調達は重要な問題である。この問題

は、それぞれの文化のなかの知恵と工夫が反映される領域であるため、文化人類学の大きな研究テーマとなってきた。世界各地の狩猟採集社会や農耕社会における食糧の調達をめぐる文化は、その生産技術的な多様性のほかにも、資源論や**所有論**などとも密接にかかわりながら現在も重要なテーマとして研究されている。

　ポランニー（Karl Polanyi）やサーリンズ（Marshall Sahlins）は、食糧を含む様々な事物の調達方法として、市場経済以外にも互酬、再配分、交換など広い意味で経済的な制度があることに注目し、その研究成果は経済学など文化人類学以外の分野にも影響を与えている。

　日本の民俗学は、年中行事や人生儀礼などに際してコメを重視する民俗が多いことを明らかにした。伊藤幹治［2011］は日本の贈答慣行で食物が贈答品になることが多いことを指摘しているが、コメおよびコメの加工品である餅や団子などが欠かせないものとして扱われる事例は多い。現代の葬送儀礼を研究する山田慎也［2007］は、新潟県佐渡の伝統的な葬儀を詳細に調査し、「日頃満足に食べることができない米が最も重視され、大量に消費される」ことを指摘している。

　一方、日本など稲作を行う地域の近代国家は、食糧の安定供給のため増産政策を進めるとともに、主食であるコメを統制し管理する制度を採用した。日本では1918（大正7）年の米騒動などを通して食糧の安定供給の重要性を認識した政府が、食糧管理制度を拡充させた。1942（昭和17）年には政府がコメ、ムギ類を管理する食糧管理法を施行し、食糧の安定供給を図った。

　日本のマンガやドラマでは、第二次世界大戦敗戦直後の食糧不足を描くシーンに、コメの配給やヤミ米をめぐる悲喜劇がしばしば登場する。これは食糧管理法のもとで厳しくコメの流通が制限されていたことをわかりやすく示している。

■3■　コメの調達をめぐる人々の歴史意識

　食糧の安定供給を目的とした食糧管理法は、第二次世界大戦後、増産政策が成果を上げ供給量が増大したことや、日本が経済的に成長しコメ以外の穀物を消費するようになったことなどにより、本来の意義を失い形骸化していった。1969（昭和44）年の自主流通米制度の発足や、コメあまりの慢性化などによっても、制度の意義は薄れていった。食糧不足の時代は、ヤミ米として厳しく取り締まられていた食糧管理法の外側で流通するコメは、次第に法的には取り締まられない

「自由米」などと呼ばれる、微妙な存在になっていく。

　市町村の博物館には、市民から不要となった「米穀手帳」が寄贈されていることがある。その背景には、制度的には身分証的な役割を果たす重要な書類であった米穀手帳が、その重要性を失い、自家で保管あるいは処分する対象から外れていった歴史があると考えられる。

　松本裕子［2010］は、1982（昭和57）年に食糧管理法が改正されコメの流通規制が緩和されていく動きのなかで、「縁故米」などと呼ばれる贈与物としてのコメの流通が活発になっていく動きを明らかにし、それぞれの時代的、地域的特徴を実証的に分析している。

　1980年代は、コメの輸送が鉄道からトラック輸送に置き換えられていった時代でもある。小回りの利くトラック輸送網の発達が、他出した子どもや親戚、知人に気軽にコメを送ることを可能にしたとも考えられる。陳玲［2002］は、1990年代後半の新潟県両津市北小浦において、遠隔地に暮らす子どもに宅配便を利用してコメや海産物などの地元の生産物を送る事例を報告している。

　新潟県に限らず、地方都市の郊外にはコイン精米所のプレハブがロードサイドに立っていることが多い。これらは精米機を自家にもたない農家が自家で食べるコメを精米するほかに、実家・知人から米袋に入った玄米として送られてきたコメを精米する役割も担っており、日本の食糧事情の現状を示す歴史的な景観ともとらえることができる。

　コメをめぐる近代的な制度の動きと、日々の食事をめぐる個人ごとの日常感覚のずれは、両者の時間的スケールや、問題の枠組みが大きく異なるため、コメに対する歴史意識をもたないとリンクしづらい。

▪4▪　身辺卑近の問いから見える直近の過去と社会

　わたしの個人的なライフヒストリーならぬライスヒストリーを振り返ってみたい。学生時代にひとり暮らしを開始して以降、長く自分の実家からコメを無償で送ってもらっていた。なんとか定職に就いて、所帯を構えるようになった現在は、妻方の実家からコメを無償で送ってもらい、親子3人で日々美味しくいただいている。

　あらためて客観視すると、「半世紀近く生きてきて、いまだにコメを買う甲斐

性もない」と情けなくなってくるが、一方で近年の社会科学のいう**社会関係資本**が充実した人生と考えることもできる。また、自家に宅配便で届くコメを眺めて、1982年以降食糧政策の転換によって日陰者でなくなった「縁故米」の系譜に思いを馳せることもできる。

　コメの入手方法を聞くなど、日々の食生活に関する話題は、現在の日本でも「はしたない」と感じられることも多い。これは「世間体」に気を遣わず、ドメスティックな領域に踏み込んでくるように感じられるからではないかと思われる。こういった感覚は日本文化ではだいぶ希薄化してきているが、完全に失われた感覚でもないようだ。一方で、こういったややマナー違反かもしれない「身辺卑近」な事柄に関する問いと答えを複数集めて考えることによって、一見、硬質で一様であるように思えた身の回りの価値が、相対化され複数の価値体系のなかでそれぞれ違った意味をもつことがみえてくる。

　異文化について考えたり、身の回りの事柄を文化的に掘り下げていくことの面白さのひとつが、無意識のうちに固定されていた自己像を、客観的にとらえ直す機会となるところにある。その機会はオフィスや教室のなかに隠れている。

（岩野　邦康）

Further Studies　　直近1週間で食べたコメの流通経路のメモを作ってみよう

> 近年の日本では、従来に比べてコメを食べる機会は減っている。それでも1週間くらいの幅を取れば、多くの人は何らかのかたちでコメを食べているのではないか？　コメの流通経路は、外食などでは、よくわからないことが多いが、自炊している場合はある程度はわかる。周囲の人と比較できるようであれば、その多様性、あるいは均質性を実感できるのではないか。あわせて、住んでいる地域や地元のコメ生産量の推移や水田面積などについても調べてみると、地域の変化について複数の視点をもてるようになるだろう。

Book Guide

伊藤幹治，2011，『贈答の日本文化』筑摩書房
サーリンズ，M. D.，2012，『石器時代の経済学（新装版）』山内昶訳，法政大学出版局
陳玲，2002，「北小浦の老人たちと宅配便」福田アジオ編『北小浦の民俗』吉川弘文館
松本裕子，2010，『贈与米のメカニズムとその世界』農林統計出版
山田慎也，2007，『現代日本の死と葬儀——葬祭業の展開と死生観の変容』東京大学出版会

Chapter 3

資源開発と結婚ブーム
現金はダメだからまたブタで

▓1▓　鉱物エネルギー資源開発がもたらすものとは

　鉱物エネルギー資源開発というと、地面に大きな穴を開けて岩石を採掘した
り、炎の燃え上がる井戸から石油を汲み上げたりといった様子が思い浮かぶと思
う。**開発**が自然環境に大きな影響を与えることは想像しやすいが、そもそもその
場所に人が住んでいることや、彼らの生活にどのように影響を与えるのかを想像
することは少ないだろう。

　実際には、こうした大型開発プロジェクトは自然環境を変えるだけでなく、近
くに住む人々の生活にも影響を与える。雇用機会が生まれて現金収入が増えるな
どの良い影響はもちろん、購入食品に偏った食生活に急激に変化して肥満が増え
るなどの健康面での影響も報告されている。

▓2▓　資源開発による生活と社会への影響

　鉱物エネルギー資源開発による開発地住民の生活や社会への影響について、パ
プアニューギニアのオクテディ鉱山周辺に住むウォプカイミンとテレフォルミン
の人々の事例から3点指摘したい。

　第1に、住民の生活環境の変化である。オクテディ鉱山の開発は1980年代に
始まった。鉱山開発が始まる前、ウォプカイミンの人々は熱帯林に小さな集落を
つくって**タロイモ**栽培や狩猟を行っていた。だが開発が始まると、多くの人が道
路沿いに密集して住み、開発関連の仕事につくようになった。

　第2に、鉱物エネルギー資源開発に対する住民の反応は一枚岩ではなく、二極
化する傾向がある点である。ウォプカイミンの人々の場合、開発企業で働くなど
開発と近い関係を築く人々がいる一方、開発地から離れた熱帯林に住んでタロイ
モ栽培と狩猟に依存するという以前の暮らしを再開する者も現れた。いわば「伝
統」の復興運動が生じている。

　第3に、住民の食生活の変化である。開発直後のウォプカイミンの人々の間で

は購入食品への依存が高まり、タンパク質摂取量は変化せずに脂質摂取量が極端に増加した。またテレフォルミンの人々に対する開発後 25 年間の追跡調査によると、成長期の子どもの体重と BMI が年々増加した。これは特に栄養素摂取の向上によると解釈されている［Adhikari et al. 2011］。

▓3▓　資源開発のもたらした結婚ブーム

　資源開発による社会への影響のうち、結婚への影響を見てみよう。取り上げるのはパプアニューギニアのヘラ州に住むフリの人々である。2009 年に彼らの居住域で大規模な天然ガス開発が始まると、道路や工場、天然ガスの井戸などの建設のため、地元の人々が多数雇われた。自給自足に近い生活であった人々が突然現金収入を手にしたのである。しかし 2013 年に設備建設が終わると、多くの人々が失職した。

　2015 年に彼らの間で聞き取りを始めた際、わたしは奇妙な雑言（ぞうごん）を耳にした。地元出身の年配男性や若者、既婚未婚の女性など、様々な村人が異口同音に「開発が始まった後に大金を手にするようになったから、ここの人はみんな頭が狂ってしまった。多くの男が金を手にして、若い者も年寄りもみな女に手を出して結婚するようになった」というのだ。

　これは開発後に結婚する人が増えたということだろうか。それはなぜ悪口（あっこう）雑言として語られるのだろうか。不思議に思ったわたしは、まず村人の系図を作成し、亡くなった人も含め、系図に現れた結婚の事例を一つひとつ聞き取りしてみた。その際、結婚の時期、**婚資**（結婚時に夫方親族から妻方親族へ贈る**贈与**財）の内容と婚資が現金の場合は金額、男性の結婚時の年齢を尋ねつつ、結婚にまつわる話を可能な限り辿ってみた。得られた結婚の事例は 178 人（男性 107、女性 71）による 271 件であった。事例の数が対象者の数より多いのは、**一夫多妻婚**が認められており、複数の女性と結婚した男性がいたからである。なお従来、結婚は両親同士の取り決めで行われ、婚資としてブタが夫方の親族から妻方の親族へ贈与された。

　その結果 4 つのことが明らかになった。第 1 に、結婚件数は開発が始まった 2009 年頃に急増し、設備建設が終了した 2013 年以降に急減した（図 1）。第 2 に、2009 年以前は近隣の村人同士の結婚が主であった一方、2009 年以後、ヘラ

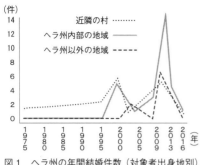

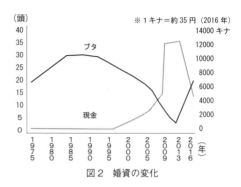

図1　ヘラ州の年間結婚件数（対象者出身地別）　　　　図2　婚資の変化

州内部とはいえ離れた地域の出身者やヘラ州以外の出身者と結婚する人も現れた（図1）。第3に婚資の内容であるが、2009年以前はブタが主であったが、以後は現金が急増し、さらに2013年以後再びブタが増えた（図2）。第4に男性の結婚年齢に関し、1993年以後のデータでは、2009年以後に結婚件数が急増したのは30〜40代の男性であり、50〜60代の男性の結婚事例は最初から継続的にみられた。

　ここから3つの傾向が読み取れる。第1に、開発以後に結婚ブームが生じ、より遠い地域の出身者との結婚が増え通婚圏が広がることである。第2に、従来主にブタであった婚資として、開発の開始後は現金が使われ始め、開発に伴う雇用が途絶えるとまたブタに戻った過程があることである。第3に、人々の語りに反し、50歳以降の年配男性の結婚件数に大きな変化がないことである。

　ブタから現金への婚資の変化や、以前はありえなかった遠方出身者との結婚は、彼らにとって異常な事態であっただろう。開発以後の時期を、ピジン語で会社を意味するカンパニ（kampani）を使って彼らはカンパニ・タイムと呼ぶ。現金の利用が増えたという意味もあるようだ。好ましいと思わない雰囲気も見て取れる。彼らは社会の大きな変化を感じており、それゆえ以前からあった年配男性の結婚さえも異常であるかのように語られたのだろう。わたしの聞いた奇妙な雑言は、半分本当で、半分は人々の印象を述べた表現だったと思われる。

■4■　資源開発をどのように「文化人類学する」のか

　私たちの日常生活に携帯電話やコンピューター、テレビなどの電化製品は不可

欠である。それらの**モノ**と私たちの関係をとらえ直すことは、近年の文化人類学の主要なテーマのひとつである。だが、これらのモノに含まれる部品の原料となる鉱物エネルギー資源が、生産地の人々にどのような影響を与えながら現代社会にもたらされるのかも重要な研究テーマであろう。

また、資源開発はグローバル経済といったマクロな経済動向と結びつけて論じられることが多い。生産地や開発地に住む住民は、先住民や貧困層など脆弱な人々であることや、フリの人々のように素朴な生業活動を行う人々であることも多い。資源開発は、フリの人々が経験したように、結婚ブームが生じたり、婚資として現金が使われ始めたり、収入が途絶えたらまたブタが使われ始めたりといったように、開発地住民のミクロな生活の変化とも結びついている。辺境での彼らの生活がいかにグローバル経済の中心動向とも結びついているのかを明らかにすることも、文化人類学者の仕事のひとつなのである。

（田所　聖志）

Further Studies　**鉱物エネルギー資源にふれる**

・大阪ガス・ガス科学館（https://www.osakagas.co.jp/company/efforts/gasscience/index.html）。フリの居住地で採られた天然ガスの一部は日本に輸入される。名古屋市で都市ガスとして使われるほか、東京都民の使う電気をつくる千葉県の富津火力発電所でも使われる。また大阪ガスの泉北製造所にも運ばれ、大阪府民の使う都市ガスの原料にもなる。ガス科学館は泉北製造所の隣にある。私たちの生活がいかにエネルギー資源に依存しているのかがよくわかる。近隣に電力ガス会社のPR館があれば見学しよう。

・秋田大学鉱業博物館（http://www.mus.akita-u.ac.jp/）。様々な鉱物を一度に見られる珍しい博物館である。小坂（こさか）鉱山や尾去沢（おさりざわ）鉱山など秋田県は江戸時代から鉱山が多かった。そこで採られた大型の鉱物標本は迫力がある。

Book Guide

黒崎岳大・今泉慎也編，2016，『太平洋島嶼地域における国際秩序の変容と再構築』アジア経済研究所

槌谷智子，1999，「石油開発と『伝統』の創造――パプアニューギニア・フォイ社会の『近代』との葛藤」杉島敬志編『土地所有の政治史――人類学的視点』風響社，pp.251-274

パトリシア・K. タウンゼンド，2004，『環境人類学を学ぶ人のために』岸上伸啓・佐藤吉文訳，世界思想社

Chapter 4

勝手に使っちゃダメですか？

モノの所有と使用

▪1▪ 自分のモノとは？

「お前の**モノ**は俺のモノ！ 俺のモノも俺のモノ！」。この言葉を耳にしたことがない人はいないだろう。かの有名な『ドラえもん』のなかで、ジャイアンがくり返し用いる名台詞である。ジャイアンは、"俺たちは友達だから"という理由で、野球のバットの持ち主が嫌がろうが勝手にそれを使う。

わたしは幼い頃、この言葉に対し「自分に都合のよい、自分勝手で、利己的」なイメージをもっていた。わたしがそのようなイメージをもった背景には、「自分のモノは自分に使う権利があり、また誰がそれを使うか決定する権利はモノの持ち主にある」と信じていたことがある。思えば、幼い頃自分のおもちゃをほかの子が使いたいと寄ってきたときには、両親から「どうぞって貸してあげなさい」と教えられていたし、「自分のモノなら自分で管理する」ということも教えられてきた。

人類学では、「自分のモノ」という**所有**の概念はどのように扱われてきたのだろうか。

▪2▪ 「モノを所有する」こと

西洋の所有概念では、ある人がモノを所有している場合、そのものに対する権利はモノを所有する人にあるとする。これはロック（John Locke）の「人は誰でも自分自身の身体に対する固有権をもっており、身体を用いて労働が行われた場合、その労働が付け加えられたものはその人の所有物となる」という考え方に由来する［ロック　1690＝2013］。さらに所有という概念は、「使用権（所有物を使用する権利）」「収益権（所有物から収益を得る権利）」「可処分権（所有物を自由に売却、処分する権利）」などの様々な権利（これを「権利の束」と称する論者も多い）を所有者が占有するとする。

このような考え方に対し、非西洋社会では西洋の「所有」の概念をそのまま適

用することはできないとのスタンスをとってきた。例えば、社会主義的統制を継続している中国では、土地の所有権は国家もしくは農民集団に属しており、土地を実際に使う使用者には所有権は与えられていない。しかし彼らにはそれを使う権利として土地使用権が与えられており、一部の土地使用権は譲渡や賃貸、抵当権の設定も可能な、すなわち「収益権」や「可処分権」ももちあわせるものとなっている。このように、人類学者は「所有形態の実態」に注目し、「使用権」「収益権」「可処分権」などの様々な権利がどのように人々に分配され、また社会的文化的に規定されるかを、ローカルの事例に着目し分析してきた。

　一方で、近年では松村圭一郎が『所有と分配の人類学——エチオピア農村社会の土地と富をめぐる力学』で記しているように、所有という現象を単一の「原則」に基づき理解すること自体の限界性を指摘し、「モノ」・「人」・「場」といった文脈に応じ、多様な所有のあり方があるとの立場をとる研究者があらわれている。

　確かに、西洋の「所有」概念が受け入れやすい私たちの社会であっても、上記の所有の概念が実際には適用できないケースも多々ある。例えば、飼っている猫に子猫が生まれたとする。わたしが労力を注いで飼育した結果として子猫が産まれたといえるが、わたしがその子猫を生後すぐに売ること、すなわち可処分して収益を得ることは、動物愛護法（動物の愛護及び管理に関する法律）によって禁止されているため不可能である。様々な権利が叫ばれる昨今、人類学における所有に関する研究はホットなトピックとなっている。

▓3▓　そこは他人の家だけど？

　モンゴルでのフィールドワークのなかでも、たびたび所有物に関するモンゴル人の行動に驚くことがある。わたしがモンゴルに初めて足を踏み入れたときのエピソードをひとつ紹介しよう。

　調査中にゲルを訪ねていると、時折家人が留守のことがあった。どうしたらよいか戸惑うわたしをよそに、運転手のモンゴル人は勝手に他人のゲルの扉を開けた。もちろん運転手とゲルの主人は知人でもなんでもない赤の他人同士である。しかし、彼はまるで我が家であるかのように戸棚に向かい、ポットと椀を取り出し、乳茶（ミルクティー）を椀にそそいだ。あろうことか、家人のようにわたし

ゲルでのおもてなし（手前の碗には乳茶が、奥の木製椀には馬乳酒が注がれている）

や同行者にまで乳茶をすすめ、傍らに置かれているクッキーや飴に手を伸ばす。そしてベッドに腰を下ろし、身体を横たえながら家人を待ったのである。他人の所有物を自分のモノのように扱う。初めてこの光景を目にしたときは大層驚いたものであった。

　後々卒業論文を書いていた折、20世紀初頭に草原を旅した旅人の記録を読む機会があった。そこにも、「古くからモンゴルには『草原の旅人はゲルを見つけたら勝手に入ってよい』という暗黙の了解があった」ことが記されていた。先に挙げた運転手の振る舞いと同様に、たとえゲルの中に家の主人がいなくても、自由にその家のミルクやお茶、食べ物を食べることができた。

　なぜこのような行動が成り立つのか、もう一方の当事者である家人の立場に立ってみる。家人は家を空ける際、家畜を探しに来た人や旅人が自分の家の近くを通ることを予測し、家の鍵をあえてかけず、「どうぞ寄ってください、うちの物を使ってください」という心持ちで乳茶や乳製品を出して置いたりするという。いわば、来るかもしれない相手を予測し、その相手が自分の所有物を使用することも想定する。さらにそこには贈与の心持ちさえ見え隠れする。時には予想外のモノが使われている場合もあるが、それもやはり許容範囲なのである。

　現地の人によると、この傾向は地方や南部など人口が少ない地域で特に多くみられたという。というのも草原には店はほとんどない。草原を熟知している地元民であれば水場の場所もわかるだろうが、旅人は何も知らない。1,000キロを超えるモンゴルの旅路の途中で水分補給できなければ、容易に死んでしまう。無人のゲルに入り自由に家の中の物を使うことが許される慣習は、ゲルにいわばサービスエリアのような休息、食糧補給の場としての機能をもたせ、草原の中を移動する人が飢え死にしないようにする、危機的状況を防ぐためのものであった。ゲルの家人もまた、自分が出かける際には他人のゲルに世話になることもある。困ったときにはお互い様なのである。

■ 4 ■ 変わっていく所有の概念

　このように、モンゴル人は他人の所有物を無断で使用する場合があるが、実は
そこには一定のルールが存在する。わたしが都市部のマンションにホームステイ
していたとき、わたしの乾電池が減っていたことがあった。家主に聞いてみると、
リモコンの電池がなくなったが、家にストックがなかったため 2 本ほど使ったとい
う。先に挙げた事例との共通点は、どちらも "モノがない、不足している" とい
う困窮下で、"他人の所有物" を使うことが許されている点である。もちろん、困
窮しているからといってどんなモノでも使用できるわけではなく、例えば下着を
無断で拝借することはあまりしないなど文脈に沿う必要があるが、やはり困った
ときはお互い様である。

　社会主義時代が終わり、資本主義が人々に根付き、そしてまた生活にゆとりが
出てきた現在、モンゴルの人々には変化が表れている。ゲルに鍵をかける牧畜民
が増え、またウランバートルのような都会では、子どもへのしつけとして「人の
物は勝手に使ってはいけない」と強く教えるようになった。かつてみられた "困
窮下で許可なく他人の所有物を使用する" 慣習は衰退しつつある。彼らが困った
際には、今後はどんな手段を用いていくのだろうか。

（中村　知子）

Further Studies　ハワリンバヤル

> 東京都練馬区にある光が丘公園で、毎年ゴールデンウィーク期間中に行われるお祭りである。モ
> ンゴル国からの留学生が中心となって企画し、モンゴルの食べ物や特産品、民謡や民族舞踊など
> が披露されるため、手軽にモンゴル文化にふれたい人におすすめのフェスティバルである。本章
> でふれた乳茶なども味わえる。白鵬などモンゴル出身の力士が参加するモンゴル相撲イベントも
> ある。ハワリンバヤルとは、モンゴル語で「春祭り」という意味である。
>
> 　(https://harumatsuri.net/)

Book Guide

伊藤幹治，1995，『贈与交換の人類学』筑摩書房
中空萌，2019，『知的所有権の人類学——現代インドの生物資源をめぐる科学と在来知』世界思
　想社
松村圭一郎，2008，『所有と分配の人類学——エチオピア農村社会の土地と富をめぐる力学』世
　界思想社

Chapter 5

シェアリングが支える豊かさ
そんなに持たなきゃダメですか？

■1■ 持つこと＝豊かさ？

　一昔前まで、「豊かさ」は「持つこと」と同義だった。お金をたくさん稼いでブランド品で身を固め、タワーマンションに居を構える。高級車を**所有**し、高級レストランで高価な肉とワインを味わい、プライベートジェットで世界中を飛び回る。豊かさとは持つことであり、それは成功の証だった。

　だが、持つことの物質的な豊かさを求める従来の社会通念とは異なり、持たないことに精神的な豊かさを求める動きもある。例えば、都会の喧噪から距離を置いて田舎暮らしを志向する人もいる。「ミニマリスト」と呼ばれる、極力物を持たないことで、「質素だが高潔な生活」を目指す人たちも出てきた。そこまで高い志向性がなくとも、量よりも質に価値を置く人たちもいる。現代日本社会において、豊かさはより多義的なものになっているのである。

　もっとも、「持つ／持たない」という所有の問題を前提としているという点では、両者に大きな違いはない。その上で問うてみたいのは、私たちにとって「持つ」とはどのようなことなのか、またそれはどのような意味で「豊か」なのか、である。このことについて、狩猟採集民を例に考えてみよう。

■2■ 持たないこと＝豊かさ？

　「彼らは持たないからこそ豊かである」。サーリンズ（Marshall Sahlins）という文化人類学者はそう言って世間を驚かせた。ここでいう「彼ら」とは、狩猟採集民のことである。インターネットで画像検索をしてみればすぐにわかることだが、彼らの生活は（少なくとも私たちの目には）とても質素に見える。実際、彼らが持つ物質財は極めて少ない。しかしサーリンズはそんな彼らを豊かだという。一体どういうことだろうか。

　ここでいう「豊かさ」とは「満足感や充足感に満たされた状態」のことを指すが、それには2つの道があると彼はいう。ひとつは「多くを生産する」ことであ

り、もうひとつは「少なく欲求する」ことである。前者は尽きない欲求を生産の増大によって満たそうとするのに対して、後者は手段をそのままに目的を小さく設定することに関心を向ける。そしてサーリンズは、後者こそが狩猟採集民の豊かさを支える原理であるとした。

　具体的に見ていこう。一般的に狩猟採集民の所有物はとても少ない。実際、彼らは弓矢や吹矢といった狩猟の道具に加え、ナイフや鍋といった基本的な調理道具ぐらいしか持っていない。でも彼らがそのことを悲観することはない。なぜなら彼らの生活にとって過剰な所有は不自由この上ないことだからである。

　農耕民や牧畜民のように食料を生産しない狩猟採集民は、周囲の資源が枯渇する前に、資源がより豊富な場所へと引っ越し（遊動）をする。一年のうちに何度も引っ越しをするから、彼らの生活では過剰な所有がむしろ重荷となってしまう。遊動生活を送る彼らにとって、物がたくさんあるのはとても億劫なことなのである。だからこそ、物をたくさん持っているかどうかではなく、持ち運びやすさ（可搬性）こそが、彼らにとって重要な価値基準となる。狩猟採集民が質素に見えるのは、そうせざるを得ないのではなく、自ら望んだ結果なのである。その意味で狩猟採集民は、何も持たないから貧しいのではなく、何も持たないからこそ豊かなのであり、サーリンズはそんな彼らの社会を「原始豊潤社会（original affluent society）」と呼んだ。

　サーリンズが念頭に置いていた狩猟採集民の姿は、現代ではほとんど見られなくなった。**開発**などを通して、彼らを取り巻く状況は大きく変わったからである。彼らは今、物に溢れた世界を生きている。だがたくさん持つことが可能になった現在でも、彼らは多くを生産しようとはしない。なぜなのだろうか。

■3■　今日のムラブリ

　タイ北部に暮らすムラブリは、狩猟採集をベースに森での遊動生活を送ってきた人々である。1週間に1回ほどのペースで引っ越しをしていたので、単純計算すると1年間で52回も引っ越しをしていたことになる。だからそんな彼らもあまり物を持たない。例えば男性はふんどしを身につけ、槍と棍棒で獲物を獲っていたし、獲物の解体も木の伐採もたった1本の山刀で済ませてしまう。また必要以上の獲物を求めず、今あるものでそれで満足する。誰もそんな状況を「貧し

い」とは思っていなかった（そもそもムラブリ語には「貧しい」という言葉すらない）。

　だが、政府が主導する開発を通して、彼らは物に溢れた世界を生きるようになった。現金を手にする手段も整備され、働き方次第では欲する物を手に入れることも可能になった。実際、若者たちはスマートフォンやテレビを欲し、大人たちは毎晩のようにお酒を飲むようになった。だが肥大化した欲望を満たす環境にある今でも、彼らは多くを生産することにあまり関心を示さない。そのせいで欲しいものが手に入らなくても、彼らは「幸せだ」と言う。彼らの言う豊かさは、持つことそれ自体にはないからである。

　ムラブリの豊かさを支えているのは、「**分かち合い**（sharing）」である。実際、彼らは日々の生活で色んな物を分かち合っている。自分の家にテレビがなくてもほかの人の家で観れば事足りるし、手元にお金がなくても誰かが食事やお酒を分け与えてくれる。重要なのは、そうしたシェアする相手が、顔の見える具体的な他者であるという点である。単に物をシェアするのではなく、時間や場所もまたシェアすることで、彼らは物質的な充足感だけでなく、精神的な充足感も得ている。だから多くを持つことが可能になった今日でも、彼らは持つこと自体に執着しないし、だからこそ多くを生産しようとはしない。実際、彼らはあまり多くの物を持っていない。多くを持っても、それらはすぐさまほかの人たちへと分け与えられる。

■4■　分かち合うということ

　サーリンズは「少なく欲求する」ことを「禅の道」ないし「禅の戦略」と呼んだ。しかしどこぞの修行僧のような姿はムラブリにはない。むしろ彼らは多くを欲求する。だが、持ちものを増やすこと自体には価値を見出さない。持っているものを誰かとシェアすることにこそ、豊かさの本質があると考えるからである。そんな彼らの豊かさを支えているのは、物の私有化ではなく、物の共有化である。つまり物を持つことよりも物を分かち合うことに価値が置かれている。だから欲しいものが手に入らなくても、彼らは「ないものはない」と言ってとても軽やかに諦めることができる。

　近年、日本でも様々な**モノ**やコトを共有する「シェアリング・エコノミー（共

有経済）」なるものが注目されている。一見すると、ムラブリの分かち合いと高い類似性をもつように見えるが、そこで重視されているのはあくまで資源の有効活用という経済的合理性である。また、貨幣を介したモノのやりとりという意味で、その利益は特定の者しか享受できないし、シェアする相手の顔が見えるかどうかは重視されない。実際にシェアリング・エコノミーでは、様々なモノやコトがインターネットを介してやりとりされる。しかしムラブリでは誰もが分かち合いに参加することができる。分かち合いの相手は具体的な他者であり、顔が見えるからこそ、相手の欲望を察して物が惜しみなく分け与えられる。上から下への物の流れ、つまり持てる者から持たない者への物の流れこそが彼らの人間関係を形づくっているのである。これが、狩猟採集民社会が平等主義社会といわれる所以である。

　ムラブリの日常実践が示すのは、分かち合うという行為を介した人間関係のあり方である。顔の見える相手と様々な物をシェアするからこそ、生きることの意味が生まれてくる。だからムラブリでは持つこと自体に大きな価値はなく、分かち合うことこそに価値が置かれる。ムラブリが教えてくれるのは、「持つ／持たない」という所有の問題を経由せずに人は十分に豊かになれるということではないだろうか。

（二文字屋　脩）

Further Studies　　実際にシェアリングをしてみよう

シェアリング・エコノミーは、資源の有効活用という経済的合理性を重視して提唱された新しい経済のあり方だが、実際にモノやサービスをシェアするのは生身の人間である。だからこそ、等身大に立って、「シェアをする」とはどのようなことなのか、そこで生まれる感情や関係性とはどのようなものなのかを実際に体験してみよう。シェアするのはなんでもいい。コストコのホールケーキでもいいし、自分でつくった手料理でもいい。まずは与え手となって、家族や友人、恋人、知人たちと何かをシェアしてみよう。重要なのは、惜しみなく分け与えることだ。

Book Guide

サーリンズ，M. D.，1984，『石器時代の経済学』山内昶訳，法政大学出版会
スチュアート，H. 編，1996，『採集狩猟民の現在——生業文化の変容と再生』言叢社
田中二郎編，2001，『カラハリ狩猟採集民——過去と現在』京都大学学術出版会

キーワードリスト

一夫多妻婚　弘：55、キー：142-143〔内婚、外婚〕

恩　弘：279〔互酬性〕、民俗：305〔世間〕

開発　20：249〔開発論〕、キー：184、丸善：648〔開発と参加〕

義理　弘：279〔互酬性〕、民俗：171

互酬性　弘：279、キー：75-（贈与と互酬性）、丸善：96-（贈り物）

婚資　弘：602-603〔花嫁代償〕、最新：100〔ダウリー〕；108-109〔ダウリー〕、20：238〔ジェンダー論〕、丸善：187〔牧畜〕

社会関係資本（ソーシャルキャピタル）　丸善：629

所有　弘：371〔所有権〕

贈与・贈与交換　弘：432〔贈答〕、20：102〔贈与論〕；96-〔マルクス主義と文化人類学〕、キー：75-〔贈与と互酬性〕

タロイモ　弘：463、民俗：54〔イモ〕

モノ　民俗：317-〔贈答〕、Lex：116-〔「もの」の人類学〕；120-〔フェティッシュ／フェティシズム〕；132-〔アナキズムと贈与〕

分かち合い（シェアリング）　丸善：518-

第4部

コトバと世界観

Chapter 1

洗濯物の下をくぐっちゃダメなわけ
バリ島における上下の秩序と世界観

▪1▪　洗濯物の下をくぐってはいけない？

　インドネシアのバリ島の人々は、洗濯物の下をくぐることを穢れるとして忌み嫌う。だから洗濯物は基本的に（頭より）低い位置に干す。日本のように2階のベランダに干すことなどあり得ず、2階建ての住居であろうと、洗濯物は1階の最も「不浄」な方角（南バリでは南西）の低い場所に干す。なぜ？と外部の者なら思うだろう。実際、日本のテレビで、バリでのこの「変わった」洗濯物の干し方をクイズにして紹介していたのを偶然見たことがある。メディアでは、「不思議の島」「神秘の島」などと呼ばれるバリ島でのいかにも不思議な風習といった扱いだった。

　だが、こういった生活のなかでの決まりごとはどの社会にも存在することである。ちょっと考えれば日本でも、ご飯は左、味噌汁は右、魚の頭は左など、外国人からすればそれこそ訳のわからない決まりごとは無数にある。わたしの母などは、外国人が浴衣を着るとみんな左前になっていて「ぎょっとする」とよく言っていたが、この「ぎょっとする」感覚と、バリ人が洗濯物をくぐることに対して覚える嫌悪感とは、本質的に同じである。いわゆる、「**穢れ**」の感覚である。

▪2▪　パンツで知る上下の秩序

　人間社会に普遍的に存在する「穢れ」の感覚は、衛生観念とはまるで関係ないものであることを、人類学者は明らかにしてきた（ダグラス 1972，リーチ 1981，ニーダム 1993 など）。それはそれぞれの社会で構築されている文化的秩序の問題であり、その秩序に反する、あるいは秩序から外れる物事を、私たちは「汚い」とか「汚らわしい」とか「危険だ」と感じてしまうのである。私たちは「右左」や「上下」といった分類枠組みを使って身の回りの世界を分節化し秩序づけているが、その秩序が社会のなかで徹底しているほど、それに違反するときの感覚は強く、まさに**身体感覚**として感じられるといえる。

バリ人が洗濯物の下をくぐることを「汚い」と感じる感覚は、非常に強いものである。実際にくぐってしまうと頭が痛くなる人も多いという。何がそんなに「汚い」のか？とバリ人に尋ねたならば、「だって、パンツがあるかもしれないでしょ？」といった答えが返ってくる。パンツの下をくぐるのが嫌なのである。より正確にいえば、身体のなかで一番上に位置し、最も浄^{じょう}なる部位である頭がパンツの下にくるということが、「汚い」という強い感覚をもたらすのである。人類学的にいえば、上下の秩序の転倒による「穢れ」の感覚である。

　バリでは、浄なるものは「上に」、つまり高い位置に、不浄なるものは「下に」、つまり低い位置に置くという習慣が徹底している。バリ人たちが重たい供物を常に頭の上に乗せて運ぶのは、それが神々に捧げる浄なるものだからである。洗濯物はそれ自体が不浄とされ、低い位置に干されるが、その一つひとつを干す際にも決まりがある。頭に巻く布などは物干しの一番上に、その下にシャツなど上半身に身につけるもの、そのさらに下にズボンなど下半身に身につけるものを干す。

　そして最も不浄だというパンツは、地面ぎりぎりの一番下の段か、もしくはパンツだけ地べたに並べて干すのである。わたしからすればパンツを地べたに置く方がよっぽど汚いと思うのだが、バリ人たちはパンツを上に干すことを汚いとして嫌忌する。パンツを仕舞うのも、一番下の引き出しである。あるとき、バリ人の友人は、わたしがパンツや靴下を一番上の引き出しに仕舞っているのを見てショックを受けていた。またあるときは、わたしが無地のシーツを使っているのを見た大家に、「それじゃ、どっちが上かわからなくなるじゃない！」と驚かれ、シーツの端にマジックペンで「上」と書かれたこともある。どうりでみんな、上下を間違えようのない大きな柄のあるシーツしか使ってないわけだ、と納得したものである。

■3■　秩序の感覚と世界観

　この上下＝高低＝浄・不浄の秩序は、礼儀作法や屋敷や寺院の構造をも貫いている。バリでは、基本的に座っている人の横に立つことは失礼とされ、座っている人の前を通る際にはひとこと断りの言葉をかけ、身を屈めたまま通る。また、社会的地位の高い人や年長者より高い位置に座らないよう、常に気を配ってい

る。椅子に座ってテレビを見ていたおばあさんが床に座れば、周りの者も一斉に床に座るのである。

　屋敷は、最も浄なる方位（南バリでは北東）に床が一段高くなった屋敷寺があり、その屋敷寺に複数ある社を最も高い建物として、居住空間の主要な建物も北、東、西、南の順に基壇の高さが 10 センチメートルほどずつ低くなっている。つまり、屋敷という空間全体が、屋敷寺の社を頂点として、バリ人が言うように「山のように」なっている。そしてそれは「座」の序列でもあり、最も高い屋敷寺の社とは神々の座であり、基壇の最も高い「北の東屋」とは儀礼などの際に最も地位の高い人に座ってもらう場所である。つまり、屋敷内の建物は、神々と人間の間の序列、さらに人間の間の身分的・階層的序列を表現するものでもあることがわかる。

　このように、バリ人の生活空間全体が上下＝高低＝浄・不浄の原則に沿って徹底的に秩序づけられていることに鑑みれば、この背後にはそれを説明する何らかの理論または教義のようなものが存在するのではないかと疑いたくなる。そうしたものを取り出そうとする研究が、いわゆる**世界観**、または**コスモロジー**（宇宙論）研究である。バリについては、バリの地理、つまり中央に聳える山々と周囲の海との関係を反映した世界観——山と海の対立、その高低差、上から下へと流れる水の流れ——を前提にすると、バリ社会を貫く位階的秩序がよく理解できることが示されてきた。上下＝高低＝浄・不浄という秩序は、「上流の水は清く、下流の水は汚い」、そして「水は上には流れない」という、山から海へと流れる水の流れの隠喩で説明可能となるのである。だが、こうしたある種の「理論」としての世界観は、あくまで人類学者が（再）構成したものであって、当のバリ人によって明示的に語られるものではない。世界観をめぐる研究は、そもそも当該社会の人々の間ではっきりした言説として存在してもいない、しかもどの程度人々に共有されている（いた）のかもわからないものを、人類学者が提示してみせることに何の意味があるのかという問題を抱えてもいる。

■4■　身体感覚としての「浄性」

　しかし、だからといって、バリ人の生活において際立っている儀礼的な浄・不浄と結びついた物理的高低と上下の秩序の問題を無視しては、バリ社会なりバリ

文化なりを理解することからは程遠くなろう。コスモロジーなどという仰々しい
ものを考えなくても、その秩序は人々に身体化されたものとして現実に生きてい
るからである。そして、バリ人の秩序に従って生活していけば、その感覚は外部
の者にも身体感覚としてわかってくるものである。わたしの場合は、パンツを一
番下に、目上の人がいたら下に、ということを繰り返しているうちに、バリ・ヒ
ンドゥー教と呼ばれる彼らの宗教の根幹ともいえる「浄」なるものの感覚を掴ん
だ気がしたものである。以来、彼らと共に寺院や屋敷寺でお祈りをすると、頭の
上に合わせた両手の先が、天界からの浄なるパワーを受信しているかのように、
ビリビリと震えるようになった（単に、血が下がって痙攣しているだけなのかもし
れないが）。

　逆にバリ人は、身にしみついた浄・不浄の感覚を臨機応変に解除できないと、
「国際人」にはなれないという。芸能公演で海外に行った初老の男性が述べてい
た。「飛行機では座席の上に荷物を入れる。それを『ああ、汚い』とか『頭痛が
してくる』とか言ってたら国際人にはなれないよ」。頭の上に誰かのパンツがあ
るかもしれない状態で何時間も耐えられるのが、バリ人流の「国際人」というわ
けである。

（中野　麻衣子）

Further Studies　　**身体化された秩序に気づくためのトレーニング**

・一度、ご飯を食べるとき、ご飯を右、味噌汁を左に置いてみよう。ついでに焼き魚は頭を右に
してみよう。どんな感じがするか、味わってみてほしい。また、一緒に住んでいる家族にもその
ように配膳してみて、彼らの反応を見てみよう。
・バリ人の上下の感覚は、食卓の上に靴を置いてみると、わかるかもしれない。買ったばかりの
きれいな靴でも、「汚い」という感覚を覚えないだろうか？

Book Guide

ダグラス，メアリ，1972，『汚穢と禁忌』塚本利明訳，思潮社
吉田禎吾編，1992，『バリ島民──祭りと花のコスモロジー』弘文堂

Chapter 2

時間と人間関係
集合時間を決めてもダメでした

▪ 1 ▪ 時間とは

時間という言葉の捉え方は多様だ。時刻とも捉えられるし、ある時点と別の時点の間隔も指すし、時の流れ方そのものを指すこともある。ここで扱うのは、時間の流れ方や性質の理解の仕方だ。時間は物理的には万人平等に与えられている。だが、時間の捉え方・理解の仕方は文化の領域に含まれると文化人類学者は考えてきた。それは地域によって異なるし、同じ地域でも時代によって異なる。

▪ 2 ▪ 時間学の問い

時間の文化的理解の研究に時間学（chronemics）がある。それは例えば次のような問いを扱う。日本で、約束の時間に 40 分遅刻することは何を意味するのか。それは、約束の時間より 10 分早く着いて待つこととどう違うのか。一方、ニューギニア島では、遅刻した人は日本の場合と同様に受け取られるだろうか。

時間の文化的理解の種類には、①時間はある 1 点から別の 1 点へと直線のように延びて前進すると感じる捉え方と、②時間は円環を辿ったり両極を振り子のように往復したりすることを繰り返すと感じる捉え方の 2 つが知られている。前者の代表は産業社会であり、後者は未開社会に見られるとされる。円環的な時間の捉え方には日本の農事暦などがあり、振り子的な時間の捉え方には「**聖**」と「**俗**」による儀礼的な時間の区切り方がある。以前の日本で特別な日をハレと呼び日常のケと分けたのはそのよい例だ。

ホール（Edward T. Hall）は、様々な文化における時間のあり方を、モノクロニックな時間体系とポリクロニックな時間体系に分けた［ホール　1983］。前者では、一時に一つのことを行うように時間が使われる。これは主に欧米や日本など先進国に見られ、時間の融通はあまり利かず、人々は予定を立てて行動する。一方後者では、一度に複数のことが起こったり行われたりする。予定よりもその時々の人間関係や状況が優先され、時計にしたがった進行は見込まれない。これ

は地中海沿岸やアメリカインディアンの文化に見られるという。

　ギアーツ（Clifford Geertz）はさらにこの議論に踏み込み、①時間の文化的理解と②人間の捉え方は、根底にある思考の点で結びついていると論じた［ギアーツ1987］。①時間について、例えばインドネシアのバリ島民は、陰陽暦と独特の「順列的」暦を、いずれも時間の経過を測るものではなく、時間をいくつもの単位に分け、各単位の質的な様相を示す**分類**として利用している。さらに、②人間の捉え方に関し、バリ島民は、人を個人ではなく社会にあるカテゴリーのどれかに配置して捉える。個人名は死の直前以外は使われず、人を特定するために日常的に最もよく使われるのは「○○のお父さん」「○○のおじいさん」といった**テクノニミー**である。これにより人は、「子どもをもつ人」か「もたない人」どちらかのカテゴリーに配置される。他に、出生順位名、**親族名称**、称号といった方法でも人は匿名化され、なんらかのカテゴリーに位置づけられる。バリ島民の暦と人間の捉え方には、時間が流れて人間の世代が推移していくという発想ではなく、時間や人間を構成するいくつかの単位は独立しつつ併置されていると想起する、共通した思考が根底にみられる。このことから、暦の捉え方と人間の捉え方の2つは表裏一体の文化であるとギアーツは**解釈**したのである。

▪3▪　テワーダにおける約束・時間・人間関係

　わたしの調査したニューギニア島のテワーダの人々の間では、時間の捉え方と人間関係の捉え方が関連しているようだった。彼らの時間の捉え方に関心をもったのは、時間の約束がほとんど守られなかったからである。時計がないからではない。助手の若者に腕時計を渡しても予定通りに事は進まなかった。これは彼らだけの間でもそうであったので、そもそも「約束の時間を守る」という発想がないようだ。約束を守らなくても、後ろめたそうな素振りはみられない。そんな彼らの事情は、例えば次のように語られる。

　「私は狩りに行けたのだけど、お父さんが怒るんだ」。

　「私たちはあなたに会えたのだけど、雨が降ったんだ」。

　話者は、自分以外の何かのせいで約束の履行が妨げられたと表現する。本当に不可抗力の理由なのか話者の都合なのかは明らかにされない。「……という原因（因果関係）で間に合わなかった」とは表現されない。また、約束が守られなく

表1 テワーダ語の時を表す語彙

テワーダ語	日本語
afaki feni	昔
faeni	以前
yikemidiado	一昨昨日
manaado	一昨日
manaeni	昨日
ankwi	今日（今、現在）
manaeni	明日
manaado	明後日
yikemidiado	翌明後日
faeni	後で
afaki feni	未来

▲ 話者
△ 男性
○ 女性

図1 親族名称と社会的距離の概念図

ても機嫌を損ねる人はいない。狩りに行くことと父親が怒ること、友人と会うことと雨が降ることが同時に起こり、その都度何かが優先される。こうしたポリクロニックな時間の世界に彼らはいるのに、モノクロニックな時間の感覚で約束したことがわたしの戸惑いを生んだのだろう。

やがて、彼らには、自分を基準点に時間の間隔や人間関係の社会的距離をとらえるという感覚や思考があるように、わたしには思えてきた。表1に時を表す語彙を示した。時を表す語彙は、今日ないし現在を表すアングォ（ankwi）を基準点としてシンメトリーである。昨日も明日もマニーヌ（manaeni）と呼ばれ、さらに一昨日と明後日も同じ表現になり、この対応はその先も続く。つまり、発話時の今日を基準点に、過去にも未来にも同じ時間だけ離れた時点には同じ語彙が使われる。それでも支障がないのは、動詞が変化して時間を表現するからである。

一方、日常的な呼びかけに使われる親族名称体系にも、話者を基準点にシンメトリーの構造がみられる。図1の通り、男子の孫と祖父がアロという同じ語彙で表される。また、3世代離れた曾孫と曾祖父はキョウダイを指す語と同じ語のタロが使われる。さらに、4世代離れた玄孫と高祖父はアフェハブデと呼ばれ、アフェハブデは「他人」や「関係ない人」といった語感をもつ。また同世代についても、親の異性キョウダイの子どもである**交叉イトコ**は、アショと呼ばれキョウダイと区別される。だが、親同士が交叉イトコである子どもにはタロというキョウダイを指す語が使われる。なお図では省略したが、このような対応関係は女性も同様である。つまり、話者を基準点とし、上位世代と下位世代および同世代で、話者と隣り合わない2つ以上離れた世代ないし社会的距離の遠い人のカテゴリーは同じ名称で呼ばれる。

このように、時間の表現と親族名称体系の双方とも、話者を基準点としてシンメトリーである。ここから、時間の捉え方にも人間関係の捉え方にも、彼らには話者を基準点としてそこから同じ距離を離れた存在や事柄を同じように捉える発想があるのではないかと、わたしは思うようになった。過去も未来も、話者のいる今現在から離れている距離が同じであれば同じ表現になる。それが時間だけでなく、親族名称という近親者の特定や呼びかけにもみられる点が興味深い。

上位世代も下位世代も、話者からみて隣接する世代であれば弁別されるが、4世代離れれば「別の人」「他人」になる。こうした考えは、祖先祭祀の慣行がみられないこととも関係があると思われる。テワーダの人々は、親族集団の祖先が子孫に特別な影響を及ぼすとは考えない。死者の霊はすべて一律に捉えられており、霊とは山にいて時々人と接触して病気を与える存在とされている。

■4■　時間と人間関係の捉え方

日本には世代交代という言葉がある。だが本当に、時は過ぎ、世代は交代してゆくものだろうか。これは人間の多様な思考様式のひとつが生んだ観念のひとつに過ぎず、もしかしたら人類社会に普遍的ではないかもしれない。テワーダの人々は自分を基準点に時間を理解し、自分を基準点に人間を社会のなかに配置して理解する。バリ島民にとっては今、時間は隣り合って存在し、人も今、隣り合って存在する。他の世界には、そういった時間と人間関係の捉え方もありえるのだ。

（田所　聖志）

Further Studies　世界の言語を眺めよう

ニューギニア島には約800の言語があり、世界の言語の約12％を占める。この島の人口は世界の約0.15％に過ぎないから、驚くべき言語の多様性である。エスノローグというウェブサイトの世界言語地図を見てみよう。テワーダ語はタイネ（Tainae）語と表記されている。
（https://www.ethnologue.com/guides/how-many-languages）

Book Guide

真木悠介, 2003,『時間の比較社会学』岩波現代文庫

Chapter 3

コーラがオレンジ色ではダメですか？

言葉とカテゴリー

▓1▓　とりあえずビール

　かつては飲み屋に行った場合、「とりあえずビール」が定番であった。一刻も早く飲み始めるためには注文をそろえたほうがよいし、考える時間ももったいない。しかし、最近学生たちと飲みに行くと、「とりあえずビール」はもはや死語となりつつあることを実感する。1杯目からカクテルを頼む学生たちが多い。酒は飲めてもビールは苦いから嫌だという。最初はビールから入ってその後日本酒や焼酎に……という流れは、今後なくなっていくのかもしれない。

　とはいえ、ビール／焼酎／日本酒、あるいは水／お茶／炭酸飲料や、ファンタ／コーラ／○○ジュースなどのカテゴライズの仕方は、中年のおじさん（＝わたし）も、若い学生も、そしてご年配の先生方も同じである。呼び名と想起する商品、実際に運ばれてくる商品は一致する。したがって、例えば「コーラ」を頼めば黒い炭酸飲料が出てくる。日本の居酒屋に黒以外の色のコーラというものはない。ところが、わたしのフィールドでは「オレンジ色のコーラ」によく出会うのだ。

▓2▓　名前とモノ──どの文化でも常に同じものを指し示すのか

　名前とモノの関係は、どの文化でも常に同じかといえばそうではない。例えば、「指」という日本語は、英語で finger かという、そうとも限らない。（手の）親指は thumb であり、足の指は toe である。このように言語によってカテゴライズの仕方は異なるのだ。

　こうした各言語の語彙の在り方は、当該の文化がかけてきた力点の置きどころや関心の消極性・積極性をあらわすという見解もある。例えば、日本語の「コメ」「イネ」「モミ」「カユ」「モチ」は、英語ではそれぞれ rice、rice plant、rice in the husk、rice porridge、rice cake となり、「rice（＋何か）」である。カナダのイヌイットにとっての「雪」は、20以上に細分化して認識しているという報告もある。

また、あるもの X を P と呼ぶのは、その言語共同体における約束事にすぎないことを明快に論じたのはソシュール（Ferdinand de Saussure）であった。ソシュールは、意味するものとしての言語記号と意味されるものの間の関係は、本来的に有縁ではなく恣意的であることを指摘している。

■3■　フィールドの宴会から

　わたしのフィールドでは、宴会開始時に「食酒（酒を飲む）？　食飯（ご飯を食べる）？」と聞かれる（共通中国語であれば「吃飯？　喝酒？」）。参加者それぞれは「サケ」を飲むか「メシ」を食うかの2択を迫られるのである。日本でも、酒を飲むときには炭水化物は食べずにつまみだけを食べ、最後のシメになってはじめてご飯や麺を食べるという習慣をもつ人もいるだろう。原則的にそれと同じ思考法である。もちろん、わたしの学生時代の人類学ゼミのように、「焼きそば」や「田舎おにぎり」などまずは腹の膨れるものを注文しないと、みんな落ち着かないし予算もかかりすぎるという考え方もあるし、逆に酒を飲むときにはほとんど何も食べない、という人もいるだろう。

　わたしのフィールドでは、男性の場合「サケ」を選ぶ人と「メシ」を選ぶ人は半々くらいであろうか。女性の場合はほとんどが「メシ」を選択し、問いかけすらされず当然のように「メシ」が運ばれてくることもある。

　ここで「メシ」を選択した場合、まずコップに「コーラ」が注がれる。ちなみに「サケ」を選択した場合、宴会の最後に「白米」か「粥」の2択がある。日本語でいうところの「シメ」の選択である。また、「メシ」「サケ」どちらを選んでも、最後には必ず「茶」を飲んで食事を終える。

　さて、ここで問題にしたいのは「コーラ」についてである。「コーラ」と答えてもコカコーラが注がれるとは限らない。何と、注がれるのはファンタオレンジだったり、炭酸飲料ですらないミニッツメイドだったりもする。それらをまとめて、彼らは「コーラ」と呼んでいるのである。これが「オレンジ色のコーラ」の正体。ミニッツメイドはたしかにコカコーラ社の製品だが、違うメーカーのオレンジジュースもこの文脈では「コーラ」である。

　この地域の宴会では、「酒」「お茶」以外の飲料を指すカテゴリーとしての「コーラ」が存在する。この場合の「コーラ」は日本語の「ソフトドリンク」に

近いが、ウーロン茶などは原則的に含まない。どうしてだろうか。

　人間は、重要なものは細かく**分類**するが、重視しないものは大雑把なカテゴライズにとどまる。日本とアメリカで「コメ」に対する語彙が異なるのはそのためである。また、異文化との接触で新しいモノが入ってくると、その人たちの関心に合わせて言葉もつくりだされたり、逆になくなったりする。この地域では、もともとジュースなどの清涼飲料水を飲む習慣がなかったところに、後から「コーラ」がその代表として定着した。ただ、宴会に必須の「酒」や、日々の**コミュニケーション**でも用いる「茶」（第 2 部 chapter4 参照）のような重要なものではないので、細かい分類は（少なくとも今までは）あまり必要とされてこなかったのだと考えられる。

■4■　「観察」のおもしろさ

　日本でもアメリカでも、「コーラ」と聞けば黒い炭酸飲料を想像する。それ以外のものが出てきたら「何で？」となるのは当然であろう。その「何で？」を好奇心に変え、場の前提やカテゴリーを探求するのはとても楽しい作業である。実は、元々は商品名だった言葉がそのモノを示すようになった事例は世界中にある。日本でステープラーのことを「ホッチキス」というのもその一例である。

　重要なものは細かく分類するが、重視しないものは大雑把なカテゴライズにとどまるというのは、同じ言語話者のなかでもありうることだろう。「ビール」というカテゴリーに発泡酒や第三のビールは含まれるのか。まったくお酒を飲まず、興味がない人たちの間ではどちらも「ビール」だろうし、逆に発泡酒をビールだとは認めない人もいるだろう。言葉として細かいカテゴリーを知ってはいても、ある人たちにとってはあまり意味がなく、さらにそれが一定の範囲で共有されていれば、それはひとつの文化ともいえよう。

　よく考えてみると、会社やサークルといった「小さな社会」内にも、いろいろと不思議なカテゴリーやきまりは存在するものである。こうしたカテゴリーを「研究」をしたら、ひょっとして楽しいのではないかと思う。今の学生たちがいきなりカクテルを注文しだしたのをみて、「宴会の常識を知らぬ」と愚痴ったところで誰の得にもならない。なぜ（少なくとも 90 年代の学生にとっては）「とりあえずビール」だったのか再考するなり、かつての習慣を若者に伝え、どう思うか

聞いてみるといったことをしたほうが何らかの発見につながる可能性がある。
「常識を疑う」ことこそ人類学の醍醐味であろう。

（稲澤　努）

Further Studies　　鍋から学ぶ

世代や出身地の異なる人との宴会に出てみよう。どこにだれが座るのか、どう注文するのか、乾杯するのかしないのか、乾杯の挨拶はあるのか、食事は取り分けるのか、会計はどうするのか……いろいろ観察してみよう（ちなみに、わたしの調査地の廟での宴会では、最初に着席する段階で男性のテーブルと女性のテーブルに分かれ、男性のテーブルだけに酒が来ることが多い）。その上で、おでんや鍋を注文し、中身について「これは何ですか？」と聞いてみよう。意外な名称がかえってくるかもしれない。魚介類や、はんぺん、とうもろこし、かたつむり（鍋にはないかもしれないが）あたりは、豊富なバリエーションがありそうである。

Book Guide

ヒッカーソン，N. P.，1982，『ヒトとコトバ──言語人類学入門』光延明洋訳，大修館書店
宮岡伯人編，1996，『言語人類学を学ぶ人のために』世界思想社

Chapter 4

用語に惑わされてはダメ！
琉球語の人称と数の話

■ 1 ■ 「僕らはみんな生きている」

　現在、世界の**言語**の数はおよそ 7,000 といわれる。しかし、今世紀末には半数が、最も悲観的な予測では何と 90％が、消滅してしまうといわれている。

　わたしの専門は**言語学**で、とりわけ琉球列島、そのなかでも特に沖縄県宮古島市の伊良部島でフィールドワークを行っている。琉球列島には 5 つの言語——奄美語、沖縄語、宮古語、八重山語、与那国語——があり、これらを総じて琉球諸語と呼ぶ。琉球諸語はすべて、消滅の危機にある。2009 年に UNESCO が世界の危機言語に関する緊急の提言を行い、日本に言及した上で、琉球諸語が消滅の危機にあることを指摘している。この UNESCO の提言以降、琉球諸語の危機を考えるシンポジウムや、「危機方言サミット」と呼ばれる集会が各地で開かれるようになっている。

　ところで、2016 年の危機方言サミット（与論島で開催）で、とても興味深いシーンが展開された。サミットには、琉球諸語のそれぞれの話者たちが集まり、各地の言葉で語るという試みが行われたのだが、そこで「手のひらを太陽に」をそれぞれの言葉で歌ってみよう、ということになったのである。みなさんもよくご存じのように、この歌の出だしは「僕らはみんな生きている」で始まる。興味がある方は、このシーンが YouTube で確認できるので、検索してみてほしい。[1]

　話者たちが、一人ひとり、この冒頭部分をそれぞれの言葉で歌い始める。何のことはない光景かもしれないが、琉球語研究者のわたしにとっては見逃せない瞬間だった。わたしは、方言話者たちが歌い出すとき、歌詞の冒頭の「僕ら」を、どっちの言い方で訳すのかが気になっていたのである。

■ 2 ■ 除外と包括

　琉球諸語のなかでも、とりわけ宮古語・八重山語・与那国語は、「僕ら」（1 人称複数）を表す代名詞が 2 つあることで知られる。例えば宮古語伊良部島方言で

話し手（1人称）　　聞き手（2人称）
図1　除外の「僕ら」

話し手（1人称）　　聞き手（2人称）
図2　包括の「僕ら」

は、*banti* と *duu* という2つの代名詞が使われる。*banti* は、「僕らは先に帰ります」などのように、聞き手を含まない「僕ら」であり、*duu* は「みんなも帰ったし、そろそろ僕らも帰ろうか」のように、聞き手を含む「僕ら」である。

　この区別は世界中の言語に比較的よくみられ、言語学では前者（伊良部島方言の *banti*、図1の「僕ら」）を1人称複数除外形、後者（*duu*、図2の「僕ら」）を1人称複数包括形と呼んでいる。未知の言語の代名詞の話を聞くときは、その言語の1人称代名詞に除外・包括の区別があるかどうかがまず知りたくなる。それくらい、言語学者にとっては当たり前の概念である。

　冒頭の「手のひらを太陽に」のエピソードで、私がどっちを使うかと気になっていたのは、宮古語・八重山語・与那国語の話者たちが「僕らはみんな生きている」の「僕ら」を除外形で言うのか、包括形で言うのか、という点だったのである。聞き手である聴衆を排除して「（あんたのことは知らんが）僕らはみんな生きている」と言うのは冷たく聞こえるだろうし、やはりここは包括形かな、と思っていたところ、宮古・八重山の話者たちは躊躇なく除外形を使ったのである。[2]

　この映像を見た時、わたしは正直頭を抱えてしまった。除外・包括の区別がない奄美や沖縄の話者ならいざ知らず、宮古・八重山の話者たちがなぜ、聞き手を排除する除外形を使ったのだろう？　もちろん、方言によっては除外・包括の区別がなくなっていることもある。今回の例はたまたま、そのような方言の話者だったのかもしれない。しかし、実は、除外・包括の区別がとても明確な伊良部島方言の話者に伺っても、「僕らはみんな生きている」では除外形 *banti* を使う。

■3■　包括は1人称複数か？

ここで一旦、これまで当たり前のように使ってきた1人称複数、という言語学

用語に着目しよう。言語学でいう人称は、「**会話**」という場に参与する単位のことである。話している人は1人称、聞いている人は2人称である。これら以外を一括りに3人称と呼ぶ。この人称に、それぞれ数がある。単数や複数である。「僕らは先に帰ります」のような除外形は、聞き手（2人称）を向こう側に排除している話し手側（1人称）の複数であるから、1人称複数とみて問題なさそうである（図1）。問題があるとすれば、この「僕ら」は「僕」が何人もいるわけではなく、「僕1人」とそれ以外の仲間を指す、ということぐらいである。

一方、「そろそろ僕らも帰ろうか」のような包括形は、上の枠組みで本当に1人称複数なのか怪しいと思わないだろうか（図2）。包括形は、聞き手を含むわけだから、上の定義に照らせば1人称と2人称にまたがっているではないか。

人称が会話に参与する単位であるなら、包括形が指す対象である「話している人と聞いている人」は、1人称とも2人称とも3人称とも違う別個の人称だと考えることもできる。つまり、会話従事者を1つの単位として考えれば、これを1つの人称として、言わば「1＋2人称」（会話人称）として、考えることができる（図3）。

話し手（1人称）　　聞き手（2人称）

会話従事者（1＋2人称）

図3　包括を人称でとらえ直す

このように考えたとき、この単位は1人称の「複数」というよりも、これで1つの基本的な単位、すなわち1＋2人称の「単数」のように考えるべきであるということがわかる。実際は2人以上いるにもかかわらず、である。あるいは、表1に示すように、会話従事者は単数も複数も区別しないユニットと見てもよい。

表1　伊良部島方言の代名詞

	話し手 （1人称）	聞き手 （2人称）	それ以外 3人称	会話従事者 （1＋2人称）
単数（基本）	*ban* 「私」	*vva* 「あなた」	*kari* 「彼」	*duu* 「私たち（包括）」
複数（拡大）	*banti* 「私たち（除外）」	*vvadu* 「あなたたち」	*kanukja* 「彼ら」	

▓ 4 ▓ 「僕らはみんな生きている」から見えてきたこと

　こう考えると、方言話者たちの意識、つまり包括形が、除外形と全然ペアをなしていない、全く異質なものだという意識が納得できる。おそらくこのことが、危機方言サミットのエピソードで話者たちが躊躇なく除外形を使ったことに関係しているのではないか、とわたしは今では考えている。除外・包括の区別がある方言の話者たちが、日本語の「僕ら」にあたるものと言われて咄嗟に出てくるものは、彼らが1人称単数「僕」の複数形だと思っている除外形なのである。言語学者たちは皆、*banti* と *duu* や、類似の表現を見かけたら、学者の常識に照らして、1人称代名詞複数形のペアだとみなし、そのような眼差しでこれらを観察する。しかし、これらをペアと考えているのは、実は私たち言語学者だけなのかもしれないのである。

（下地　理則）

注
1 「2016年度危機的な状況にある言語・方言サミット（奄美大会）・与論」（2019年12月27日取得、https://www.youtube.com/watch?v=1pH9_nW7cI4&t=245s）
2 与那国語の話者は包括形 *banta* を使った。

Further Studies　　**世界の言語と除外・包括**

> 言語の面白さは、話者たちの考え方の一端が、その操る言語の構造に見出せる点である。除外と包括が話者たちの意識のなかでペアをなしていない、という点と、除外形の方が1人称単数の複数バージョンであるという意識のいずれも、除外・包括の区別をする言語の代名詞の実際の形を調べるとわかる。除外形は、多くの言語で1人称単数形をベースに、複数形の語尾がくっつく形をしているが、包括形は1人称とまるで異なる形をしていることがある。伊良部島方言の *banti* と *duu* がまさにそれである。*banti* は1人称単数の *ban*「私」に、複数語尾 *-ti* がついている。日本語の「僕-ら」と同じである。これに対し、同じ「僕ら」を指すかにみえる包括形は duu、これは「胴体」を表す語である（日本語のドウと同語源）。パプアニューギニアのトクピシン（英語をベースにした準クレオール言語）は、除外形が *mi-pela*（単数形 *mi* ＋複数語尾 *-pela*、英語でいえば "me-fellow"）で、やはり単数に対する複数、という感じである。ところで、この言語の包括形は何と yumi（"you-me"、「私とあなた」）である。まさに1＋2人称ではないか！

Book Guide

下地理則，2018，『南琉球宮古語伊良部島方言』くろしお出版
吉岡乾，2017，『なくなりそうな世界の言葉』創元社

Chapter 5

識字文化の諸相
本は読まないとダメですか？

■1■ 読むことを期待されていない文字？

　そもそも本や文字は何のためにあるのだろうか。もちろん読んだり書いたりするためである。読み書きがコミュニケーションの手段だということに反対する人はいないだろう。

　しかし、それだけなのだろうか。よく考えてみると、私たちの身の回りには、読めることを期待されていない文字が意外に多いことに気づく。例えば墓地の卒塔婆（そとば）。宗派によってはそこに梵字（ぼんじ）が書いてある。お坊さん以外の人がまず読めない字だが、私たちはその板をありがたがって墓地に立てる。あるいは、「耳なし芳一」の物語を思い出してもよいかもしれない。そこでは、お経の文字は、読まれるためではなく芳一を透明人間にするために使われていたのであった。

　要するに、私たちの身の回りには、コミュニケーションの役に立つことを拒否するような文字というのが意外にたくさんあるのである。ならば私たちにとって、文字とは、識字力とは、何なのだろうか？

■2■ 声の文化と文字の文化

　人間の言語は、口頭で話されるものと文字で書かれたものに大別される。いうまでもなく前者が先であり、そこからのちに派生したのが文字の言語である。そのため、識字文化というのは常に非識字文化との対比で理解されてきた。

　人間が文字を発明したことは、私たちの思考にも大きな変化をもたらしたといわれている。いわゆる大分水嶺理論である。これはグディ（Jack Goody）の『未開と文明』（原著は 1977 年刊）やオング（Walter J. Ong）の『声の文化と文字の文化』（原著は 1982 年刊）などを中心に提唱されたもので、そこでは、文字をもたない社会（「声の文化」）では、思考が具体的な対面的状況に強く規定されるのに対し、文字をもつ社会（「文字の文化」）では文脈に依存しない抽象的な思考が発展し、それが社会の複雑化を支えてきた等といった対比がなされている。

しかしこの図式を過度に単純化するのは問題が多い。その理由のひとつは、今述べた図式では、識字文化と非識字文化との断絶が強調されすぎていることである。実際には「文字の文化」のなかにも、「声の文化」の要素がかなりの程度共有されている。そもそも、書物は常に黙読するとは限らない。書類の流通量も識字者の人口も今よりはるかに少なかった時代には、書かれたものというのはまずもって朗誦されるべきものであった。こうして考えると、「文字の文化」を「声の文化」との対立でとらえる前提はその根拠があやしくなってくるのである。

　もうひとつの理由は、今述べたような図式が、あくまで意思疎通手段としての文字の効用に着目している点である。実を言うと、人間にとっての文字の用法を考える上で、意思疎通手段はそのひとつにすぎない。川田順造によれば、文字はその機能に従って2つに大別されうる。ひとつは規約的文字で、これは文字通り行政文書、契約文書や各種記録に用いられるもので、知識の保存や意思の疎通のために用いられる文字である。もうひとつは秘儀的文字で、文字あるいは書物それ自体がもつ宗教的カリスマが期待されるようなケースを指す。いうまでもなく、先にふれた大分水嶺理論が想定しているのは文字の規約的側面についてである。では、秘儀的側面を視野に入れた場合、文字の世界と声の世界との対比はどのように見えてくるのだろうか。

■3■　東南アジアの宗教リテラシーの事例

　ここでいくつか具体的な例を見てみよう。まずは東南アジアの山地少数民族の事例である。ごく一部を除けば、彼らは自分自身の文字をもたなかった。そのためこうした少数民族のあいだでは、いわゆる「失われた本」伝説が幅広く流通している。これは、かつては自分たちも隣接する民族と同様に文字をもっていたが、何らかの理由でそれが失われてしまったとする伝説である。この失われた本が、いつの日にか取り戻されるのだとする予言が付け加えられる場合も多い。

　この地域では、19世紀から20世紀にかけ、キリスト教への集団改宗運動が相次いで発生しており、そこでは宣教師による聖書の提供が、「失われた本」の回復とみなされている。興味深いのは、それらの事例を子細に検討してみると、いずれの場合も宣教師は布教対象の民族語をそもそも知らず、中国語、ビルマ語、シャン語など隣接支配民族の言語で書かれた聖書を配布していたという事実であ

る。つまり人々は、自分たちが読めない異民族語の聖書をもって、それを予言の成就だと歓喜したのだということになる。そこでの人々の行動から見えてくるのは、宣教師が配布した聖なる書物を崇拝したりお守りにしたりという反応である。人々が予言に託して待望していたのは秘儀的書物だったといってよい。

　こうした事例が示しているのは、この種の秘儀的文字への崇拝が無文字社会においても共有されうるという事実である。文字の秘儀的な運用は、必ずしも「声の文化」と「文字の文化」の分水嶺を構成しないのである。

　もうひとつ考えてみたいのは、お経の言葉である。東南アジア諸国に広まっている仏教は、その主流が南方上座部仏教である。そこでは、仏陀の時代に用いられていたパーリ語の経典がそのまま用いられている。パーリ語は固有の文字をもたなかったため、タイではタイ文字、ミャンマーではビルマ文字で書かれている。人々がそこまでしてかたくなに古代の伝統を守っているのは、経典の朗誦それ自体が仏陀の教えを現前させるためだからである。いいかえれば、そこで最も重要になるのは口頭による伝承であり、各国語の文字で書かれた経巻はあくまでその補助手段にすぎないというわけである。ここでも、「声の文化」の世界が、「文字の文化」の中心部分にまで浸潤しているのである。

　大乗仏教の場合は漢訳仏典が用いられる。タイ国の場合、中国系の大乗仏教徒は経典の朗誦にあたって特殊な専用言語を用いる。これは「五音」と呼ばれ、中国語の各種方言を混合したものである。タイ国で漢文経典を読めるというためには、この五音を読めねばならないのだが、そのためには、どの字をどの方言で読むかを知らなければならず、しかもそのルールは師資相承の過程で極度に恣意的なものとなってしまっている。したがって五音の知識は、師匠の発音を手当たり次第に丸暗記することで習得される。しかも、中国系の大乗経典朗誦に際しては、音楽の節に合わせて歌い上げるという慣行があるため、その旋律や、あるいは旋律に合わせた一部語句の二度読みなどといったテキスト外のルールを知悉していないと適切に読みこなすことができない。こうした局面において、「文字の文化」と「声の文化」の領域は大幅に重なり合う。

■4■　読んでわからない文字言語、聞いてわからない音声言語

　冒頭で述べたように、「声の文化」と「文字の文化」の重複領域で展開される

多様な営みというのは、決して海外の奇妙な事例というわけではない。例えば、漢訳大乗経典の世界には真言(しんごん)というものがある。「ぎゃーてーぎゃーてーはーらーぎゃーてー」というのがその典型例である。これらは原典で使われていた梵語の一部を、ありがたみを強調するためにあえて漢訳しなかったもので、Jポップのサビにむやみに英語を多用するのに少し似ている。ともかく、この真言というのは、呪文として用いるべく、わざと意味不明にしてあるので、私たちが聞いてわからないのも当然である。ちなみに真言にもいちおう漢字は当ててある。しかし般若心経の真言部分を見てもらえばわかるように、そこでは普段まず使わない漢字が故意に用いられている。つまり真言というのは、聞いてわからない「声の文化」、読んでわからない「文字の文化」として提示されているのである。

　似たような事例として、大般若経の転読を挙げてもよいかもしれない。大般若経は全600巻からなる大部の経典で、これを法要で読誦する際には、この蛇腹状に折り畳まれた経巻を一冊ずつぱらぱらと高速度でめくっていく。つまり読みあげない。全部ひととおりめくれば、それだけで功徳が手に入るという理由である。それが終わると、僧侶たちがこの経巻でお加持を行う。これは一種のお祓いで、参詣者の背中にこの経巻を押し当てると無病息災間違いなしとされている。

　このように、私たちの身の回りには、思考の抽象化・組織化を通じて無文字社会からの離床をもたらす文字、という一般的な理解の対極にある文字の世界が豊富に残されている。これらは、異文化を内側から理解する手がかりになるだけでなく、私たちにとってそもそも「文字の文化」や「声の文化」とは何なのか、という根本的な問いをも投げかけてくれるのである。

（片岡　樹）

Further Studies　　**大般若経転読の法要**

身近なお寺などで大般若経転読の法要があるか調べ、もしあるようであれば参加してみよう。

Book Guide

オング，W. J., 1991,『声の文化と文字の文化』桜井直文・林正寛・糟谷啓介訳，藤原書店
川田順造，2001,『無文字社会の歴史——西アフリカ・モシ族の事例を中心に』岩波現代文庫
グディ，J., 1986,『未開と文明』吉田禎吾訳，岩波書店

キーワードリスト

解釈　最新：8-9〔厚い記述〕、20：144-161〔解釈人類学〕、キー：24-25〔象徴人類学と解釈人類学〕

会話　弘：286-〔コミュニケーション〕、丸善：480-483〔交わす　コミュニケーション〕

カリスマ　弘：174、丸善：544-547〔治める　カリスマ・中央集権・地方分権〕

キリスト教　弘：210-、丸善：450-451〔信じる　キリスト教〕

穢れ　弘：615-〔ハレ・ケ・ケガレ〕、民俗：181-184〔ケガレ〕、20:126-143〔象徴人類学〕、キー：96-97〔聖と俗〕

言語　弘：257-〔言語・言語学〕、キー：96-97〔母語と母国語〕；90-91〔言語と文化〕、丸善：498-501〔交わす　言語〕

言語学　弘：257-〔言語・言語学〕；258〔言語人類学〕、キー：22-23〔認識人類学〕；90-91〔言語と文化〕、丸善：498-501〔交わす　言語〕

交叉イトコ　弘：56-〔イトコ婚〕、キー：144-145〔交叉イトコ婚と縁組理論〕

コミュニケーション　弘：286-、キー：88-89〔声と文字〕、丸善：480-483〔交わす　コミュニケーション〕

時間　弘：322-、民俗：419-421〔年中行事〕；443-444〔ハレ・ケ〕；494-497〔祭〕、キー：94-95

識字力　キー：92-93〔声と文字〕

浄・不浄　弘：615-〔ハレ・ケ・ケガレ〕、民俗：181-184〔ケガレ〕、20：126-143〔象徴人類学〕、キー：96-97〔聖と俗〕

親族名称　弘：382-、キー：146-147

身体感覚　弘：172〔からだ〕、民俗：280-281〔心意〕、キー：70-71〔身体技法〕、丸善：484-487〔交わす　身体と感情〕

聖／俗　弘：322-〔時間〕、最新：84-85〔象徴的逆転〕、20：126-143〔象徴人類学〕、キー：96-97〔聖と俗〕、丸善：436-437〔信じる　聖と俗〕

世界観／コスモロジー　弘：418-〔世界観〕、20：126-143〔象徴人類学〕、キー：102-103〔コスモロジー〕

テクノニミー　弘：500-

名前とモノの関係　20：108-125〔認識人類学〕

分類　20：108-125〔認識人類学〕、キー：92-93〔分類と秩序〕

文字　弘：775-、最新：206-207〔歴史と記憶〕、キー：88-89〔声と文字〕、丸善：712-715〔学ぶ　口頭伝承と文字資料〕

第5部

家族・親族

Chapter 1

ミエンの親子観
血がつながってなければダメですか？

■1■ 親子は血がつながっている？

　現在の日本では、**親子関係**を語るときに「血」のつながりを重視している。「血は争えない」「血を分けた兄弟」といった言葉は、よく聞かれる。しかし、一方で「産みの親より育ての親」といった、**血縁**よりも養育の縁のほうを重視する表現もある。また最近では幼児に対する親の虐待事件が続き、親子関係が問い直されてきた。いったい、親子とは何がつながっているのだろうか。親子関係とは何だろうか。

■2■ 親子関係の研究

　親族関係の基本的な単位となるのは親子関係である。文化人類学では、父子関係について、pater（ベイター）と genitor（ジェニター）を区別する。genitor はその社会の**民俗生物学**（生物に関する民間の知識）に基いて「産ませの親」と認知される者であり、pater はその社会で父親としての権利・義務をもつ者である。genitor を「生物学的父」という研究者もいるが、genitor は近代生物学的父（精子の提供者）ではなく、民俗生物学的父のことを指す。例えば、現代日本の民俗生物学では親子は血がつながっているとされるが、近代生物学的にいえば血など一滴もつながっていない。

　欧米や現代日本では genitor と pater が同一人物であることが望ましいというイデオロギーが強いが、ヌエルなどのように genitor と pater が別人でも構わないというイデオロギーをもつ社会も多くある。後にみるミエン社会も同様である。かくして、文化人類学で親族組織を調査するときには、その社会の民俗生物学的な親子観について調べることが必須である。

　しかし、親子関係は単に民俗生物学的な親子関係には還元できない。トロブリアンドやオーストラリア先住民のように、父子の間に民俗生物学的な関係を想定しない事例もあるからである。先に「産みの親より育ての親」という日本のことわざを紹介したが、親子関係は、養育の事実と記憶、霊的関係、儀礼的関係、共

に食事したこと、同じ家で生活を共にしたこと、法的関係（親としての権利・義務）等々の様々な縁が束となってつくられているものである。そのうちのどれを強調するかはその社会の親族イデオロギーにより異なるが、単一の要素に還元できるものではない。

▪ 3 ▪　ミエンの養子

　タイのミエンの村で調査を始めた頃の話である。時は 1987 年。ナーン県の村で**世帯**調査を行っていたとき、ある家で世帯構成について聞いていた。この家には何人住んでいるか、夫婦に子どもが何人いるかから始まり、世帯員の性別、年齢、家長との関係などを聞いてゆく。子どもの素性について聞いていたとき、思いがけない発言に逢った。ちょうど、子どもがいる傍らで、その子どもについて聞いたのだが、父親がその子どもを見ながら、「ああ、この子はね、タイ人から買ってきたんだ」と言うのである。本人の前で。日本的な感覚では、とてもありえない言動に狼狽してしまった。しかし、子どもはその発言にショックを受けた様子もなく、変わりなく遊んでいた。父親も平然としていた。ミエンが**養子**を頻繁に取り、しかも他の**民族**からも頻繁に養取（養子に取ること）するということは、以前の研究で知られていた。それで、世帯構成の調査のときにも養子がいるかどうかを聞いていたが、まさかこのような答えが返ってくるとは思わなかった。

　「買ってきた」と日本語にすると、恰も人身売買のような感じとなってしまうが、ミエン語のマーイ〔ma:i〕という単語は「買う」というよりも「金を出す」という感じである。嫁を娶るときにも、マーイ・アオ〔ma:i au〕と言う。アオ〔au〕は妻のことである。日本語に直訳すると、「妻を買う」になるが、これは**婚資**を支払うことを指す。ma:i は日本語の「買う」よりも広い意味をもつのである。これ以外に養取を示す語はロホップ・フッチュエイ〔lɔp fu'cwei〕、あるいはロホップ・クグワー〔lɔp ku'gwa:〕という。フッチュエイは一般に子ども、クグワーは幼児を指す。ロホップは一般に「抱く」であるが、子どもを対象とするときには、①子どもを抱く、②養子に取るの 2 つの意味がある。これは動詞＋目的語の場合であるが、ひっくり返ってフッチュエイ・ロホップとなると、「抱いた子」となり、直接的に養子を意味する。

　1960 年代にタイで調査したカンドレ（P. Kandre）の報告では、ミエンの既婚者

の約 1 割を他民族出身養子が占めると推算した。マイルズ（D. Miles）は、彼の調査地では 20 歳以下の人口の約 2 割が他民族出身の養子であったと述べている。カンドレとマイルズが調査したときは、タイ北部においてアヘン芥子栽培が実際に行われていた時代であり、ミエンの収入は芥子栽培を行っていない他民族よりも豊かであった。一方で、平地タイ人やほかの山地民族で、経済的に困窮していた者も多くいた。養子を取るには、養子に出す側がいなくてはならない。いくら「買う」と言っても、そこらにいる子どもを金を出して掠って養子にするわけにはいかない。少なくともわたしの調査地における他民族出身の養子は、他民族の困窮した親が「ミエンの所へ養子に出せば、育ててくれる」という思いを抱き、そうした話をもちかけた事例が多いのである。そうした情報（子どもを養出したい親＋子どもを養取したい人）が流通する口コミのネットワークが、かつてのタイ北部の山地と平地に広がっていた。ネットワークは 100 キロメートル以上離れた村にも及んでいた。そうした情報ネットワークを通じて、困窮した親が子どもをミエンの所へつれていき養出し、子どもが欲しいミエンもそれに応じて養取した。

　経済的困窮といったが、夫に逃げられた妻が子どもを多く抱え、子どもを育てられなくなったという事例が多かった。なかには、親が病気で子どもを育てられない、子ども自身の身体が弱いなどの例もあった。その際に金銭のやりとりが伴うかというと、必ずしも金銭とは限らなかった。米や野菜などの現物支給の場合もあったし、特に物財の反対給付がなかった例もあった。

　興味深いのは、困窮している親も養子に付いてきて、養親の家に寄宿していた例が少なからずあったことである。夫に逃げられて生活に困った母親が、養出した子どもとともに養親の家に寄宿し、そこで終を迎えた例もあるし、後に新たな配偶者を得て出ていった例もある。また、養子が大人となっても、他民族の実親と交流を保ち、時々遊びに行ったりする。親族の認識はあるが、ではあなたの民族は何かと聞かれると、「ミエンだ」と言う。

　養子であることはスティグマにはならない。少なくとも極小に抑えられている。では親子関係と**民族アイデンティティ**はどうなっているか？　ミエンの親子関係認識は「産みの親より育ての親」である。少なくとも親子に血がつながっているという言い方は聞かない。親子関係で重要なのは、親子関係を明確に表す**命名体系**と儀礼的関係である。

命名体系において、幼名はパトロニムであり、父－子の関係が直接表される。男性の成人名には輩行字（世代名）があり、**父系**親族内部の世代間秩序を示す。すなわち命名によって、父－子関係と父系親族関係の網の目にがっちり位置付けられている。男性の成人儀礼は、〈掛燈〉という。この儀礼を経ると養子に出ることができなくなる。すなわち、父子関係と**祖先**との関係を確立する儀礼である。父子関係は、儀礼上の師弟関係として再措定される。すなわち父子関係に師弟関係を付加するのである。こうした命名や儀礼により、養子の養親との関係は徐々に確立されてゆく。それに上述の様々な要素が絡んで、親子関係がなり立っているのである。

■4■　人間関係の多面性

　親子関係に限らず、人間関係のあり方は社会により多様である。それらをみるときには、血というような単一の要素に還元してとらえたくなるが、それは危うい。先に述べたように、「血は争えない」と言う一方で「産みの親より育ての親」とも言う。そうした多面的な要素を少なからず含んでいるのである。

（吉野　晃）

Further Studies　**あなたと親のつながり**

あなたと父母との親子関係を構成する要素は血のつながり以外に何があるだろうか？　また、ほかの社会では親子の間に何がつながっているとされているか、調べてみよう。

Book Guide

河合利光編，2012，『家族と生命継承──文化人類学的研究の現在』時潮社
村武精一編，小川正恭ほか訳，1992，『新装版　家族と親族』未来社

Chapter 2

核家族化
大家族ではダメですか？

▎1▎　日本の家族

　現在の日本においては、**核家族**の家族構成をとる**世帯**が圧倒的に多い。第二次世界大戦前は**直系家族**が理想であった。直系家族は一世代一夫婦の原則があるので、キョウダイがいた場合、一人が家を継いで家に残り、ほかのキョウダイは**結婚**したら**分家**独立するか、他家に婚入したり養子に入る。戦後、「核家族化」が指摘されてきた。しかし、直系家族への志向性が途絶えたわけではない。家族社会学の分析によると、核家族世帯が増えた一方、直系家族世帯数はさほど減っていないのである［落合　2004］。

▎2▎　核家族化？

　いわゆる「核家族化」は、社会の近代化・**都市**化に伴う現象としてとらえられてきた。社会の産業化に伴って人口が都市に移動し、そこを生活の場とすると、勢い核家族世帯は増える。さらに少子化と高学歴化がその傾向に拍車をかける。しかし、ここで述べるミエンの核家族化は、都市ではない農村内部における合同家族（後述）の分解・核家族の増大である。そこにどのような要因が働いているのだろうか？

▎3▎　ミエンの家族

　タイの山地に住むミエンは、焼畑耕作を行いつつタイへ移住してきた人々である。かつて、ミエンの家族の理想像は**父系**合同家族であった。実際にわたしが見た最も大きなピャオ（家）は、47人がひとつ屋根の下に生活していた。1980年代後半のことである。

　合同家族というのは、既婚のキョウダイが同居する形の家族である。前述の通り、日本の家族の理想像は直系家族であり、複数のキョウダイ夫婦たちが同居することはない。合同家族は、その一世代一夫婦という規制を外したものだと思え

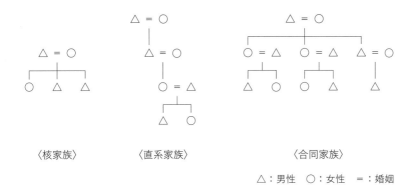

〈核家族〉　　　　〈直系家族〉　　　　　　　〈合同家族〉

△：男性　○：女性　＝：婚姻

図1　核家族・直系家族・合同家族の例

ばよい。一世代複数夫婦でよければ、世代を重ねるとさらに多くの夫婦単位が同居することになる。

　父系合同家族では、このキョウダイがすべて男性の兄弟である。47人住んでいたピャオでは、家長夫婦の下に3人の息子がおり、各々の息子の息子たちがまた妻を迎え、さらにそれに子どもができていた。すなわち「四世同堂」、四世代が同居する家であった。理論的には、このままゆけば100人を超えることも不可能ではなかったが、1990年代に入って、このピャオは数軒の家に分かれた。これはナーン県のN村での話であるが、次に調査に入ったパヤオ県のP村でも父系合同家族のピャオは何軒かあった。

　しかし、2019年現在、P村では父系合同家族のピャオはない。逆に核家族世帯が増えた。ピャオの分化が早まったのである。かつて一戸あたりの人口は9〜10名程度であったが、現在では5〜6名程度である。この核家族化は近代化による核家族化なのだろうか？

　実は、この核家族化は少なくとも40年以上の歳月をかけてゆっくりと進行してきたものであった。従来の父系合同家族は、耕作も、食事も、儀礼もすべて合同家族全体で行っていた。換金作物の芥子も、自給作物の陸稲も、合同家族全体で耕作していた。しかし、芥子栽培が禁止され、別の換金作物に転換した頃から、合同家族内の核家族単位で換金作物を別個に耕作するようになってきた。そのときにはまだ自給作物栽培は合同家族で行っていたが、後に自給作物も核家族単位で耕作するようになった。そうなると食事の単位も別個となる。それでも、

ひとつ屋根の下に住む合同家族の儀礼的単位としての統一はとれていた。**祖先を**祀る祭壇は共同であった。

　それが、2000 年代に入ると、既婚の子どもたちの核家族が独立し、祭壇は親の家に残して家を構えるようになる。これで核家族化ができあがった。正式の「分家（プンチャー）」とは異なり便宜的に家を分けるのを「分開（プンゴイ）」という。この「分開」状態の家が増えたのである。耕作地における出作り小屋（でづく）をリウというが、いわば、村内にリウを建てている状態である。リウでは簡単な儀礼以外の儀礼はできない。半日から 1 日以上かかる儀礼は、祭壇のあるピャオで行わなければならないのである。いわば、その宙ぶらりんな村内リウ状態をそのままにして、ミエンの核家族化は進行した。

　核家族化の引き金は換金作物の変化であった。それにより、息子たちの判断で作物を選び、独自の活動領域を伐り開くことになった。それが自給作物の耕作、食事、居住におよんだのである。

　しかし、興味深いのは、儀礼的統一体としてのピャオの観念はいまだ健在であることである。数軒に分かれていても、儀礼の形式上は一つのピャオなのである。すなわち、分散して居住していても、祖先を祀る大がかりな儀礼を行うときには、祭壇のあるピャオに集う。祖先名のリストである「家先単（チャーフィンターン）」も一冊を共有する。このような使い分けで、実際の居住の分化と儀礼的な共同を両立させている。

　このような過程で核家族化が進行したが、これは近代の都市化に伴う核家族化とは異なるものである。振り返ってみれば、こうした核家族化が特殊な歴史的条件の下に進行してきたのであるから、かつての父系合同家族の慣習も歴史的産物である。焼畑耕作による陸稲栽培とアヘン芥子栽培という条件下では、生産量を決定するのは労働力投下の量である。そのため、1960 年代〜70 年代には、各ピャオ間で人員の争奪競争が激化しており、結果として多くの人員を抱え込む父系合同家族が形成されたと推察される。換金作物が別の作物であり、複数の選択肢があったら、ピャオの形も違ったものになっていたに違いない。

■ 4 ■ 家族の形

　このように、家族の形も歴史とともに変化するものであり、「**伝統**的な」といった言い方がどの時代まで遡れるかは、歴史的条件を精査しないとわからない。古い慣習を「伝統的な」というブラックボックスに放り込んでよしとしてはならない。

（吉野　晃）

Further Studies　**家と家の関係**

> お祖父さんやお祖母さんから父親（あるいは母親）とオジさん・オバさんの家がどのように派生しているだろうか。お祖父さん・お祖母さんと同居している（していた）のは誰だろう？

Book Guide

落合恵美子，2004，『21世紀家族へ——家族の戦後体制の見かた・超え方（第3版）』有斐閣
河合利光編，2012，『家族と生命継承——文化人類学的研究の現在』時潮社
信田敏宏・小池眞編，2013，『生をつなぐ——親族研究の新たな地平』風響社

Chapter 3

移動を生きる
家族って一緒に暮らさなきゃダメですか

▪1▪ 今、離れて暮らす家族たち

　2000年3月から現在までの約20年間、わたしは中国と日本との間を何十回も行き来してきた。そして成田から北京経由あるいはインチョン経由延吉行きの飛行機の中で、祖父母に抱かれた数か月の赤ちゃんから乗務員に預けられてひとりで帰国する小学生まで、幼い中国朝鮮族の子どもたちに毎回のように出会ってきた。実際、わたしの暮らしている吉林省延辺朝鮮族自治州では、多くの出稼ぎ労働者の子どもたちが親と離ればなれになり、祖父母やほかの親戚に養育されている。その数が最も多いときは、自治州全体の学齢期の子どもの50パーセントを超えていた（『延辺日報』2011年11月20日）。

　一方、同じ中国国内においては、1980年代後半以降、1億人以上にも及ぶ農村労働力の**都市**部への大規模移動、いわゆる「農民工」の「民工潮」が本格的に始まった。中国特有の都市農村二重構造に相俟って、これら「農民工」の未成年の子どもたちは大部分が農村にとどまり、全国的に膨大な数の「留守児童」を生み出した。

　そして、2000年代以降の韓国では、早期留学の目的で母親が子どもに同行し、父親は韓国に残って海外の**家族**に仕送りをする「ギロギ（雁）家族」が社会的現象となっている。また、女性の**国際移動**の増加に伴い、フィリピンやインドネシア、ベトナムなどアジアの国々の多くの女性たちが、経済的に発展した地域にサービス業・家事労働者として移動したことで、彼女たちも自分の子どもや家族と国境を越えて別居している。

　数年前、延辺大学を訪れたある日本人の研究者は、朝鮮族の**トランスナショナル**な移動と家族のあり方についてこう言い表した。「核家族の核が分裂した」と。

　家族なのに、数年ひいては十数年以上も別々に暮らしていて大丈夫なのだろうか、それでも家族といえるのか。

▒ 2 ▒ 　文化人類学における家族をめぐる議論

　文化人類学において、かつて家族に関する一般理論として最も有力であった「核家族普遍説」はマードック（George Peter Murdock）によってまとめられた。彼は通文化的家族研究に基づき、家族を、居住の共同、経済的協働、生殖によって特徴付けられる社会集団であり、**核家族**（nuclear family）はその最も基本的な形態であるとした。つまり、一組の夫婦とその未婚の子どもからなる核家族は、性・経済・生殖・教育という４つの**機能**を備える社会集団として人間社会に普遍的に存在しており、**合同家族**や**直系家族**など、より大きく複雑な形態の家族も、核家族が複合したものであるとする［マードック　1949＝1978］。これはまさに、今日に至るまで私たちが何気なく「常識」としてきた家族像でもある。

　ところが、人類学者はそれに反する事例を次々と報告するようになる。家族に父親・夫を含まないインド西南部のナーヤル**母系**社会や、子どもの集団養育を行うイスラエルの共産・協働の農業共同体キブツなどがその典型である。

　また、1980 年代から 1990 年代にかけて、人類学の関心が**伝統**社会から現代社会へと移りゆくなかで、家族研究も従来の**構造**・機能・制度などの研究から動態的実践研究に取って代わられるようになる。特に、1990 年代以降グローバル化の進展に伴い、トランスナショナルな家族——「一般にその中心となる構成員の一人以上が複数の**国民国家**に分散しているが、集合的福利と結合の強い絆を共有し続ける家族」［ヨー　2007：152］——にかかわる研究が活発に行われるようになったのである。

▒ 3 ▒ 　分散居住——トランスナショナルな家族の営み

　1963 年生まれの崔星日さん（仮名）は、4 人家族の「戸主」（日本における「**世帯**主」と近い）である。現在妻は韓国、長女（1990 年生）は日本、次女（1994 年生）は中国の青島、そして崔さんは延吉市郊外の農村に、それぞれ離れて暮らしている。妻は 2003 年に韓国へ行ったが、崔さんは同行せず、故郷で農業をしながら母親と一緒に 2 人の娘を育てた。母親は 3 年前に亡くなり、娘たちは大学卒業後、それぞれ日本留学と国内大都市での就職を果たしている。当初、夫の崔さんではなく妻が韓国に行くことに決めたのは、出稼ぎ先の韓国において飲食店や

介護など女性の仕事が見つかりやすいし、やはり男性より女性のほうが着実にお金を貯められるというそれなりの「戦略」に基づく結論でもあった。また、崔さんの母親がまだ元気なときだったので、妻も安心して子どもの世話などを姑に託していったのである。実際この 20 年間、母親の献身的な手助けと崔さんの誠実な人柄により、娘たちは立派に育った。その上、妻の送金と崔さんの農業収入で、娘たちの大学までの学費と長女の留学費用まで捻出できたし、都市部に 80 平方メートルのマンションも購入した。妻は、後もう 2、3 年頑張って夫婦の老後資金を貯めたら、帰国するという。

　2019 年 5 月現在、韓国に長期滞在中の中国朝鮮族人口はおよそ 71 万 1,796 人 ［韓国法務部出入国管理局　2019］に達するが、これだけでも朝鮮族全体 183 万 929 人 ［国務院人口普査亦公室　2012：38］の約 39 パーセントを占める。このように 1990 年代以降に本格的に始まった中国朝鮮族の大規模海外移動は、韓国以外にも数十か国に及んでいるが、個人単位の海外出稼ぎ労働が主な形態であるため、家族成員の分散居住は避けられない現実となったのである。その結果、夫婦・親子が数年ひいては十数年以上も離れて暮らし、トランスナショナルな家族の形成・増加が目立つようになる。

　分散居住による数多くの単身世帯、片親と子ども世帯、祖父母と孫世帯など以前には目にすることがなかった新しい世帯類型の出現は、次第に留守子女の教育問題、離婚率の上昇など、いわば「家族の崩壊」にもつながりうる不安要素として否定的に語られるようになる。つまり、朝鮮族社会の言説において、共住性が崩れた世帯構成は家族の解体に直結するものとして見なされがちである。

　しかし他方で、実際に聞き取り調査を行ってみると、場合によっては葛藤や矛盾を含みながらも、彼らなりの戦略のもと、空間的に国境を越えた家族の営みに努めていることが明らかになる。これは、先に述べた崔さんの事例のように、「子どもと家族の幸せ」という究極の目標をもとに、生計・子どもの養育と教育・老親扶養など家内的諸機能を、国境をまたいで分散居住する成員間の緊密な協力によって遂行させることからも見てとれる。そしてそれこそ、上記のような社会的言説の逆風や数々の試行錯誤に耐えながら、彼らが自分たちのトランスナショナルな移動を 30 年近くも続ける最も強力な動因であるかもしれない。

■4■　家族って一緒に暮らさなきゃダメですか

　グローバル化の進展など社会の急激な変化は、この時代を生きる家族たちに戦略的かつ選択的対応を迫ってくる。つまり、時代ごと・社会ごとに特徴的に現れる家族のあり方は、それを取り囲む社会・経済・政治的状況との相互交渉のなかで読みとるべきであり、私たちが常識と信じている家族像も、実は社会的・文化的産物に過ぎないことを忘れてはいけない。

　本章で取り上げた中国朝鮮族のトランスナショナルな家族もまた、所与の社会背景や伝統的家族・**親族**理念などに強く影響されながら、それら客観的諸要素を巧みに利用したり、再調整・再解釈を行ったりする主体的作業を通して家族を維持させる戦略のひとつであるといえよう。

　人間のつくり出した文化は極めて多様性に富むものであり、家族に決まったかたちなどない。重要なのは、当の人々がいかなる意味合いを目指してそのような家族の形態を選択し、実践していくのかを理解し、解釈することである。家族は一緒に暮らさなくても家族なのだ。

（李　　　華）

Further Studies　朝鮮族ネット

> 朝鮮族とは主に 1860 年代から 1940 年代にかけて、朝鮮半島から中国東北部に移住した人々とその子孫を指す。吉林省東部、北朝鮮、ロシアと国境を接する延辺朝鮮族自治州はその最大の集住地域である。中国朝鮮族に興味をもち、もっと知りたい方は朝鮮族関連の日本語ウェブサイト「朝鮮族ネット」を利用してみよう。(http://www.searchnavi.com/~hp/chosenzoku/)

Book Guide

権香淑，2011，『移動する朝鮮族——エスニック・マイノリティの自己統治』彩流社
佐々木衛・方鎮珠編，2001，『中国朝鮮族の移住・家族・エスニシティ』東京：東方書店

Chapter 4

漢族の名前と世代

勝手に名前を変えたらダメですか？

■1■　名前は勝手に変えることができない？

　非常に個人的な話から始めたい。わたしは子どもを連れて海外に出かける機会があり、そのために子どものパスポートを申請することが必要となった。あいにく仕事が重なり多忙であったため、パスポートの作成は妻にまかせっきりだったのだが、出来上がったパスポートを見て、違和感を覚えた。子どもの名前は伏せることにするが、いわゆる太郎という部分のローマ字表記が、「TARO」となっていたのである。日本ではヘボン式ローマ字として定着している「タロ」の表記だが、音素的に「TAROU」と表記してもらったほうがよいのでは？と思い、後日、申請した市役所の担当者に電話をかけた。すると、一度決められた表記は決して変更できないとのことだった。

　やはり納得がいかなかったわたしは、その後どうしても修正したいということで掛け合ったところ、県に訊いてほしいと言われ県のほうへ電話をかけた。すると今度は県でも対応しきれないということで、外務省まで電話をかけることになった。しかし結果として変更は認められず、結局、太郎は「TARO」のままとなってしまった。理由を問うと外務省の担当者はこう答えた。「むやみやたらに名前を変更するとパスポートの信憑性が疑われて、結果として日本のパスポートの信頼が下がってしまうんです」。そう、日本のパスポートの信頼性を担保するために、子どものローマ字表記の変更は一切、認められなかったのである。

■2■　漢族社会における名前の「ルール」

　名前はいったい社会にとってどのようなものか？　この問題は、文化人類学という研究分野がスタートした時期から非常に大きなテーマであった。また文化人類学は名前と名付けに対して様々な研究蓄積を有している。これに関する詳細な議論は、出口顯［1995］の『名前のアルケオロジー』、あるいは *An Anthropology of Names and Naming*［Bruck & Bodenhorn 2006］などを参照されるとよいだろう。それ

ぞれの社会において、名前がもつ力、名前の政治性、名前とアイデンティティの問題、各社会における**テクノニミー・パトロノミー**、名前の「微分化」と「反復」をめぐる議論などが細かに展開される。ここでは、わたしのフィールドから名前の議論を深めていきたい。

　中国漢族社会は、**宗族**（＝リニージ）という**父系**の**出自**を基盤とした**親族**組織でまとまっている。つまり父親からのみ姓を継承するのである。そのため、父親が李姓で母親が曹姓だった場合、その子どもは男女ともみな李姓となる。そして漢族に特徴的なのは、男性の多くが自分の名前の中に「**輩字**」をもつことである。例えば、5人兄弟の名前が、「森徳」「炎徳」「圭徳」「岩徳」「海徳」であった場合、「徳」という字が輩字になるわけである。これは同じ父親から生まれた兄弟のみならず、同じ宗族内の同じ世代の男子に当てはめられることが多い。つまり「徳」という字をもった男子はみな、同じ世代であると認識されるのである。彼らの従兄弟もまた「徳」という字が名前に含まれる。そのため（皆顔見知りだからそのようなことはないのだが）、まったく見ず知らずの人であっても、村落内で「徳」という字をもっている人がいれば、すぐに同じ世代であるとわかる。

　輩字は、上位世代から下位世代へと一定のルールのもと継承されることもあれば、まったく思い付きのように決まっていくこともある。ただ確実にいえるのは、その世代で最初に生まれた者の輩字は、そのままその世代全員に当てはめられるということである。あの有名な毛沢東の弟は毛沢民、毛沢覃であり、彼らにとって「沢」が輩字であったことは明確である。ちなみに毛沢東の子どもは岸英、岸青、岸竜、岸紅……であり、「岸」が輩字となっている。なかでも興味深いのは岸紅で、彼は3人の兄とは別の母親から生まれている。つまり、あくまで父系であることを基準として世代、輩字が決まっていることが、ここからうかがえるのである。

■3■ 名は体（と系譜と世代）を表す

　村落社会にいると輩字は非常に便利で、一度も会ったことがない人物であっても、輩字を目にするだけで、おおよそどの系譜のどの世代の人物かがすぐにわかる。さて、わたしの調査地は中国福建省の西部山岳地帯であるが、ここでもやはり人々は自分の名前に輩字をもつ。調査地の村において名前は、3つの部分から

足並みを乱してしまうわたしの名前

構成されている。それは姓＋（輩字＋個人的要素）、という部分である。姓と輩字は以上で説明した通りだが、名前の個人的な要素の部分は、その人が生まれたときに、算命先生という専門家がその人の「八字」を占って命名するものである。算命先生は「木」「火」「土」「金」「水」のうち、どの要素が欠けているかを判断し、その欠けている要素を名前に加えることで性質を補完すると語られる。先で示した「森徳」「炎徳」「圭徳」「岩徳」「海徳」でいえば、それぞれ「木」「火」「土」「金」「水」が補われている。

　調査地にて、わたしが驚いたのは、女性もまた輩字をもっていたことであった。女性は兄弟における「輩字」のように、姉妹で名前の一字を共有しており、婚姻を期に、男性側の輩字と対応する一字をもった名前に新たに変更する。具体的にいうと、李紅宇さんという人が、**結婚**を機に、李梅竹という名前に変更されるといった具合である。その際に、結婚後の竹の一字が、夫のもつ輩字と対応していることになる。つまり、例えば「徳」という輩字をもつ兄弟の妻はみな、「竹」という文字を名前にもっているということになる。そうすると、村のなかで名前一覧を見た際、「竹」の一字が入っていれば、「あぁ、あの系譜の人たちのお嫁さんのうちの誰かね」ということがわかる。

　さて、では離婚した場合はどうなるのだろうか。これは難しいようで実は非常に単純である。それは、実家に戻ると常にかつての姉妹間で使用された「字」をもとにした名前で呼ばれるからである。つまり、結婚後も実家があった村ではかつての名前で呼ばれ続ける。そのため別段名前を変更する必要はない。かつて獲得した嫁ぎ先での名前を失うだけである。つまりコンテクストにあわせて彼女らは「正式な」名前を2つ（あるいはそれ以上）もつことになる。しかし近年、身分証明書を発行し、各人を管理（保護）するという名目のもと、正式な名前は婚姻前も婚姻後も固定されることとなった。パスポートの英語表記同様、名前は自由に変更されることが難しくなったのである。

■4■　名前を変えてはダメですか？

　私たちは日本史の授業のなかで戦国大名について学ぶ機会が少なからずあるが、彼らの名前は面白いくらい状況に応じて変化している。例えば豊臣秀吉がそのよい例であろう。彼は木下藤吉郎だったり、羽柴秀吉だったり、豊臣秀吉だったりする。場合によっては「さる」が最も適切な名前として使われていたかもしれない（文化人類学においては**ニックネーム**の研究もある）。このように状況に応じて名前、呼ばれ方が変わるということは、これまで多くの社会において報告されてきた。しかし近年、冒頭でも指摘したように、正式な名前は個々人が勝手に変えてはいけないようになってきた。

　本章の事例でみた漢族社会の「**伝統的**」な名前は、いわば Index 型（指標型）であった。ところが、身分証の発行や**都市化**により、名前は**コミュニティ**のなかの個人を示すものではなく、**国家**のなかの個人を示す、いわば ID 型（識別型）になったといえる。つまり名前は村々において「索引」的に管理されるのでなく、国家のもとで一元的に「識別番号」として管理されるようになった。日本社会でも明治以降戸籍制度が導入されたり、近年マイナンバー制度が始まったりしている。私たちの「名前」はいったい誰のもので、誰によって管理されているのだろうか。

（小林　宏至）

Further Studies　　あなたのまわりのお名前は？

・明治安田生命のウェブサイト「名前ランキング」を調べてみよう。自分の親世代のもの、戦時中のもの、高度経済成長期のものなどから、それぞれの時代の雰囲気を感じることができる。名前は決して個人や親族の領域にのみ閉ざされている訳ではないことがうかがえる。
・あなたの周りにいる、別の**エスニシティ**の人々に、自分の名前の由来を訊いてみよう。名前の継承、宗教との関係、世代の認識などをポイントに調べてみよう。

Chapter 5

祖先は恋のオジャマ虫
気軽に好きな人と交わっちゃダメですよね？

■1■ 恋愛・性愛の多様化とインセスト・タブー

　恋愛やセックスは、人類共通の関心ごとである。近年では、事実婚や同性パートナー、複数愛など、様々な夫婦や恋愛・性愛のスタイルが私たちの社会においても受け入れられつつある。しかし、これまで認められてこず、いくら多様性が尊重されるようになっても認められないであろう夫婦や性愛のスタイルが存在する。それは実の親子間や兄弟姉妹間の肉体関係である。近親相姦や近親婚の**禁忌**と訳される**インセスト・タブー**（incest taboo）は、世界各地に存在する。人類学が扱ってきた社会では、インセストは当事者に身体的な問題のみならず、精神的、道徳的、霊的問題を生じさせる。例えば、インセストを犯すことで何らかの病気や不幸に見舞われたり、あるいは神に罰せられたりといった問題が生じる。人々がインセストを避けようとするのは、これらの問題を回避するためであるといってもよいだろう。

■2■ インセスト・タブーと人類学

　インセスト・タブーの範疇は国や社会、**民族**によって様々である。例えば、私たちの社会ではいとこ同士の**結婚**は制度上容認されているが、「そんな近すぎる関係が許されるわけがない」と青ざめる人は世界で少なくないであろう。あとで紹介するヌエル（ヌアー）人なら、現在の日本で生じているあらゆる不幸や災厄は、このために生じていると断定しても無理はない。

　インセスト・タブーとは、広くいえば、「同類」と「他者」とを分類する人類の営みである。「同類」の間では、婚姻や性交を行ってはいけない。この禁止の存在によって、私たちは「他者」と関係することを強制され、「他者」とともに**家族**や親類という新たな「同類」関係をつくっていくことになる。

　これまで多くの人類学者が、インセスト・タブーをめぐる理論に向き合ってきた。代表的なのは、レヴィ＝ストロース（Claude Lévi-Strauss）の理論であろう。

レヴィ゠ストロースは、女性の交換という視点によってこれを論じた。インセスト・タブーは、婚姻可能な範囲を「同類」の外に限定し、女性を他集団へと移動させ、交換の範囲を広げて集団間の新たな社会関係をつくることを可能にする。この点で、インセストを回避して成立した婚姻は、集団間の**コミュニケーション**のひとつの形式でもある。

　文化人類学で取り上げられるインセストとは、私たちが「血のつながり」などと表現する生物学的な**親族**に限らず、婚資のやりとり等によって決定される社会的な親族の間にも適応される。問題とされる当事者同士の「近さ」や「血の濃さ」は社会が決めるものであり、したがって相対的かつ恣意的なものである。

　いくら科学が「**近親交配**」によって身体的な問題が生じうる範囲を明らかにしたとしても、私たちが「近親交配」と考えている範囲で発生しうる霊的な危機や恐れ、あるいは嫌悪感は、なかなか私たちの心から出ていってくれない。「血の濃い」親族同士の交わりによって生じうる遺伝的・身体的な問題は、インセスト・タブーの範疇の決定要因とはなっていないのである。

　先に挙げたレヴィ゠ストロースは、インセスト・タブーが人類普遍の文化性であることを指摘した。しかし、ご存じのように、文化というのは時代によって変化する。インセスト・タブーが普遍的であるなら、それはどのようにひとつの社会のなかで維持されているのだろうか。次節では、故郷から遠く離れたところにいてもインセスト・タブーの掟に縛られるヌエルの人々の様子を紹介しよう。

■ 3 ■　祖先の目を気にしながらのアプローチ

　南スーダン共和国に暮らすヌエル社会で考えられている「インセスト」の範囲は広い。ヌエル語で「インセスト」と訳されるのはルアールという語である。この語は、厳密には、「インセスト」関係や行為、およびそれによって当事者や近親者に生じると考えられている災厄をも含む概念である。ルアールのおよぶ範囲は多岐にわたる。ルアールが発生しうる者同士の関係として、例えば、6世代以内の**祖先**を共有する人々、養取を通した親族関係が近い人々、姻族関係が近い人々、などである。ルアールを犯した者は、死や大病、不妊などの災いがもたらされる。当事者のみならず、その近親者にも不幸がもたらされることから、ルアールを犯した者は殺人罪で訴えられることもある。

村落共同体内に暮らしていた時代であれば、たいてい誰もが、どの村の出身者が自分とインセスト関係にあるか把握している。このため、村落に暮らす男女がうっかり過ちを犯すなどということはまずないといわれている。

　しかし移動の時代となった現在、**都市**や**難民**キャンプなどで偶然出会った相手が、実は自分と祖先を共有するインセスト関係にある人物である可能性は高まっている。故郷の戦闘や生活難から都市部や国外へと逃れてきたのにもかかわらず、その移動のために、今度はルアールによって生命を脅かされなければならなくなったのである。ゆえに最近の若者たちは、幼い頃から自身の父方の**父系**の祖先、母方の父系の祖先を少なくとも 6 世代先までは暗唱する訓練を受けている。都市のクラブでは、出会ったばかりの男女が、互いの祖先の名前を教え合い、熱心に共有の祖先の有無を確認するという奇妙な光景も観察される。

> 　男：「君の名前は？」──女：「わたしの名前はニャマイ・ソル（ソルは父の名前＝苗字）」。
>
> 　男：「ソルのお父さんの名前は？」──女：「ガイよ」。
>
> 　男：「ガイのお父さんは？」──女：「ヨン。ヨンの父はチャー、チャーの父はコン……（続く）」
>
> 　男：「では母方は？」──女：「クルよ。クルの父は……（母方の父系の祖先をそらんじる）」
>
> 　共有する祖先がいないのを確認したのち、男は安堵の表情とともに次の通り言う。
>
> 　男：「じゃあ俺らはノープロブレムだね！」──女：「……」。

　彼ら・彼女らの恋愛とは、かくも不自由なもので、常に祖先のまなざしから逃れられないものなのである。

■4■　いつでもどこでも不自由な恋愛

　人間同士が関係を築くことには常に困難と不自由が伴う。しかもそれが肉体関係や同居という、人間同士の関わり合いのなかで最も深い関係となればなおさらである。インセストをめぐる禁忌は場合によっては不都合なルールかもしれな

い。しかしそれによって、私たちが「同類」よりも一歩外に出て関係をつくる契機となっていることは確かである。

　冒頭で述べたように、現在では様々なスタイルの恋愛や性愛が受け入れられるようになった。では私たちは完全に「自由恋愛」を楽しんでいるのだろうか？「自由」を追い求めれば求めるほど、突き当たるのは不自由な決まりごとだったり、自分たちの社会がもつ「暗黙の了解」だったりする。人の恋路の邪魔をするのは、何も生きた人間とは限らない。すでにこの世のものではない祖先や魔物、いつのまにかつくり上げられた社会の規範やジョーシキ、あるいは経済格差や年齢差、……様々な不自由に縛られながらも、私たちは目の前の誰かに惚れたり腫れたり惚れ直したりしているのである。

（橋本　栄莉）

Further Studies　　あなたの祖先や、タブーを探してみよう

・祖先を探せ！　あなたはどこまで自分のルーツを辿れますか？
帰省したとき、あなたの親戚の「ドン」に、祖先や親類を挙げられるだけ挙げてもらって、自分を中心とする家系図を作ってみよう。そしてそれぞれの人物の一生に思いを馳せてみよう。家系図にしてしまえばただの名前だが、その名前の背後には、あなたと同じくらい重厚な人生があったはずだ。

・タブーを探せ！　タブーを犯したらどうなる？
インセストのみならず、私たちの暮らしにも様々なタブーが潜んでいる。あなたが属する集団のタブーは何だろうか？　タブーとされる行為、関係、「不吉」といわれるもの等を挙げてみよう。そして勇気のある人は、人前でちょっとしたタブーを犯してみて（例えば、ご飯の入った自分の茶碗に箸を垂直に突き刺してみる。他人のご飯茶碗にはしないこと）、周りの反応を観察してみよう。すると、「文明化」されたはずの現代を生きる人々が、いかに「迷信深く」生きているかがわかるだろう。ただし、これは「マナー違反」や「犯罪」とは違うのでご注意を。

Book Guide

川田順造編，2018，『近親性交とそのタブー──文化人類学と自然人類学のあらたな地平』藤原
　　書店
レヴィ＝ストロース，C.，2000，『親族の基本構造』福井和美訳，青弓社

Chapter 6

ふたつの絆

つながらないとダメですか？

■1■ 「つながり」って何？

　家族や友人、恋人、サークル、学校、地域、会社など、私たちは実にさまざまな「つながり（relatedness）」のなかで生きている。だが、「無縁社会」という言葉に象徴されるように、今日の日本社会では都市部を中心として、つながりが希薄化しているといわれる。確かに、核家族化が進み、個人化が進んでいる。引きこもりや孤独死といった新しい社会的孤立を指す言葉も出てきた。また晩婚化も進み、未婚化も進んでいる。とはいえ、「結婚しなくても幸せになれるこの時代に、私は、あなたと結婚したいのです」という、ある結婚情報誌の広告が多くの共感を呼んだように、独りであっても十分に幸せを享受できるのが今の日本社会である。

　一方で、SNSの発達なども後押しして、これまでにない新しいつながりが至る所で生まれているのを日常的に目にするようにもなった。希薄化しているのはこれまで主流とされていた種類の「つながり」であって、つながりの価値や機能そのものが失われたわけではないということだろう。時代が大きく変化しようとも、私たち人間はやはりつながりなくして生きることができないようである。

■2■ つながりの諸相

　社会や文化をキーワードに多様な人間集団を研究してきた人類学が古くから注目してきたつながりが、「親族関係（kinship）」である。親族関係は社会の基礎であるために、多くの研究者がこれまで熱い議論を重ねてきた。そうした研究群は、「親族研究」と呼ばれる。そこでは主に、社会がどう成り立っているのかという構造や、親族関係がどのような働きをもつのかという機能を問う研究、そして親族関係はどのような象徴と意味の体系化をもつのかという意味を問う研究などがある。

　もちろん、つながりの種類は親族だけではない。例えば日本社会を対象とした

研究では、「**タテ社会**」と呼ばれる垂直的なつながりや、「**縁**」という土着の概念を手がかりとして、伝統的な**血縁・地縁**、また都市化と近代化の象徴である社縁などの水平的なつながりに注目した研究も進められてきた。このように人類学は様々な場所につながりを見出してきたが、そこでもやはり、人はつながりなくして生きることができないということが再確認されてきたといえる。

　私たちは様々なツールを用いながら、社会が要する一定のフレームワークに準じて誰かとつながっている。つながりの種類は時代とともに変化し、それに応じて機能や意味も変化するが、つながりそれ自体の価値はいつの時代も変わらない。だが私たちはそれぞれに個性をもった「**人格（person）**」であるために、どうすれば他者とうまく付き合うことができるかという問いには正解がない。つながりが希薄化する一方で、つながりをもつことが容易になっている現代ではなおさらのことだろう。そんなとき、わたしたちとは異なる文化を生きる人々はヒントを与えてくれる。そこで以下では、わたしが研究する人々のつながり方を見てみよう。

▦ 3 ▦　「くっついてはいけない」

　タイ北部で狩猟採集民として生きてきたムラブリは、小規模な社会を形成し、対面的な状況のなかでつながりをもってきた。そんな彼が**母語**とするムラブリ語には「家族」に当たる言葉がない。強いて挙げるなら、「一緒にいる集団」と訳される言葉である。しかしこれは**婚姻規則**といった制度によるつながりではなく、ある時点での状態によって認識されるつながりである。

　そんな彼らの人間関係はとてもユニークである。例えば、わたしの姉と結婚した男性が仕事を手伝ってほしいと頼んできたとしよう。日本社会であれば、わたしにとって彼は「義理の兄」に当たる人物だから、手伝うことが道理であると考える。しかしムラブリはそのようには考えない。彼らはあくまで、自分とその人との関係が良好かどうかに基づいて判断をする。彼らの人間関係が二者間関係（dyadic relationship）に基礎づけられているからであり、彼らが生きる社会はそうした二者間関係が無数に折り重なることで成り立っているからである。

　ところで、ムラブリは時折、「くっつき過ぎてはいけない」と口にする。例えばムラブリでは他**民族**と結婚することは好ましくないとされるが、ある少女が母

親の忠告を無視して、他民族の少年に恋をしたことがあった。そのことを知った母親は怒り、目に涙を浮かべながら娘を不器用に打った。父親はこれを静観し、「くっつき過ぎてはいけない」と口にした。

　ムラブリ語で「くっつく」とは、「つながりをもつ」ことを指すが、ここで念頭に置かれているのは、少年と少女のつながりではなく、母親と娘のつながりである。そしてこれが否定形で語られる。それは、母親の暴力的なふるまいが、娘に対する過度な干渉だと解されたからである。

　顔の見えるほど近しい関係にある他者とのあいだに情緒的なつながりを覚えることは、自然であり必然である。このことはムラブリも重々承知している。だから彼らも「くっつく」こと自体を否定してはいない。しかしそうしたつながりは時に相手への過度な干渉となって、相手の自由（個人の自律性）を奪う危険性をはらんでもいる。ムラブリにとって「自由」とは、「ひとりで考え、ひとりで行動する」ことであり、これはみんなが守るべき社会の基本ルールとされる。だからこそ、怒りに身を任せて娘に暴力を振るってしまったのは母親が娘の問題に過度に干渉した結果であり、それは娘にも認められた自由の侵犯であると解されたからこそ、「くっつき過ぎてはいけない」と父親は言ったのである。

　ところで、絆という言葉を知っているだろうか。「当たり前だろ」と怒られそうだが、問題はその読み方である。おそらくほとんどの人はこれを「キズナ」と読むだろう。しかし「ホダシ」という別の読み方があるのを知っているだろうか。これは「動物をつなぎとめる綱」や「自由を束縛するもの」を指す。つまり絆とは、親密さや紐帯を意味する一方で、拘束や束縛を意味する言葉なのである。

　ここで改めて確認すべきは、「くっつく＝つながりをもつ」こと自体はとても自然なことだということである。しかしだからこそ、「くっつき過ぎる」という事態が生じてしまう。そんなときにムラブリは「くっつき過ぎてはいけない」と口にする。他者と上手く付き合っていくために、他者との適切な距離感を再確認せよ、と言う。相手の自由を束縛することは、自分の自由を束縛することでもある。逆に相手の自由を認めることは、自分の自由を認めてもらうことでもある。

■4■　キズナ中毒を考える

　つながる、つながろう、つながりたい。私たちの社会は、つながることで溢れ

ている。とくに東日本大震災以降、キズナという言葉が日本中を席巻し、「絆」はいつしかつながることとほとんど変わらない意味しか持たないようになった。つながりがもつ光の部分を強調し過ぎるあまり、その影の部分が覆い隠されてしまったようである。

「つながりたい」と欲する背景には承認欲求があるといわれる。SNS の発展と普及に伴って、私たちは承認欲求を解放するツールを手にした。だが、過剰なまでにつながりを求める状況は、ある種の病理を生み出してもいる。Facebook の「いいね！」や Instagram のフォロワー数をお金で買う人もいるという。そんななか、「SNS 疲れ」なんて言葉も出てきた。つながり過ぎることに疲弊している人も少なくないのが今の日本社会である。

そんな状況にあるからこそ、つながりとは何か、つながるとは何かを改めて考えてみる必要があるのではないだろうか。「キズナ中毒」にある今日を生きる私たちに必要なのは、絆の二面性（キズナ／ホダシ）を理解しながら、他者との適切なつながり方を模索することだろう。もちろん、言うは易く行うは難しである。そんなとき、「つながり過ぎない」というムラブリの実践的なつながりのあり方は、つながるとは何かという問いを考える上でとても重要な手がかりになるように思える。

（二文字屋　脩）

Further Studies　　**冠婚葬祭に参加してみよう**

私たちはつながりなくして生きることができない。そんなつながりが最も顕著に現れるのは冠婚葬祭である。冠婚葬祭とは、人間のライフステージを様々な儀式で彩る重要な行事である。そこでは親族や友人が一堂に会し、つながりを再確認する場となる。面倒臭がらず、身近な冠婚葬祭に積極的に参加して、どのような行為（花嫁の手紙や喪主の挨拶など）がつながりを可視化するのか観察してみよう。また、お祭りなどの地域行事に参加するのもいいだろう。そこでは親族とはまた違ったつながりが発見できるはずだ。

Book Guide

髙谷紀夫・沼崎一郎編，2012，『つながりの文化人類学』東北大学出版会
中根千枝，2009，『タテ社会の力学』講談社
信田敏宏・小池誠編，2013，『生をつなぐ家――親族研究の新たな地平』風響社

キーワードリスト

pater と genitor　弘：380-〔親族〕

インセスト　弘：75-〔インセスト・タブー〕、キー：62-63〔インセスト・タブー〕；142-143〔外婚と内婚〕

エスニシティ　弘：103、最新：128-129〔同一性の政治学〕；106-107〔先住民〕；192-193〔民族紛争〕、20：179-196〔エスニシティ論〕、キー：204-205〔エスニシティと民族問題〕、丸善：578-579〔争う　民族紛争〕

親子関係　民俗：111〔親子〕、キー：138-139〔出自集団〕、丸善：126-131〔集まる　親族・親類〕

音素　弘：257-258〔言語・言語学〕；309〔サピア〕、キー：90-91〔言語と文化〕、丸善：498-501〔交わす　言語〕

核家族　弘：144-〔家族〕、キー：136-137〔家族〕、丸善：90-91〔つながる　結婚〕；126-131〔集まる　親族・親類〕

家族　弘：144-、民俗：130-131、キー：136-137、丸善：90-91〔つながる　結婚〕

機能　弘：196〔機能主義〕、キー：16-17〔機能主義〕

禁忌　弘：458-〔タブー〕、民俗：171-172、キー：116-117〔タブー〕

近親交配　弘：75-〔インセスト・タブー〕、キー：62-63〔インセスト・タブー〕

血縁　弘：356-〔出自・出自集団〕、丸善：88-89〔つながる 血縁〕

結婚　弘：246-、キー：142-143〔外婚と内婚〕、丸善：90-91〔つながる　結婚〕

構造　弘：270-〔構造主義〕、20：73-89〔構造主義〕、キー：20-21〔構造主義〕、丸善：738-741〔学ぶ　構造主義〕

合同家族　弘：144-〔家族〕、民俗：131-132〔家族類型〕

国際移動　弘：66-〔移民〕、最新：32-33〔越境〕；78-79〔シオニズム〕；134-135〔トランスナショナリズム〕、キー：196-197〔移民〕、丸善：306-307〔動く移住　移動と移住〕

国民国家　⇒本書第 10 部キーワードリスト参照

国家　弘：281-、最新：60-61〔劇場国家〕、キー：170-171、丸善：550-551〔治める　政策の人類学〕

コミュニケーション　⇒本書第 4 部キーワードリスト参照

コミュニティ　弘：202-〔共同体〕、丸善：214-215〔働く　コミュニティ労働〕

婚姻規則　キー：144-145〔交叉イトコ婚と縁組理論〕；62-63〔インセスト・タブー〕；142-143〔外婚と内婚〕

婚資　弘：602-〔花嫁代償〕、民俗：584-585〔結納〕

出自　弘：356-、民俗：23-26〔家〕；27-28〔家筋〕、キー：138-139〔出自集団〕

象徴　弘：387-〔シンボル・シンボリズム〕、最新：84-85〔象徴的逆転〕、20：126-143〔象徴人類学〕、キー：24-25〔象徴人類学と解釈人類学〕；104-105〔象徴と解釈〕、丸善：442-443〔信じる　象徴〕

人格　最新：80-81〔自己〕

親族　弘：380-、キー：20-21〔構造主義〕；138-139〔出自集団〕、民俗：283-284；23-27〔家〕；27-28〔家連合〕；285-286〔親類〕；379-381〔同族〕、丸善：126-131〔集まる　親族・親類〕

世帯　弘：144-〔家族〕

宗族　弘：430-

祖先　弘：435-〔祖先・祖先崇拝〕、民俗：312-313〔先祖祭祀〕；326〔祖霊〕、丸善：92-93〔つながる　祖先崇拝〕

大家族　弘：144-〔家族〕、民俗：131-132〔家族類型〕、キー：136-137〔家族〕

タテ社会　弘：554-〔日本人〕

地縁　弘：469〔地縁集団〕

直系家族　弘：144-〔家族〕、民俗：130-131〔家族〕；131-132〔家族類型〕、キー：136-137〔家族〕

テクノニミー　弘：500-

伝統　最新：124-125〔伝統と近代〕、キー：186-187〔伝統の創造〕、丸善：424-425〔癒やす　エコツーリズムと伝統文化〕；560-561〔治める　伝統の創出〕

都市　キー：168-169、丸善：146-149〔集まる　都市〕

トランスナショナル　弘：66-〔移民〕、最新：32-33〔越境〕；134-135〔トランスナショナル〕、キー：196-197〔移民〕、丸善：110-111〔つながる　トランスナショナリズム〕

名付け　弘：768-〔命名〕、民俗：403-404、丸善：404-405〔癒やす　名前〕

難民　弘：51-〔イスラエル人〕；67〔移民〕、最新：118-119〔ディアスポラ〕、丸善：326-327〔動く移住　難民と庇護〕；280-281〔伝える・記す　難民という生き方〕

ニックネーム　丸善：404-405〔癒やす　名前〕

輩字：輩行字　⇒本書第5部 Chapter 4 参照

父系　弘：380-〔親族〕、キー：138-139〔出自集団〕、丸善：126-131〔集まる　親族・親類〕

分家　民俗：470-471、丸善：126-131〔集まる　親族・親類〕

母系　弘：431-〔相続〕、キー：138-139〔出自集団〕；140-141〔母系制と母権制〕、丸善：126-131〔集まる　親族・親類〕

母語　弘：626-〔ピジン語〕、キー：180-181〔ナショナリズム〕

民族　弘：749-、最新：190-191〔民族浄化〕；192-193〔民族紛争〕、民俗：526-527、20：179-196〔エスニシティ論〕、キー：204-205〔エスニシティと民族問題〕、丸善：136-141〔集まる　民族〕

民族アイデンティティ　弘：103〔エスニシティ〕、最新：128-129〔同一性の政治学〕、
　　キー：206-207〔エスニシティと民族問題〕、丸善：136-141〔集まる　民族〕

民俗生物学　20：108-125〔認識人類学〕

命名体系　弘：768-〔命名〕、民俗：403-404〔名付け〕、丸善：404-405〔癒やす　名前〕

養子　弘：800、民俗：593-594、丸善：2-13〔生きる　不妊〕

リニージ　弘：819-〔リネージ〕

第6部

儀礼・宗教

Chapter 1

ウシに生きられなくなった人々

代わりにレモンじゃダメですか？

▥ 1 ▥　人生うまくいっていますか？

　みなさんは今、自分の理想通りの人生を生きていると胸を張って言えるだろうか。人生には様々な岐路や転機が存在する。自分で自信と責任をもって選択をした道もあれば、なんだか流されるままに選ぶことになった道、諸々の事情からやむを得ず選ばざるを得なかった道もあるだろう。

　ところで、「難民」と呼ばれる人々が存在する。日本では、「難」を抱える「民」というその字のごとく、理想通りの人生を生きていない最たる人々として語られるかもしれない。もちろん、この側面も大いにあるだろう。難民の抱える悲惨さや脆弱さにばかり目が行くが、その一方で、様々な困難に人々がどのように対処しているか、そのための知恵や実践、戦略についてあまり注目されることはない。ここでは、日本から遠く離れたアフリカに生きる、難民たちの「危機」とその乗り越え方を紹介しよう。

▥ 2 ▥　ウシの供犠

　南スーダン共和国に暮らす**農牧民**ヌエル（ヌアー）は、1920 年代から 30 年代にかけて調査を行ったエヴァンズ＝プリチャード（Sir Edward-Evan Evans-Pritchard）の民族誌で広く知られている。「ウシに生きる人々」として描かれたヌエルであるが、ウシは、彼ら・彼女らにとって単なる食糧、家畜ではない。ウシは、**花嫁代償（婚資）**の支払いや殺人の賠償など、生活のあらゆる場面で重要な役割を果たす。民族誌で描かれたウシを中心に展開する彼らの豊穣な人生は、私たちにとって常識的な「豊かさ」や「貧しさ」、「幸福」と「不幸」を覆す。つまり、ここではウシを持つ者こそが豊かで幸福である。その基準からすれば、私たちは何とも哀れな貧民である。

　なかでも、ウシの**供犠**は人々の精神世界の安寧においてなくてはならない**儀礼**である。ヌエルは様々な機会に供犠を行う。ヌエルでは、人間の人生のあらゆる

場面に、ヌエル語でクウォスと表現される神や精霊が介入していると考えられる。災厄や不幸もクウォスによる働きかけの結果であるし、逆に幸福や幸運も、クウォスによってもたらされたものである。例えば、天災が生じたときや重い病気になったとき、妻が不妊のときや罪を犯したとき、結婚式、成人式などのとき

国内避難民キャンプで売りに
出されてしまったウシたち

に供犠は行われる。供犠は、人間の諸事に介入するクウォスをなだめたり、感謝したりするために行われる。そのとき、供犠獣は、人間の不幸を防ぎ、罪を浄化する媒体となる。そして災いは供犠獣の血とともに土の中に吸い込まれる。

　供犠は、ウシだけでなく、場合によってはヤギや、穀物によっても行われる。興味深いのは、ヌエルの場合、ウシが手に入らない場合は、野生のキュウリ（学名 *Echinocystis lobata*）を同じように供犠をしてもよいことになっている。村でキュウリを使って供犠を行う際、人々は「キュウリは雄牛である」と表現する。

　2011年に国家として独立して以降、南スーダンでは度重なる武力衝突が生じている。このなかで、ヌエルの人々は人生の中心であるウシを失い、故郷を離れることを余儀なくされている。難民となった現在、ヌエルの人々は、結婚を決めたり、日々のちょっとした問題を解決したりするのにもウシなしで行わなければならないようになった。次に紹介するのは、ウガンダに逃れたヌエル人難民の知恵の一端である。

■3■　ウシを失ったとき

　2018年、ウガンダ共和国の難民定住区にて、わたしはヌエル人難民に毎日のようにお茶をおごってもらっていた。ある日、離れたところに若い男性がポツンとひとりで座ってお茶を飲んでいた。まわりにいた男たちは、乾いた笑いとともにその男を指して次のように言った。「ヌエルの伝統について聞きたいなら、大地の祭司の、あいつに聞くといいよ。今はもうどの村にも政府（警察）がいるから、彼らの意味は完全になくなったけどね」。

　「大地の祭司」とは、ヌエルの世襲の宗教的職能者である。彼らはかつて、「首

長なき社会」として知られるヌエル社会において殺人や報復闘争の調停者としての役割を担っていた。しかし、植民地以降の政府の権力の拡大に伴い、その影響力はなくなったといわれている。さっそくわたしはその大地の祭司であるという男のところに行き、尋ねてみた。

「もう大地の祭司の力はなくなったとみんな言っていますが、やっぱりそうなのですか？」

大地の祭司は大きなため息と冷ややかな笑みとともに答えた。「いや……やつらは間違っているよ。実は、今でもみんな俺らを必要とするときがある。そういうとき、やつらはこっそりと人に知られないように俺らの家を訪ねてくるのさ。それはウガンダでだって一緒さ」。

大地の祭司が言うには、特に人々が彼らの専門的知識と実践を必要とするのは、インセストや殺人、双子の誕生などの際に伴う「**血の穢れ**」を浄化しなければならないときである。例えばインセストは、ウシを半分に切り裂いて供犠を行うという儀礼によって浄化されていた。大地の祭司は、「一つになってしまった血がまた二つになるように」との祈りを唱えながらこの供犠を行う。当事者のみならずその親族にも不幸をもたらす可能性のある血の穢れは、いかなる時、いかなる場所でも取り除かれなければならない。ウシを失ってしまった人々にとって、血の穢れを解決するには野生のキュウリを見つけてくるしかない。しかし、頼みの綱の野生のキュウリも、ウガンダには自生していない。ウシも、野生のキュウリも手に入らないウガンダで、大地の祭司は血の穢れをいかに解決するのか。大地の祭司が実践しているのは、その辺に一山いくらで売られているレモン（またはライム）を買ってきて、それを「ウシとして」供犠を行うことだった。

わたしが驚いて「なぜレモンなのか」と問いつめると、大地の祭司は次のように語った。

「いいか、俺たちは常に『プランB』や『プランC』をもっている。ウシはあくまで『プランA』。ウシがなければ、野生のキュウリ。野生のキュウリがなければレモン。俺たちの知恵はとても強靱だ」。

国家や地域警察には決して解決することのできない人々の霊的・身体的危機である血の穢れを、大地の祭司は解決しようと試みている。同時に彼らがレモンを使って提供しているのは、ウシを失った人たちが、それでもなお「ウシ」ととも

に生きる方法である。この場面でも「レモンは雄牛である」のだという。この移動と変化の時代をヌエルの人たちが身体的・精神的に「無事」に生き抜くために必要不可欠なのは、臨機応変に様々なものを「ウシ」にできる実践的な知識である。

■4■　あなたにとっての「レモン」とは？

　人生がうまくいかない。これは他人事ではない。好きな人には愛されず、欲しいものは手に入らず、カミもホトケにも見放され、気づかぬうちに千載一遇の機会を隣人に奪われている。……果たして、理想通りの人生を生きることができる者などいるのだろうか。もちろん、人生は自分が思い描いていた「プランA」通りにいくのが一番である。しかし、人生はそんなに甘くはない。国家の影に隠れながらも、人々にひっそりと必要とされている大地の祭司の哲学は、意外と深い。いつか来るかもしれない「想定外」のために、私たちなりの「レモン」を探しておくこともまた、この社会を生き抜く上で必要なことなのかもしれない。

（橋本　栄莉）

Further Studies　**牧場に行ってみよう。あなたの知るウシは何種類？**

「ウシの絵を書いてください」と言われたら、あなたはどのようなウシを描くだろうか。きっと白地に黒のブチを適当に配置するだろう。しかしその適当に描いたブチの位置やかたちを見て、東アフリカの牧畜民はいくつものウシの名前を挙げてくれる。色（黒、白、赤、茶、黄など）や模様とその配置、色彩連想（象、蟻、鰐、鷲、雲、炭など）ごとに類別される彼らのウシをめぐる語彙は何十、いや何百といえるほど膨大で豊富である。おそらくあなたは牧場に行っても、それらを単に「ウシ」、頑張っても雄牛と雌牛にしか分類できない。私たちのウシをめぐる語彙はなんと貧しいことだろう。

Book Guide

エヴァンズ゠プリチャード，E. E.，1995，『ヌアー族の宗教（上）（下）』向井元子訳，平凡社
久保忠行，2014，『難民の人類学——タイ・ビルマ国境のカレンニー難民の移動と定住』清水弘
　　文堂書房
中川加奈子，2016，『ネパールでカーストを生きぬく——供犠と肉売りを担う人びとの民族誌』
　　世界思想社

Chapter 2

「問いの精霊」に憑かれた女
主体性や自己がなくてはダメだと考えるのはダメかもしれない

■1■　自己が過剰な現代社会？

　あなたは現在この本を手に取るに至るまで、自分自身の意志に基づき、目の前の商品や情報を迷うことなく取捨選択し、学校や仕事に行き、日々主体的に生きてきた。……それは果たして本当だろうか。私たちは小学校、中学校の頃から、自分の意志を強くもち、主体的に行動するように教師や親から言われ、そのような人物が理想的な人間であることを教えられる。その結果、現代の日本では、様々な場面で生じる結果の原因は個人、つまり自己にあるとされることが多い。「自己責任」「自己実現」「主体性」といったことばは、しばしば私たちを苦しめる。では、その責任を負うべき自己とは、実現されるべき自己とは、主体とはいったい何者なのだろうか。

　人類学のフィールドワークでは、往々にして、それまで確固たるものと信じてきた自己が崩壊する。それは単に自分自身の力に絶望するという意味ではなく（もちろんそういう場面も多々あるのだが）、現地社会の自己や個人に対する想定が、私たちのものとまったく異なることがあるためである。

■2■　自己や人格をめぐる人類学

　人類学では、自己や人格、個人の意志というものが、その人物の内部から現れてくるという考えは当然視されない。むしろ、様々な地域の事例から見えてくるのは、自己や個人の人格が、その人物にとっての他者や外部からもたらされるのだとする考え方である。

　例えば、ニューカレドニア島のカナク人の研究をしたレーナルト（Maurice Leenhardt）は、カナク人にとっての人格や自己が、西洋社会の個（人）の概念のように周囲から分離独立しているものではなく、周囲の人間や物体、神性といった人間の身体の外側にあるとされるものや他者と切り離すことができないものであることを描き出した。ここでは、自己と他者の間の明確な境界はなく、むしろ

自己とは、他者を介すことで初めて保証されるものである。

　現在の南スーダン共和国に暮らすディンカ人を研究したリーンハート（Ronald Godfrey Lienhardt）は、**精霊や神**によって担保される自己や人間の「こころ」（mind）のありようを指摘している。私たちは、「こころ」とは人間の身体の内側にあるもので、感情とは「こころ」の様々な状態を指すものであると考える。しかし、ディンカにとって、私たちが「こころ」の動きと考える色々な感情は、精霊や神といった他者という外部的なものによる働きである。

　例えば、私たちは、他人に対して抱いてしまうやましさや良心の呵責と呼べる感情は、自己の内側からせりあがってくるものだと考える。それに対してディンカ人は、その「こころ」の状態は、精霊や他者に攻撃された結果生じているものであると考える。ディンカ人は自分自身によってなかなかその「こころ」の状態の原因を明らかにすることができないので、卜占師によってその究極原因を明らかにしようと試みる。場合によっては、**供犠**を通してその原因であるなんらかの〈力〉を、その「犠牲者」から切り離そうと試みる。

　これらの事例から見えてくるのは、人間の内側にあるものとして「こころ」や感情というものを想定することもまた、限られた社会においてのことであるという側面である。つまり、私たちが確固たるものとして想定してきた自己なるものも、実は文化のなかで形成されてきたものなのである。

▮3▮　「かけがえのない自己」の怪しさ

　ディンカと隣接する民族集団であるヌエル（ヌアー）人のあいだで調査をしたわたしも、しばしば自分自身の意志の存在を疑わざるを得ない場面に遭遇した。日々、フィールドノートを片手に、わたしは「それはなぜ？　どのように？」と人々に尋ねてまわっていた。その様子を見ていたヌエルの人たちは、「お前は神か？　人に何かを尋ねて回るのは神の仕事だ」と言う。しばらくしてわたしについたあだ名がグアン・ソアン。これはヌエル語で「問いの精霊に取りつかれた者」の意である。この精霊は、「あれは何？　なんで？」と聞いて回る子どもによく憑くものと言われている。つまり、グアン・ソアンによってなされる質問は、その当人がしたいと思ってしているのではなく、問いの精霊に「させられている」ものなのだという。

このように、わたしが主張する「自己の意思」「自己の感情」は調査のなかで
たびたび否定された。自分の意志で調査に来ていると言えば、「あなたが調査に
来たのは神の意志のため」と言われ、わたしが機嫌よく過ごしていれば、「今日
は何があなたをそんなに楽しそうにさせているの？」と聞かれる。わたしが必死
に自分の意志や感情であることを説明したところで、鼻で笑われるか、無知な子
どもを相手にするかのような説教がはじまるだけであった。

　ある人が怒りをあらわにしているとき、私たちは、その本人の内側にあるも
の、つまり怒り自体や怒りの原因となっている思念について思いをめぐらせる。
しかし、ヌエルの人々がまず口にするのは、怒っている人は「何」あるいは「誰」
によって、あのような状態にさせられているのだろうという疑問である。ここで
は人間の言動は、自身の意志の結果ではなく、何ものかによる働きかけの結果と
して存在しているものであることとして語られているのである。このなかで生活
をしていると、自身の意志なるものはどこにも存在せず、すべては何か大きな力
にゆだねられているような気もしてくる。それまで自分が「かけがえのない自
己」とその意志だと考えていたものは、一体何であったのだろうか……？

■4■　自分ではないものとともにある自己

　「自分とはいったい誰なのか」「自分が本当にやりたいこととは何か」……おそ
らく、このように自分自身の存在や気持ちについて疑ったことのない人はいない
であろう。しかしその問いは、「主体的に生きよ」「自己の責任のもとで行動せ
よ」という日々の命令のなかで、封じ込められてきたに違いない。しかし、わざ
わざこんな命令がなされることが示唆するように、私たちの自己はそんなにしっ
かりしたものではない。よくよく考えてみれば、「魔」が差したり、「虫」の居所
が悪かったりする、つまり自分ではない何者かの力に翻弄されている自己のほう
が私たちに馴染みのあるものではないだろうか。

　もちろん、この時代にあっては、やっぱり主体的に生きる人間のほうが好まれ
る場合が多いだろうし、自己が不在なのでは困るし、「魔が差した」で済まされ
ないことは多々ある。一方で、物事の原因がすべて自己にあるというのもなかな
か苦しい。そんなときにふと、私たちの自己なるものを苦しめている「魔」や
「虫」の正体やその送り主に思いを馳せ、恨んだり呪ったりするのもよいかもし

れない。

（橋本　栄莉）

Further Studies　　あなたの「主体」はどこにあった？　自分の人生の岐路を振り返ろう

これまで、あなたの人生の選択は、果たしてあなた自身の強い意志によってなされてきたと自信をもっていえるだろうか？　あなたが現在「自分の意志」によるものと思っている選択は、本当に「あなたの」選択なのだろうか。これまでの自分の人生の岐路となった出来事や選択を挙げて、それらを決定づけたのは一体何か考えてみよう。親か？世間か？神か？空気か？それともやはりあなた自身？　あなたの「主体」は思わぬところにあるかもしれない。

Book Guide

リーンハート，G.，2019，『神性と経験――ディンカ人の宗教』出口顯監訳，佐々木重洋・坂井信三訳，法政大学出版局

レーナルト，M.，1990，『ド・カモ――メラネシア世界の人格と神話』坂井信三訳，せりか書房

Chapter 3

拾われなかった遺骨の行方

残骨灰を廃棄してもダメじゃない、だけど……

▪1▪ 火葬場に残された父の骨

父が亡くなり、遺体は地元の火葬場で焼かれた。

火葬場、炉前。重々しい鉄製の扉が開けられ、物言わぬ父の遺体が火葬炉に搬入される。親族らと、父に最後の言葉をかけて見送った。母は炉前から離れられずにいた。わたしは母に付き添い、ただ呆けていた。

わずか一時間半後、火葬場職員によって再びギギッと炉の扉が開けられると、かすかな熱気とともに生前の面影も何も感じない骨が現れた。父が死んだ事実を突きつけられたような気がした。

「立派に骨が残ってるね」「健康な人だったから」と皆が口々に言う。喪主だったわたしから順に骨を拾い骨壺に納めた。「拾えるだけ拾おう」と誰かが言った。細かな骨と灰は拾わなかった。

「次（の火葬）がある」との理由で、追い出されるように火葬場を後にした。混乱していたのか、思い返せるのはわずかな言葉のやり取りとツギハギだらけの映像記憶だけだ。でも、その時頭をよぎった疑問は今もはっきり覚えている。

「拾えなかった遺骨、アレ、どうなっちゃうの？」

骨壺を抱えながらマイクロバスに乗って帰路につく間、火葬場に残された「父の一部」の行方についてぼうっと考えていた。

それを「残骨灰」と呼ぶことを知ったのは、後々になってからのことだ。

▪2▪ 飛躍的な火葬の普及で生じた残骨灰

死は普遍的なものであり、**葬送**はあらゆる人間社会でみられる**通過儀礼**のひとつだ。**火葬**、土葬、風葬、水葬、鳥葬など、遺体処理の過程は文化や社会、時代背景によって多様である。日本列島では、中世は風葬、近代までは土葬が主流で、奄美や沖縄諸島では洗骨再葬（複葬）が行われるなど豊かな葬送文化が存在した。しかし現代では、年間死者約140万人の実に99.97％が火葬されている。

同時に、焼骨（以下、遺骨）を拾骨（骨揚げ）して納骨する文化も根付いた。しかし、こんにちのように**葬法**が火葬に一元化されたのは、わずかこの 100 年間ほどのことだ。そしてこの急ピッチな火葬の普及が「残骨灰」と呼ばれる遺骨を生じさせることになった。その背景を辿ろう。

　遺体を火葬した形跡は縄文遺跡からも確認でき、通説では、遺骨を納骨する文化は 6 世紀の**仏教**伝来を機に仏舎利崇拝の観念として伝わったとされる。以来、火葬は皇族や貴族、高僧など一部上層階級に対して行われる葬法となり、11 世紀頃に貴族の間で納骨する文化が広まっていった。

　明治に入り、都市部の人口過密や伝染病予防など生活衛生観念の普及を背景に、土葬から火葬へと葬法の変革が始まる。固形燃料（薪や藁）を使用する火葬場（ヤキバ、サンマイ、ヒヤ）は、寺院境内や集落単位で山野に設けられた。寺院火葬されると、遺骨は一部が拾骨され残った骨灰は隣接する寺院墓地に埋葬された。

　野焼きする場合は、遺骨はその場に捨てられたり、火葬場内の供養塔に納骨された。だが、**法**が整備[1]されると、遺骨の埋葬が義務付けられ、火葬場や埋葬地（墓地）の設置箇所が限定されていく。さらに火葬場への埋葬が禁止されたため、火葬場と墓地が分断された。特に東京府（当時）では、火葬場が墓地から離れた立地に置かれたため、遺骨を火葬場から墓地まで移動させる必要が生じた。[2]ゆえに、関東では全部拾骨（遺骨をほぼすべて拾骨）する慣習が根付いた。他方、近畿エリアでは火葬場と墓地が隣接したまま残り、火葬場内に遺骨を埋葬処理できたため部分拾骨（遺骨の一部のみ拾骨する）慣習が守られている。これは今でも関東圏で口径 7 寸、関西圏で 3〜5 寸の骨壺が普及していることから確認できる。

　遺骨が薪などと交ざり全部拾骨が不可能な野焼きから、重油や灯油・ガスを燃料とした近代的火葬炉では遺骨をすべて取り分けられるようになったにもかかわらず、一部地域では部分拾骨の慣習が変わらず残っている。大まかに言って、その結果、火葬場に「拾骨されない遺骨」＝「残骨灰」が生じることになった。前近代にはそもそも発生しなかったものである。では残骨灰はどこに行くのか？

▓3▓　ご遺骨をぞんざいには扱えません

　残骨灰の行方を追おう。近代的火葬炉で火葬されると、平均して 1 遺体あたり 2kg 程度、服飾品や棺の釘など不純物の混じった残骨灰が生じる。年 140 万人が

火葬されると 2,800 トンになるが、多くの自治体（火葬場管理者）はこの処理を民間の専門業者（産廃処理業者を含む）に業務委託している。例えば業者 A は、残骨灰に溶けて混じる金歯や心臓のペースメーカー、人工骨などから有価金属を抽出して収入を得ているという。残骨灰はカネになるのだ。また、「分別した骨灰は私有地に廃棄している」と打ち明ける。[3] 驚くかもしれないが、決して違法ではない。残骨灰の処理方法を規定する法律や国の統一指針は何もないからだ。

　処理方法は、火葬場の運営主体の定める条例や運営細則に拠り、その条例等は、火葬が普及し始めた時代の 1910 年と 1939 年に下された大審院（現最高裁）判決に準拠している。判決要旨は、①遺族が拾骨しなかった骨灰は**供養**の対象となる「遺骨」ではない、②残骨灰に含まれる有価物は遺族ではなく市町村（火葬場管理者）に所有権が移る、というものだ。したがって、実際には「遺骨の一部」だとしても遺族のものではないし、抽出される有価金属を業者の収入としようが自治体の歳入にしようが問題はない。それに残骨灰は「遺骨ではない」ので、墓地に埋葬する必要もない。廃棄したとしても"ダメではない"のだ。[4]

　注目したいのは、こうした現行法の下でも、残骨灰を弔おうとする業者があることだ。2018 年 9 月、北陸のある寺院で残骨灰の供養会が開かれた。長らく残骨灰の処理業務を引き受けてきた業者有志によって建立された供養塔に、その年に回収した残骨灰が納骨され、僧侶によって丁重に供養された。供養会には、有志の業者と自治体関係者、一般参加者を含め約 60 名が集った。しかしなぜ、費用や時間を負ってまで供養するのか。業者 B の言葉は印象的だった。

　「残骨も、ご遺骨はご遺骨です。たまたま拾われなかっただけ。廃棄してもいいと言われても、ご遺骨をぞんざいには扱えませんよ」。

　残骨灰の供養は、法や条例で求められていない。しかしこの業者らは、たとえ法的に「遺骨ではない遺骨」であっても私費を投じて供養している。その理由は、「産廃処理業界全体が抱えるネガティブなイメージを払拭したい」という意図以上に、「遺骨は丁重に扱うべき」という、長らく遺骨を取り扱ってきた業界関係者ならではの**宗教**的感覚を基盤にしているようである。

　とはいえ、残骨灰が廃棄されるか供養されるかは、遺体がどの火葬場でいつ焼かれ、どの業者が回収するかによって決まるのだ。そこに遺族の選択の余地はない。果たしてわたしの父の残骨灰は、供養されただろうか……。

■4■　遺骨をどう扱いますか？

　あなたの親族の遺骨（の一部）はどこかに廃棄されているかもしれないし、誰かの手によって供養されているかもしれない。この残骨灰処理問題について、もうひとつ、今後焦点となり得るポイントについても触れておこう。実は、残骨灰が供養される方法はほぼ「仏式」に限られている。日本人の多くが仏教式の弔い**儀礼**を行うからだが、神道やキリスト教、新宗教など仏教以外の信者であっても、回収された残骨灰はいずれかの宗派の仏教僧侶によって供養されているのだ。管見の限り、まだ問題提起はされていないが、仏教徒以外からこの供養方法に異議が唱えられる可能性はある。

　さらに言えば、多数派であると思われる仏教徒の遺骨に対する観念も、揺れ動いているようだ。「遺骨ではない遺骨」すら弔う業者がある一方で、火葬場から遺骨を一切引き取らず葬式も埋葬もしない「0（ゼロ）葬」をする人が増えているという。また、樹木葬や海洋散骨といった葬法の流行からは、遺骨を「納骨／保存」する葬法から、遺骨を「自然に還す」葬法への転換も見て取れる。もちろん、散骨される人の残骨灰は、どこかで「納骨」されているかもしれないけれど。

　ここでは日本の遺骨の扱い方を取り上げたが、世界には様々な遺骨の取り扱い方があり、同じ日本でも時代や地域、慣習などによって遺骨の扱い方がダメになったり、ダメじゃなかったりする。それぞれの社会背景や時代状況によって異なる遺骨の扱い方を、あなたはどう考えますか？

（杉田　研人）

注
1)　火葬場の設置基準の通達（1875 年）、現行の墓地埋葬法の基盤となる「墓地及埋葬取締規則」の公布（1884 年）、伝染病死亡者の火葬を義務付ける「伝染病予防法」の制定（1897 年）など。
2)　1915 年時点の全国火葬率は 36.2%で土葬が主流だった。火葬受容プロセスは地域差が大きい。
3)　自治体によっては有価金属の収益を自治体に返還させて歳入の一部としているところもある。また京都市など一部自治体は、市の施設ですべての残骨灰を保管している。
4)　厚労省は残骨灰の処理は墓埋法の枠外としており、環境省は残骨灰を一般廃棄物とも産業廃棄物ともみなせないとしている。

Book Guide

島田裕巳，2014，『0 葬―あっさり死ぬ』集英社／藤井正雄，1988，『骨のフォークロア』弘文堂
日本葬送文化学会，2007，『火葬後拾骨の東と西（火葬研究叢書）』日本経済評論社

Chapter 4

宗教の定義をめぐる問題
信じてない神様を拝んじゃダメですか？

■1■ アナタハ神ヲ信ジマスカ？

　宗教とは個人の信仰にかかわることがらである。現在の日本の**法律**ではそうなっている。したがって、私たちが神社やお寺にお参りするのは、あくまで個人の信仰の表明ということになる。私たちが神社仏閣に詣でる機会といえば、それは典型的には七五三、初詣、法事、地域の祭りなどであろう。ならばそれらは個人の信仰の表明なのだろうか。こう改めて考えてくると、私たちは非常に多くの場合、明確な信仰抜きに神仏を拝んでいることに気づく。七五三や法事は親族のイベントであり、祭礼は地域社会のイベントである。

　難しい言い方をするなら、これらは私的信仰ではなく公的**儀礼**である。もし私たちの神仏への関わりが公的儀礼としての側面に大きく傾斜しているのだとしたら、宗教は個人の信仰に関することがらだという定義は、私たちの現実から大きく乖離していることになる。どうやら私たちが宗教を語る言葉にはねじれがあるようだ。以下ではそのねじれを解きほぐすことを試みてみよう。

■2■ 「宗教は信仰の表現だ」という考えは意外に新しい

　これまで文化人類学の分野では、宗教とは信仰の表現である、という理解の西欧近代的偏向を暴き出し、それを相対化する試みが一貫して行われてきた。例えばラドクリフ＝ブラウン（Alfred Reginald Radcliffe-Brown）は、彼の古典的主著『未開社会における構造と機能』で、西欧近代キリスト教以外の古今東西の宗教のほとんどは信仰の表明ではなく儀礼を通じた社会統合の手段として成り立っていると論じている。一般に祭式の変化は緩慢であるのに対し、教義は短期間のうちに変更されたり忘却されたりする。また個々の祭式の意味については当事者たちの間で解釈の不一致がみられるのも常態である。いいかえれば、教義が変更されようが人それぞれがまちまちな解釈をしていようが、祭式が守られてさえいれば宗教儀礼はそれ自体として成り立ちうるのである。そうであるならば、信仰は宗教

にとって必須条件ではないということになる。宗教は一般にまずもって内面的信仰に基礎づけられるものだ、という理解は、ラドクリフ＝ブラウンの表現を借りれば、西欧近代に起源をもつ「まやかしの心理学」に過ぎない。

　西欧キリスト教圏においてすら、宗教を個人の信仰によって規定する考えが決して普遍的ではなかったことを明らかにしたのがアサド（Talal Asad）である。彼は、宗教改革以前の中世カトリック教会においては、宗教はもっぱら、教会や修道院を中心に展開された社会的規律のことを意味していたのであり、宗教という語がそうした文脈から離れ、個人を動機付ける内面的信仰の問題として再定義されてきたのは、宗教の基礎を（教会の権威ではなく）個人の信仰に立脚すべしと説いた宗教改革以降のことに過ぎないと指摘する。

　私たちは今、「○○教を信仰する」という言葉を当たり前のように使う。しかしこうした用語法も実はかなり新しい。宗教というのはそこに没入する人にとってはむしろ客体化されにくい。カントウェル・スミス（Wilfred Cantwell Smith）によれば、西欧においても、**キリスト教**という呼称が一般化するのは 18 世紀末以降であるという。これは、カトリック教会による独占が崩れて宗教の多元状況が常態化し、しかも人々が宗教現象に一定の距離を置いて接するようになって初めて、可算名詞としての宗教（a religion）が成立したことを意味している。

　日本を含むアジアに宗教という概念がもたらされたのは、近代に西欧列強が覇権を握る国際システムに組み込まれてからである。したがって、そこで導入された宗教概念というのはまさに、個人的信仰の対象である可算名詞としての宗教、つまり「○○教を信仰する」という言明に似つかわしく加工を施された西欧近代に特有の概念だったのである。

■3■　タイ国の山地から

　次にわたしの**フィールドワーク**の事例を見てみることにしよう。わたしがフィールドワークを行ってきたのは、タイ国のラフという山地少数民族の村落である。ラフにおいては、伝統宗教はあくまでオリと呼ばれる慣習システムのなかに埋め込まれていて、宗教だけを取り出して対象化する呼称がない。オリというのは、**神**や祖先を祀るしきたり、村の慣習法や親族関係のしきたり、あるいは人間関係一般の礼儀作法などをすべて含んだ雑多な概念であり、それぞれの民族は

固有の慣習のセットすなわちオリをもっているとされる。一方、オリによってラフの内部を分類する方法もある。ラフの宗教にはいくつかの予言者の流派があり、それぞれ予言者の名をとって「Aのオリ」「Bのオリ」（A、Bは予言者の名前）と呼ぶ。その信者たちはそれぞれ「Aの子ども」「Bの子ども」と呼ばれる。

　ところで、慣習としてのオリは、「信じる」ものではなく「着る／使う」ものとして言及される。例えば相手の宗教をたずねるときには、「あなたは何を信じるか」ではなく、「あなたは誰のオリを着る／使うのか」という表現が用いられる。その答えとしては、民族名をとって「○○人のオリを着る／使う」というものがありうる。これは、「着る」という表現が示しているように、民族衣装によって人々を分類する方法に限りなく近い。また一方で、予言者の名前をとって「Aのオリを着る／使う」という場合、それはその人の予言者運動の流派への帰属を表示するものとなる。

　現在のラフにはキリスト教徒も多く、タイ国内ではラフ人口の4分の1から3分の1がキリスト教徒になっていると見なされている。聖書の影響から、キリスト教徒は神に接する際に「信じる」という語をよく用いる。しかしここで興味深いのは、キリスト教を指す語が存在しないという事実である。もちろん**仏教やイスラム教**といった語も、ラフ語の固有語彙としては存在しない。あるのは「ボヤ（祝福の子ども＝キリスト教徒）」「仏像を拝む人／ろうそくをともす人（仏教徒）」や「パシー（イスラム教徒）」という言葉のみである。したがって、「わたしはキリスト教を信じる／彼はイスラム教を信じる」という言明は、ラフ語の文脈では成り立たない。そうした問答は、「わたしはボヤである／彼はパシーである」という、人間分類の用語に変換されて展開されることになるのである。ラフにおけるキリスト教布教は20世紀になってから開始されているので、そこで持ちこまれたキリスト教は西欧近代の変形を受けてから輸出されているはずなのだが、それでもラフ語の語彙世界に組み込まれるなかで、客体化された宗教への個人的信仰という要素が後景に退いていくのである。

■■ 4 ■■　無信仰は正しい？

　ここで見たタイ国の事例というのは、あくまで発展途上国の山奥の出来事だと思われるかもしれない。しかしそうした結論を急ぐ前に、日本での私たちの身の

回りをもう一度振り返ってみよう。私たちが七五三や初詣で神社にお参りするのは、神道を信仰しているからなのか？　日蓮宗や浄土真宗の法事に参加する人は、日蓮宗や浄土真宗への信仰を表現するためなのか？　ひょっとするとそうかもしれないが、そうではない人のほうが多いだろう。実際に私たちは、「わたしは日蓮宗を信仰します／彼は浄土真宗を信仰します」と言う代わりに、「うちは日蓮宗です／彼の家は浄土真宗です」という表現のほうを多く用いているはずである。また神社についても、「わたしは八幡さんを信仰します／彼は天神さんを信仰します」というよりは、「うちの地区は八幡さんの氏子です／彼の地区は天神さんの氏子です」という表現のほうが一般的である。結局のところ私たちは、神仏を拝む局面で、客体化された宗教に対する個人的信仰を表現しているように見えて、実は集団帰属の区分を主に争点にしているのである。

　にもかかわらず、明治維新以降の日本の先人が religion という語を宗教として翻訳していく過程で、西欧近代特有の、個の信仰に軸足を置く宗教理解もまた導入され、定着していった。もちろんこれは日本の宗教的土壌と大きく乖離している用語法であるから、この用語法をもって人々の信仰をたずねた場合に多くの人が面食らってしまうのも想像に難くない。様々な調査で日本人は「無信仰／無宗教」が最大多数を占めるという結果が出ているが、宗教という言葉の輸入に伴うねじれを考えれば、これはある意味で当然ともいえるのである。

（片岡　樹）

Further Studies　　公的行事への神職の関与は合憲か違憲か？

公的機関による地鎮祭への公金支出に関し、その合憲性を争う裁判の判例を調べ、合憲判決、違憲判決それぞれの場合において、宗教がどのように定義されているかを比較してみよう。

Book Guide

アサド，T.，2004，『宗教の系譜――キリスト教とイスラムにおける権力の根拠と訓練』中村圭志訳，岩波書店

阿満利麿，1996，『日本人はなぜ無宗教なのか』ちくま新書

磯前順一，2003，『近代日本における宗教言説とその系譜――宗教・国家・神道』東京大学出版会

キーワードリスト

イスラム教　弘：52-、丸善：452-453〔信じる　イスラーム教〕

火葬　民俗：128-129

神　弘：163-

キリスト教　弘：210-、丸善：450-451〔信じる　キリスト教〕

儀礼　弘：213-、キー：98-、丸善：406-〔癒やす　儀礼と再生〕

供儀　弘：221-、丸善：446-447〔信じる　供犠〕

供養　民俗：178-179〔供物〕；326〔祖霊〕；343-344〔祟り〕

自己　最新：80-81、丸善：484-487〔交わす　身体と感情〕

祭司　弘：296-〔祭司〕

宗教　弘：349-、最新：156-157〔プラクティスと信仰〕、20：126-143〔象徴人類学〕、丸善：266-269〔伝える・記す　信仰の伝播〕；434-435〔信じる　宗教〕

人格　最新：80-81〔自己〕

精霊　弘：417-

葬送　民俗：315-316〔葬送儀礼〕；430〔墓〕；481-482〔墓制〕

葬法　弘：429-〔葬制〕、民俗：319-320；128-129〔火葬〕；314-315〔葬儀屋〕；315-316〔葬送儀礼〕；430〔墓〕

血の穢れ　弘：615-〔ハレ・ケ・ケガレ〕、民俗：181-184〔ケガレ〕、20：231-248〔ジェンダー論〕、キー：96-97〔聖と俗〕

通過儀礼　弘：489-、最新：84-85〔象徴的逆転〕、民俗：358-361、20：126-143〔象徴人類学〕

難民　⇒本書第5部キーワードリスト参照

農牧民　弘：575-〔農耕・農耕文化〕；699-〔牧畜・牧畜文化〕、キー：54-55〔牧畜〕；56-57〔農耕〕

花嫁代償（婚資）　弘：602-〔花嫁代償〕、民俗：584-585〔結納〕

フィールドワーク　弘：641-、20：320-337〔民族誌論〕；338-355〔実践論〕、キー：2-3、丸善：706-711〔学ぶ　フィールドワーク〕

仏教　弘：652-、民俗：460-463〔仏教民俗〕、丸善：456-457〔信じる　仏教〕

法　弘：739-〔未開法〕、最新：166-167〔法と正義〕、キー：154-155〔法と慣習〕、丸善：562-563〔治める　法整備〕

卜占　弘：95〔占い〕

第7部

ジェンダー

Chapter 1

儀礼の変化
女性が儀礼を執り行ってはダメですか？

▪1▪ ジェンダーによるタブー

　日本では、男女雇用機会均等法以降、女性の就業を促す政策が続く。しかし、その一方で、女性が相撲の土俵に上がるのを忌避するようなことも起きる。**ジェンダー**による**タブー**は根強い。

▪2▪ 宗教とジェンダー

　宗教にはジェンダーによるタブーなどが数多くある。修験道（しゅげんどう）の山や大相撲の土俵で女性を排除する「女人禁制」はその一例である。むしろ、宗教にジェンダー差別が集約的に表れているともいえる。宗教はジェンダーをつくり出し、ジェンダー差別を助長するものでもある。

▪3▪ ミエンの従来の儀礼と女性の参入

　タイの山地民ミエンの**儀礼**は、道教・法教[1]系儀礼と、ミエン独自の神「盤王」を祀る盤王祭祀と、雑多な神信仰との習合的なものである。ミエンの従来の宗教職能者には以下の分類がある。**祭司**は、①簡単な儀礼を行える祭司、②天上の神に祈願文を送る儀礼（半日かかる）を執行できる祭司、③神々の画像を掛け多くの神を勧請し、2日以上かかる大がかりな儀礼を執行できる祭司の3種である。これらはすべて男性である。①の祭司が執行する儀礼は短く、大方の祭司は経文を暗誦している。しかし、②と③の祭司の儀礼は長く、経文を読誦することになる。また、②③の祭司の儀礼は儀礼語という特殊な言語を用いる。

　それぞれの儀礼には、漢字で書かれた経文が用いられる。神に祈願を上奏する文書の中で、祭司は自らのことを称して「太上奉行北極駆邪院伝通閭梅二教三戒弟子」と表現する。これは、ミエンの奉じている宗教が法教の閭山教（りょざん）と梅山教（ばいざん）の二教の習合であることを明言しているのである。この祭司のほかに**シャマン**がいる。神霊を降（お）ろし、**託宣**（たくせん）、祓除（ふつじょ）、浄化を行う。従来は、祭司とシャマンいずれも

男性のみであった。しかし、祭司の数はかなり減少している。パヤオ県のP村では、1988年に24名いたのが、2018年時点では12名と半減している。

　ミエンの儀礼では、男性中心主義的傾向が強い。先に述べたように、儀礼を執行する宗教的職能者は男性である。また主催者として儀礼の場に参列するのも、儀礼後の**宴会**の正式の席に着くのも男性のみである。漢字を学ぶのも、従って漢字経文を読めるのも、儀礼語を知るのも学習機会のある男性のみである。このように、儀礼に主体的にかかわるのは男性だけというのが従来の儀礼の体制であった。しかし、漢字を読み書きできる男子が激減し、継承の危機にあるため、「将来、ミエン式の葬式は出せなくなる。わたしが死んだらどうなるのか？」という嘆きが聞かれるようになった。

　このような、儀礼に男性が独占的にかかわる状態に対して、2000年代以降、女性がシャマンとして儀礼を執行するという宗教現象が起きた。これは先に述べたことを踏まえれば、驚天動地のことであった。それだけではない。ミエンの村に固定的祭祀施設〈廟〉がつくられた。これまで焼畑耕作に伴って移動をくり返してきたミエンは、神社や寺のような固定的祭祀施設をつくってこなかった。儀礼は個人宅で行われるのが、原則であった。それが固定的祭祀施設をつくるようになったのである。これもタイのミエンにおいては空前のことであった。そのような〈廟〉で女性シャマンたちは**降神**して〈歌〉を唱い、儀礼を行っている。このような女性シャマンが活躍する〈廟〉は少なくとも2か所あるが、ここではチエンラーイ県のHCP村の〈廟〉の例を見てゆこう。

　降神したシャマンは〈歌〉を唱って儀礼を執行するが、この読経とは異なる〈歌〉が女性の儀礼執行への参入の鍵となっている。漢字経文を読めなくても儀礼を執行できる途が開けたのである。シャマンが**トランス**に入り、降神することを〈入陰〉という。神が降りてくると動悸が速くなったり、手足が冷える、身体が熱くなるなどと身体的変化を述べる人が多い。女性シャマンが〈入陰〉しているときには、貧乏揺すりのように脚が小刻みに震えている。〈入陰〉時の神の作用は以下の通りである。①降神して、シャマンに儀礼のやり方、唱え言の歌を教える。シャマンは〈入陰〉して盤王・唐王に対する儀礼や道教・法教の儀礼を神の指示のもとに行う。唄わない神もいる。その場合は儀礼の所作だけである。②シャマンの口を借りて、神が直接託宣する。歌の場合も口語の場合もある。③シャマ

表 1　従来の儀礼と〈廟〉における儀礼

	祭司が執行する従来の儀礼	HCPの〈廟〉における儀礼	
儀礼執行者	男性祭司	女性シャマン（圧倒的多数）	
		男性祭司（降神して司祭）	
降神	しない	する	
儀礼執行者の類型	Priest(祭司)	Shaman(シャマン)	
		Shaman-priest(シャマン祭司)	
唱え言	経文(テクストあり)の読誦	歌(テクストなし)	
	漢字知識が必要	漢字知識は必要なし	
言語	*Tsiə waa*儀礼語(「広東語」)	*Dzuŋ ɲei waa*　歌謡語(文語)	
	*Khɛʔ waa*漢語雲南方言		
	*Miən waa*ミエン口語	*Miən waa*ミエン口語	
祭神	〈大堂画〉の神々(道教・法教)	老君	
	〈玉帝〉	郎老	
	道教・法教テクストに登場する神々	伏羲姉妹	口承伝承と道教法教テクスト以外のテクストにおける神々
	祖先　師父	七姐	
		太白先生	
		観音父母	
	盤王・唐王(盤王祭祀儀礼テクスト、像なし)	盤王・唐王(像あり)	

の身口を借りて神が直接儀礼を行う場合もある。〈歌〉は、口語とは異なる語彙体系の歌謡語を用いる。したがって歌謡語を知らないと〈歌〉は唄えない。普段は歌を唄えない（歌謡語を知らない）が、〈入陰〉すると唄えるようになると述べる女性シャマンが多い。歌を唄えることが〈入陰〉の徴となり、それ故に儀礼執行の正当性を示すことになるのである。普段でも歌を唄える人もいるが、少数である。HCP村の〈廟〉に集う女性シャマンは2016年初頭の時点で二十数名であったが、その後も増えている。

　新しい儀礼において女性シャマンが行う儀礼は、いくつかの種類がある。①クライアントの霊魂の強化儀礼（祭壇・供物無し）、②祭壇・供物を伴う祭祀儀礼、③クライアントの相談に対して、降神して歌唱し託宣を伝える儀礼などである。女性シャマンの行う儀礼は治療儀礼や相談に対する託宣、強化儀礼などで、従来の男性祭司が行う儀礼の重要なものとは重ならず、男性祭司の減少に対応したマイナーな儀礼の需要を補足的に満たしている。

　従来の男性中心的な儀礼と、HCP村の〈廟〉（ミゥ）における女性シャマンの儀礼とは、①性別：男性／女性、②降神：しない／する、③儀礼執行者の類型：祭司／シャマン・シャマン祭司、④唱え言：読経／歌唱、⑤言語：儀礼語／歌謡語、⑥

主な祭神：道教・法教の**テクスト**にある神／口承伝承や雑多なテクストにある神と、対照的な特徴を示している（表1）。儀礼執行に歌唱という新たな方法が導入され、漢字テクスト読誦の必要がなくなった。さらに、神が降り儀礼を執行する方法を導入したことによって、女性の儀礼参入が可能となった。このように、従来の儀礼のニッチを埋めるかたちでジェンダーの壁を崩したのである。

■4■　ジェンダーの壁の乗り越え方

　宗教におけるジェンダーの壁を乗り越える試みはミエンに限らずみられる。上座部仏教社会では、出家して僧侶になれるのは男性だけであったが、女性も出家できるようにする動きが生じている。日本でも女人禁制の存否が論議されている。このように正面からジェンダータブーを変えようという動きのほかに、ミエンの女性シャーマンのように、男性中心主義的な儀礼体制がカバーしていない要素を取り込むことで巧妙にジェンダータブーを回避した例もある。宗教のジェンダーの壁に対する抵抗のかたちは様々であるとともに、このような抵抗とそれに対する対応を通じて、「伝統的」なジェンダータブーも変化するのである。

（吉野　晃）

注）
1)　法教は、道教と共通する要素をもつが、より呪術性の強い中国の民俗宗教のことを指す。

Further Studies　宗教によるジェンダータブー

日本における宗教によるジェンダータブーには、どのようなものがあるだろうか。また、ほかの社会ではどのようなジェンダータブーがあるだろうか。調べてみよう。

Book Guide

宇田川妙子・中谷文美編，2007，『ジェンダー人類学を読む――地域別・テーマ別基本文献レヴュー』世界思想社
川橋範子・小松加代子編，2016，『宗教とジェンダーのポリティクス――フェミニスト人類学のまなざし』昭和堂
田中雅一・川橋範子編，2007，『ジェンダーで学ぶ宗教学』世界思想社

Chapter 2

保健活動と性
人前で話題にしてはダメなこと

■ 1 ■ 性と医療の普遍性と個別性

　文化人類学は普遍性と個別性を考慮する。**セックス、ジェンダー、セクシュア
リティ**という**性**の概念化も、人類の性には同じ生物種としての普遍的な特徴と、
文化と結びついた多様で個別的な特徴があるという前提で通常なされる。

　普遍性と個別性は医療でもみられる。私たちの**健康**は、血圧や脈拍など生物医
学の普遍的な基準によって判定される。その一方、世界各地には健康を判定する
様々な独特の個別的な基準もある。医療をめぐる普遍性と個別性は時には対立す
ることもあり、医療現場で顕在化しやすい。また保健活動では、性の扱い方や捉
え方をめぐって普遍性と個別性の間の緊張関係がみられる。

■ 2 ■ 保健活動と性

　性は保健活動において重要な事柄である。性感染症や家族計画などは性と切り
離して考えられないからである。性感染症であるHIVの主な感染経路は性交渉
である。感染を抑えるには感染経路の遮断が効果的であり、性交渉におけるコン
ドーム使用が推奨される。家族計画ではどのタイミングで子どもをもとうとする
か、避妊するかどうかについて夫婦間の意思の齟齬が問題となる。これらはジェ
ンダーやセクシュアリティといった性に関する現地社会の考え方と密接に結びつ
いている。

　感染症対策や家族計画は各国で大きな成果をあげたが、十分な効果が得られな
かった場合もある。例えばHIVが蔓延したウガンダで感染対策が始められた際、
コンドーム利用が推奨され無料配布も行われたが、夫婦や恋人同士であまり使わ
れなかったという。ウガンダでコンドームの利用は「特定の決まった相手ではな
い人」との性行為という意味をもっていたからであった［Pool and Geissler 2005：
65］。

　性行為は文化や社会を越えて普遍的に行われているが、それを取り巻く考え方

や価値観は各地で多様である。疾病予防対策は、生物学的に普遍的な有効手段が立案される。だがそれを現場に移植したとき、その場に根付く独特の考え方によって思わぬ反応を受けることもある。パプアニューギニアのテワーダの人々の事例を見てみよう。

▓ 3 ▓　テワーダと村落保健

　わたしが 2002 年から 2004 年まで長期調査をしたテワーダの人々の間では、性の話題は人前ではばかられるものだった。彼らは都会から離れた奥深い山の斜面に村をつくり、イモやバナナの栽培中心の自給自足の生活を営む。村には簡易診療所があって簡単な傷の手当てや薬の配布が行われていた。ヘルスワーカーは 50 歳代の男性であった。

　当時、彼らがテレビや雑誌に触れる機会は少なく、学校教育を受けた経験者もほとんどいなかった。性に関しても外部の影響は比較的少なく、現地独特の考え方が保持されているようにみえた。

　彼らの性の捉え方の特徴は、男性（wako）と女性（apaki）がまったく異なる世界をつくっている点である。子どもの頃から男の子は小さな弓矢で遊ぶ一方、女の子は畑作りや料理のまねごとをするといった具合である。そして、男性に生まれた人は男の**成人儀礼**（瀉血儀礼など）を通じて「男になり」、同様に女性に生まれた人は女性としての儀礼的手順を踏んで成長する。

　夫婦の仲は良好であることが多く、妻が畑仕事で不在中、夫が幼子を抱いて子守する様子もよく見られた。だが兄弟姉妹同士も含め、公衆の面前で若者男女が親しく会話をする様子は一切見なかった。総じて男女は日常的にも距離のある関係であった。それはわたしのような外来者にとっても同様で、男性のわたしは女性の話の輪になかなか加われなかった。特に未婚の若い女性と雑談する機会はほとんどなかった。年配女性とは雑談することはあっても、性とかかわる話題はなかったし、またそうできる雰囲気もなかった。

　そのため男性と女性の象徴的な対立関係とかかわる観念について、わたしは男性の語る情報しか収集できなかったわけであるが、彼らには男性と女性を明確に分ける考え方がみられた。男女は〈上方〉〈下方〉、〈清浄〉〈不浄〉という対立で捉えられている。さらに、男性の健康は体内の血液の状態が正常であることで維

持されるが、女性がもつ経血に由来する「汚染物質」の影響を受けると血液の状態が悪化するという。男性の身体は、女性に直接触れたときだけでなく、日常的な食べ物の受け渡しや家屋のドアなど同じ場所に触れても、女性の「汚染物質」の影響を受けるという。男性と女性とは別の世界を生きているといえるほど、男女で異なった生活世界がつくられていた。

　男女間では保有する知識が異なり、性行為に関する知識もそのひとつであった。もともと彼らの間では、性を婉曲的に取り上げた民話をのぞき、子どものでき方や性行為の進め方など性に関する情報は、結婚儀礼時に年配男性が新郎に授ける秘密の情報であった。婚前の性行為も厳しく禁じられていた。もっともわたしの調査時には、若い男性たちが性行為に関する情報交換をするようになっていたし、婚前交渉も行われるようになっていた。だがそれでも、性行為に関する話題は相変わらず秘密の事柄であった。性行為に関する聞き取り調査も、夜中に友人の男性に来てもらって2人でこっそりとやったのである。

　こうした社会にあって、村落保健ではあからさまに性が話題となっていた。ヘルスワーカーは時々、州政府の保健局が開く講習会に参加し、村に帰ったあと自分でも講習会を開き、習った内容を村人に教えていた。

　2003年にわたしは、州政府の講習をもとにヘルスワーカーが村で開いたHIV予防教育の講習会に参加したことがあった。ヘルスワーカーは、村中央の広場に村人を集め、文字の読めない人向けに作成されたポスターを2人の若者に持たせ、自分はペニスの形をした木製の模型を持ってコンドームの使い方を説明し始めた。その場には男女とも、また若者も老人もいた。彼が説明をすればするほどその場の雰囲気が変わった。村の集会では、発言者の話の合間に参加者から合いの手や質問が入れられる。だがこのとき、年配男性は無表情で黙ったまま、若者

テワーダの講習会

男性は薄笑いを浮かべてやはり無言であった。若い女性はうつむき、幾人かの年配女性は大笑いで騒ぎ立てていた。40分ほどたったあと、ヘルスワーカーが大声で言った。「とにかく私は講習会で習ったことを全部言ったぞ！　教えろと言われたからやったのだ！」。こうして講習会は終った。人前で、

特に男女が多く集まる場で性が話題となったことは、人々を困惑させたのである。

　後日、ヘルスワーカーと話したとき、彼はわたしに「政府の人が『やれ』ということをこの村でやるのは難しい」といったことをこぼしていた。講習会でのコンドームの利用推奨の情報伝達は、テワーダの人々のもつ性に関する捉え方と対立していた。政府の保健政策は医療の知見を前提としている。その意味で、ここにも性をめぐる普遍性と個別性の対立がみられたのである。

■4■　性の医療化

　性の情報はもともと密かに回覧されていたが、現在、村落保健の場では正面から扱われるようになった。この変化は、本来子どもの再生産といった意味が強く、医療とかかわらない事柄であった性の事柄、特に性行為を医療の文脈に入れ込むことである。この過程は「性の医療化」ともいえる。

　パプアニューギニアの多くの社会では男女のジェンダーは明確に区別され、互いの知識の交換は希であり、性の情報も隠されている。HIV予防講習会はその観念に反する行為であるため、トラブルが生じたことがテワーダ以外の社会でも報告されている。パプアニューギニア以外にもこうした地域はあるだろう。性の医療化をめぐる普遍性と個別性との緊張関係にも注意する必要があるといえる。

（田所　聖志）

Further Studies　　**海外での保健活動**

国際医療保健学会は大学生向けのネットワーク「国際医療保健学会学生部会」をつくっている。海外での保健活動に興味をもった大学生はウェブサイトを見たり、実際に部会に参加したりしてみよう。(https://jaihsstory14.jimdofree.com/)

Book Guide

新本万里子, 2018,「生理用品の受容によるケガレ観の変容——パプアニューギニア・アベラム社会における月経処置法の変遷から」『文化人類学』83（1）：25-45
———, 2019,「パプアニューギニアにおける月経衛生対処に関わる教育と女子生徒たちの実践——月経のケガレと羞恥心をめぐって」『国際開発研究』28（2）：35-49
浜本満・浜本まり子共編, 1994,『人類学のコモンセンス——文化人類学入門』学術図書出版社

Chapter 3

ニューギニア高地社会の「男らしさ」
モテなくてはだめですか

■1■ 「モテ」と「男らしさ」

　異性からの人気のあるなしに関し、日本には「モテ」という言葉がある。モテとは、「恋愛対象とする性別の人から、性的ニュアンスを持って優遇されること、もてはやされること」といった意味で使われる［鈴木 2008］。「非モテ」はその逆だ。一見すると、モテという現象は自由恋愛ができる社会でみられ、結婚が当事者以外の人物、例えば両親や親族によって取り決められる社会にはみられないと思われるかもしれない。だが、類似した現象は様々な社会でみられる。例えば、南米先住民のアチェでは、狩りが上手であることは男性にとって一人前の証であり、狩りのうまい男性ほど女性を惹き付けたという［Hill and Kaplan 1988］。

　「モテ」という異性を惹き付ける魅力の度合いは、「男らしさ」「女らしさ」といった、その社会でよいとされる**ジェンダー**の規範と結びついており、それは社会的・文化的につくられる。

■2■ ニューギニアの「男らしさ」と身体観

　それを示す極端な事例は、ニューギニア島の一部の社会でかつて行われていた制度化された「**儀礼**的同性愛（ritualized homosexuality）」である。この慣習は、年長者の男性が年少者の男性に精液を分け与えるというものである。その方法は社会によって異なり、フェラチオやアナルセックスといった直接的な方法や、精液を身体に塗ったり精液の含まれる食べ物を摂取したりといった間接的な方法、精液に見立てた食べ物をとるという象徴的な方法が知られている［Herdt 1984］。

　この慣習は**成人儀礼**の一部であり、子どものカテゴリーにある男児を男性というカテゴリーへ移行させる実践である。ニューギニア高地の多くの社会で、男性は3～6段階ほどの年齢階梯に基づく**年齢集団**に分けられていた。男児が7歳頃になると最初の儀礼が行われ、その後、一定の年齢に達するごとに上位階梯に移行する成人儀礼が行われた［Herdt 2006］。

144　第7部　ジェンダー

儀礼的同性愛の実践の基本的な考え方は、男性の身体の成りたちについての考え方、つまり身体観とかかわる［杉島 1987］。こうした社会では男性と女性の身体の違いが強調される。女性の活力源は血液であり、血液は食べることで増やせるため女性はいわば自然に成長できる。一方、男性の活力源は精液とされる。だが、彼らの考え方によると、精液は

パンダナスの実

身体の中で作り出せないため、男性が成長するには外部から人為的に精液を入れる必要がある。それを実現するのがこの儀礼なのである。また、日常的には、精液と色が類似するため力のある食べものとされるパンダナスの白色の実を男性たちは頻繁に食べるという。

男性が成長して「男らしさ」を身につけるには、こうした精液の獲得に加え、身体のなかの女性の経血に由来する「**穢れ**」を取り除く必要もある。女性の身体には、経血に由来する「汚染」された物質があり、それは男性の身体にとって有害なものであるとされる。男児の身体には、胎児のときに得た母親の血液がとどまっているという。そのため、成人儀礼では、鼻腔を植物の茎で傷つけて瀉血し、母親の穢れた血を排出するという瀉血儀礼も行われた。

なお、儀礼的同性愛と呼ばれたこの実践は、性愛表現ではなく儀礼的行為であることから、現在では「少年の精液摂取儀礼（boy-inseminating rites）」という術語の修正が提案されている［Herdt 1993］。

▥ 3 ▥ ひとり身の男性たち

ニューギニア社会では、「男らしさ」の獲得が男性たちに求められる。その延長に結婚がある。もともと結婚は成人儀礼の一部でもあった。結婚は従来、両親の取り決めでなされた。現在は自由恋愛も増えているが、結婚は依然として「男らしさ」および一人前の規範と結びついている。

2002 年にわたしが調査を始めたパプアニューギニアのテワーダの人々もそうした規範をもっていた。そこでわたしは 40 代後半で未婚の M という男性と知り合った。M は気さくな人で、様々な事柄を話してくれた。わたしのインフォー

マントのひとりであった。

　彼は弟や母をはじめ親族から結婚するよう再三促されていた。だが、彼は耳を傾けず、独身を貫いていた。その理由を彼はこう語った。「結婚したら子どもが生まれて養わなければならない。ひとりだったら、タバコを吸うにも一人前の量だけ取ってくればいいし、イモを食べたくなったら食べたいだけ畑から採ってきて料理し、全部自分だけで食べられる。妻子がいたら、大きな畑を作らなければならない。ひとりだったら、つくりたいだけの畑を作ればいい。全部自分の好きにしていい」。

　「男らしさ」を追求しない気ままなMだが、孤立してはいない。兄弟姉妹、甥や姪、母親など、親族が時々彼の住まいで寝泊まりし、彼の畑仕事も手伝っていた。他方、Mも畑仕事の手伝いなどでお返しをしていた。Mは親族への義務を果たしている。

　また、2013年からニューギニア高地のフリの人々のあいだで聞き取りを始めると、やはりそこにも、歳を取って未婚のままでいる男性がいた。レバニ渓谷で出会ったTという70歳前後に見えるおじいさんである。レバニ渓谷は山奥であったが、多くの人々はTシャツやズボンなどの洋服を着ていた。Tは上半身に着古したシャツを着て、腰から下は樹皮布でつくられた在来の衣装を身につけるという変わった格好をしていた。

　レバニ渓谷では男女が別々の家に住んでいた。男性たちは男子小屋に共同で寝泊まりし、女性と子どもは夫の建てたそれぞれの「女の家」に住む。妻子のいないTはもちろん男子小屋に住む。Tは若者男性たちに人気があった。ニューギニア高地の年配男性は、気さくで冗談をよく言う人が多い。Tもそうだった。

　若者たちは「Tは結婚していないのだ」としきりに私に伝えてきた。本で読んだ女性の「穢れ」の話をふっと思いだし、私は「長生きなのはなぜですか」とTに訊ねてみた。すると、「結婚していないから、女たちと一緒にいないので私は長生きしたのだ」という返答が返ってきた。レバニ渓谷では高齢に達するまで生き抜く者はごく少数であり、Tはそのひとりなのである。

　MにしてもTにしても、「男らしさ」が強調されるジェンダー規範のすきまを生きている。Mは自由や気ままな生活を手に入れ、Tは（科学的な根拠はともかく）長生きを手に入れた。「Mはもう歳取ってしまったから結婚しようと思う女

性はいない」と別の男性たちは語る。だが、モテなくても一向にかまわない。生きていける。ありうる生き方のひとつである。

■4■ 「儀礼的同性愛」の現在

儀礼的同性愛＝少年の精液摂取儀礼を今でも行っている集団があるとわたしは聞いたことがない。この慣習があった地域で調査した研究者は「現地の人々はこの慣習があったことをあまり話題にしたがらない」と言う。この慣習は、新しい価値観の流入した現代を生きる人々にとって話しにくい事柄であるようだ。

以前、この慣習があったある地域を短期間訪れ、男子小屋に入ったことがある。そこでわたしは、屈強な男たちがこぞって小さなパック入りの牛乳を飲む様子に出くわした。彼らは「牛乳は身体に力を与えるのだ」という。牛乳は白い。これは昔の慣習の名残だろうか。だが、真相はわからずじまいである。

（田所　聖志）

Further Studies　　現代の「男らしさ」と「女らしさ」を瞥見する

インターネットの検索サイトで、「男らしい」「女らしい」という語を画像検索し、その結果のいくつかのウェブサイトを見てみよう。上半身裸の筋骨隆々とした男性、スカートを履いた女性などがでてくるはずだ。余力があれば海外サイトでも検索してみよう。

Book Guide

小谷野敦，1999，『もてない男――恋愛論を超えて』ちくま新書
浜本満・浜本まり子編，1994，『人類学のコモンセンス――文化人類学入門』学術図書出版社

Chapter 4

移民女性とジェンダー
「女は外、男は内」じゃダメですか?

▪1▪ 家事・育児は元々女性の仕事なのか

　みなさんの家で家事・育児を主に担っているのは、お母さんとお父さんのどちらだろうか。おそらく母親が担っているという家庭が大半だろう。そしてこれは日本に限った話ではない。

　ここでもう一つ、中国朝鮮族の話をしてみよう。一家族4人がどこかに行く風景であるが、妻は子ども1人を負んぶし、もう1人の子どもの手を引き、頭には小包を載せて急いで歩いている。ところが、夫は両手を後ろに組んで、口に煙草を銜（くわ）え、ゆっくりとついていく。多少の誇張と揶揄（やゆ）を交えた冗談話ではあるが、これがまさに朝鮮族家族における夫と妻のあり方を反映するものであるといえる。

　どこか日本と違うようで、また似たところも多そうな夫婦像であろう。このように、日常的感覚として、私たちは「男は外、女は家」、「男は仕事、女は家事」というジェンダー化された役割分業観をわりと広く共有しているのである。

▪2▪ 家庭内の性別分業をめぐる議論

　ジェンダーとは、「社会・文化的性別」で、「生物学的性別」と区別される概念である。そのため、ジェンダーは社会によって多様なものであり、また同じ社会のなかでも時代ごとに異なる様相を呈する。異論はあるものの、ミード（Margaret Mead）のパプアニューギニア3部族に関する議論は、その代表的なものである[Mead 1935]。

　したがって、いわゆる「男らしさ・女らしさ」も文化的に規定される男女の差異やあるべき姿であり、ほとんどの社会の人々が自分の属している文化がつくり上げたジェンダーの期待に応えるかたちで実践を重ねていくのである。そして、逆説的ではあるが、そのような実践の蓄積がまた当該文化における理想的な「男性像」「女性像」を創出する。

　伝統的な朝鮮民族の家族において、夫は外での仕事、すなわち家計を支える主

収入の獲得を担当し、女性は家の中の仕事に従事すべきとされていた。したがって、夫は「外の人間」（바깥사람）、妻は「内の人間」（안사람）と呼ばれるように、家庭における**性別分業**がはっきりと区別されていた。また、家族生活において夫が中心的位置を占め、「勤勉・献身的で、賢く・従順な」妻のイメージがつくり上げられた。

　一方、1949年以降の中国では、社会主義建設と男女平等理念の実現を目標に女性の就業が促進され、夫婦の共働きが一般的となった。しかし、そのような国家の制度、政策などが家庭生活にまで直接的な規制ができなかったため、朝鮮族の従来のジェンダー観は私的領域を中心に継続された。つまり、共働きであるにもかかわらず、女性は家事労働の大部分をひとりで担っていたし、それに対して男性はもとより女性自身も当然と考えていたところに、慣習化された性別役割分業の機能が潜んでいたといえる。そのことは、「家事をする男は細かすぎる」「家事は大の男のするようなことではない」など、家事が男性性に与える否定的評価と、「家の仕事がちゃんとできないのは女らしくない」「夫に家事をやらせる女は夫を見下している」など、家事をこなせない女性に与える否定的言説からも見てとれる。

　1990年代以来、中国朝鮮族の海外出稼ぎ労働者のなかで女性の数は常に全体の50％前後を占めている［韓国法務部出入国管理局　2019］。では、女性の長期不在が残された家族に求める性別役割の再編成とはいかなるものか。そしてそれはどのように変わったのか、あるいは変わっていないのか。

▪3▪　妻の海外移動と家庭内性別役割分担の再編

　李哲（仮名）さんは延吉市で公務員の仕事をしている。2009年、妻は5歳になる娘と夫を残して、韓国へ出稼ぎに行った。李さんは娘を連れて実家に戻った。幼稚園から小学校に上がるまで、娘の送り迎えは自分がするが、食事や洗濯など家事と育児のすべては母親に頼る。彼は「男だから女性の仕事がどうしてもうまくできない」と説明する。また、彼の母親も、家事をする息子は「惨めで心が痛いから助けるしかない」という。

　李哲さんのように、妻が海外に行く場合、家事・育児どころか夫自身の生活さえ問題になるため、多くの男性たちは自分の母親あるいは妻の母親に頼る、とい

う対応策をとる。特に子どもがまだ幼い場合、夫がひとりで子どもの世話をする
ケースは珍しく、子を連れて実家に戻るか、あるいは親を自分の家に呼んで一緒
に生活するのが一般的である。つまり、妻の不在によって自分に与えられるよう
になった家事や育児の実践を極力回避し、食事や洗濯を含む自らの生活をも、
元々別居していた家族内の他の女性——母親たちとの同居を通して解決するので
ある。

　むろん、妻が留守でも家事や老親のケアができる男性も稀ながらみられる。し
かし、彼らは周囲から「模範的」であると評価されると同時に、「女より細かい」
という皮肉めいた表現をつけられるのも事実である。つまり、ジェンダー化され
た家事の役割分担の規範が社会全体に浸透し、家事の上手な男性は「男らしさ」
が損なわれ、「女っぽくなる」というマイナス的認識が定着しているのである。

　他方で、海外にいる妻たちは、家族との物理的距離が離れていても、子どもの
養育やケアに責任をもち続ける。一般的に海外に行く母親の代わりに養育を担当
する者の優先順位は、父方・母方の祖父母、母方・父方の姉妹、ほかの親戚の女
性になる。わたしが調査した金英さん（仮名）の場合、彼女は 2003 年にロシア
に行ったが、両方の親がともに不在の上、夫も酒と賭博好きで定職に就かなかっ
たので、16 歳になる娘を姉に預けた。娘は大学に進学するまでの高校 3 年間オ
バの世話になり、時折自分の家に戻って父親と会っていた。金英さんは娘の生活
費と学費、それに姉への感謝の意を込めた十分な金額を姉宛てに送り続けた。ま
た、姉に頻繁に電話を掛けては、父兄会のことや塾の選定など子どもの勉強をめ
ぐる交流を行っていた。娘とは、ほぼ毎日電話で、勉強のことを中心に、学校で
あったことや友達のことを話す。

　このように母親たちは、養育費や子どもに必要な食品、日常用品など物資を送
る以外にも、父親・祖父母をはじめとする養育者や学校の教師、および子ども本
人との交流を頻繁に行うなど、多様なかたちで子育てや教育にかかわり続けるの
である。これには当然、夫たちの期待以外にも、女性自身に内面化されたジェン
ダー観の影響も無視できない。

■4■　「女は外、男は内」はやはりダメなのか

　1990 年代以降の大規模人口移動は、朝鮮族社会に大きな変化をもたらした。

そのため、海外移動にまつわる様々な事象は常に社会的な議論の的となってきた。特に女性の海外移動をめぐっては、それが地域社会にもたらした経済的効果や女性の地位の向上などの肯定的側面よりは、むしろ人口の減少や出生率の低下、子どもの教育問題、そして本章で述べてきた伝統的ジェンダー秩序や倫理観の破壊といった、民族社会の危機説に直結させる否定的な見方が主流を占めてきた。

　こうした状況は、海外移住労働を通した女性の経済力の上昇や意思決定力の増大などによる夫婦関係の再編に比べ、家事や育児、ケアを含む伝統的性別役割分担の再編が遥かに遅れていることを意味する。そして、その根本的原因として挙げられるのが、従来のジェンダー観が文化的理念として意外と深く根付いていることであると思われる。「女は外、男は内」はやはりダメなのか。皮肉なことに、いくらダメだといっても、現実には数多く存在するのである。

（李　　　華）

Further Studies　　ウィメンズ アクション ネットワーク（WAN）

男女共同参画社会実現への寄与を目的とする認定特定非営利活動法人ウィメンズ アクション ネットワーク（WAN、理事長：上野千鶴子）は女性をつなぐ総合情報サイト WAN を運営している。女性学やジェンダー平等、女性たちの活動や境遇などに興味をもった方はウェブサイトを利用して様々な情報を得たり、自分の主張を発信したり、関心のある活動に直接関わったりしてみよう。（http://wan.or.jp/）

Book Guide

韓景旭，2001，『韓国・朝鮮系中国人＝朝鮮族』中国書店
中国朝鮮族研究会編，2006，『朝鮮族のグローバルな移動と国際ネットワーク——「アジア人」としてのアイデンティティを求めて』アジア経済文化研究所

キーワードリスト

育児　弘：46-、丸善：6-9〔生きる　出産・育児〕

移民　弘：66-、最新：134-135〔トランスナショナリズム〕、キー：196-197、丸善：312-313〔働く移住　移民国家アメリカ〕

宴会　丸善：350-353〔なごむ　宴〕

家事　丸善：180-181〔働く　家事〕

儀礼　⇒本書第 6 部キーワードリスト参照

穢れ　⇒本書第 4 部キーワードリスト参照

健康　20：213-230〔医療・身体論〕、キー：72-73〔病気と死〕、丸善：30-31〔生きる　健康ブーム〕

降神　弘：344-〔シャマン・シャマニズム〕、民俗：176-177〔口寄せ〕、キー：110-111〔シャマニズム〕、丸善：468-469〔信じる　シャーマニズム〕

祭司　弘：296-

ジェンダー　弘：407〔性〕、最新：58-59〔ゲイとレズビアン〕；76-77；90-91〔シングル・マザー〕；150-151〔夫婦別姓〕；152-153〔フェミニズム〕、20：231-248〔ジェンダー論〕、キー：60-61〔ジェンダーとセクシュアリティ〕、丸善：20-21〔生きる　ジェンダー〕

シャマン　弘：344-〔シャマン・シャマニズム〕、キー：110-111〔シャマニズム〕、丸善：468-469〔信じる　シャーマニズム〕

性　弘：407、最新：76-77〔ジェンダー〕；100-101〔セクシュアリティ〕、民俗：298-299、キー：60-61〔ジェンダーとセクシュアリティ〕、丸善：20-21〔生きる　ジェンダー〕；522-525〔交わす　性的誘惑〕

成人儀礼　弘：416〔成年式〕；489〔通過儀礼〕、民俗：358-361〔通過儀礼〕

性別分業　弘：407〔性〕；678〔分業〕、丸善：172-175〔働く　性別分業〕

セクシュアリティ　弘：407〔性〕、最新：100-101、民俗：298-299〔性〕、キー：60-61〔ジェンダーとセクシュアリティ〕、丸善：522-525〔交わす　性的誘惑〕

セックス　弘：407〔性〕、最新：76-77〔ジェンダー〕、キー：60-61〔ジェンダーとセクシュアリティ〕、丸善：20-21〔生きる　ジェンダー〕

託宣　弘：449-、民俗：338-339

タブー　弘：458-、民俗：171-172〔禁忌〕、キー：116-117

テクスト　弘：775-〔文字〕、最新：206-207〔歴史と記憶〕、キー：88-89〔声と文字〕、丸善：712-715〔学ぶ　口頭伝承と文字資料〕

トランス　キー：110-111〔シャマニズム〕、丸善：468-469〔信じる　シャーマニズム〕

年齢集団　弘：573；572-573〔年齢階梯制〕、民俗：425；423-425〔年齢階梯制〕

第8部

記憶と歴史

Chapter 1

雪かきをめぐる、知恵と工夫とやっつけ仕事
雪国のダメな感じのブリコラージュ

▪1▪ 国境の長いトンネルを抜けて、新幹線で1時間くらい走ると、そこはさほど雪国ではなかった

　わたしが暮らす新潟県は、人間が生活を営む地域としては世界有数の積雪地帯だということで知られるが、なにぶん広い県であるため気候風土は均質ではない。

　上越新幹線での車窓風景で例示してみよう。冬季に県境の大清水トンネルを抜けると、まず越後湯沢〜長岡間の積雪量に驚く。その後、山地を抜け越後平野に出ると、長岡〜燕三条間で積雪量は徐々に減っていく。日本海に近い新潟市に至ると、うっすら雪化粧、といった程度のことが多く、地表面が露出していることも多い。大手を振って「雪国」というほどでもない。

▪2▪ 環境決定論と雪かき作業の近代史

　地理学の古典的な枠組みに、環境決定論と環境可能論がある。前者は、**自然環境**が文化のあり方や文明の性格などの人間の活動を決定すると考え、後者は人間は自然環境に対して積極的に働きかけることができると考える。人類学では**生態人類学**の分野で人間と自然環境との関係を研究している。

　積雪の多い土地に人間が居住していることは、環境可能論の好例といえる。しかし、生活様式の変化、特に次に紹介するような交通インフラの発達との関係などを見ると、単純に自然環境を克服したというより、変化する諸条件のなかでトライアンドエラーをくり返していると考えたほうが適切である。

　19世紀まで、除雪の主な作業は、屋根に積った雪の重さによる家屋の圧壊を防ぐことや、積雪時の人の往来を確保することであった。20世紀に入り、鉄道および自動車の普及など**近代的**な交通機関が発達すると、それまで行われなかった、都市間を結ぶ線的なルートを除雪する膨大な作業需要が発生した。

　新潟県の場合、1931（昭和6）年の上越線の開業がひとつの画期となった。日本有数の積雪地帯である上越国境で冬季も鉄道を運行するために、ラッセル車、

ロータリー車などの除雪車両が導入され、沿線住民を大量に動員する除雪体制も構築された。川端康成の『雪国』は、「国境の長いトンネルを」という有名な冒頭部の直後に、鉄道の2,000人規模の除雪体制に言及している。

　鉄道網に遅れて、道路網と自家用車による交通体系が発達すると、基幹ルートの線的な除雪のほかに、基幹ルートから各家、各事業所の駐車場までの除雪という新しい作業需要が発生した。また、自家用車が普及することによって新たに駐車場という除雪を必要とする領域が生まれた。

■3■　除雪システムの体系化とブリコラージュ的雪かき

　新潟県内における除雪作業の地域差を考える際、まず自家の屋根の雪下ろし作業の頻度をみる必要がある。魚沼地方や長岡市など雪の多い地方では、一冬に複数回、屋根にのぼって雪下ろしをするが、雪の少ない佐渡や新潟市などでは、数年に一度あるかないかである。こういった作業頻度の差は、除雪システムの有無や用いられる作業用具の地域差を生み出している。

　雪の多い地方では、効率的な除雪のためのインフラとして流雪溝や消雪パイプが設置されていることが多い。流雪溝とは、除雪用に開削した流水路で、多雪地域の除雪作業では必須のインフラだが、海岸部の市町村には設けられていない。

　消雪パイプは、1950年代に長岡市で発明された、路面や駐車場にポンプで汲み上げた地下水を流して雪を融かす技術である。新潟県内の雪の多い地方に普及している。

　こういった設備技術のほかに、1980年代以降に普及したものとして歩行型除雪機がある。様々な形態があるが、主流は小型のガソリンエンジンを動力源とし、履帯式の走行装置とロータリー式の除雪装置を組み合わせた形態である。多雪地域では自家用の機械としても普及しているのに対して、雪の少ない地域では主に事業所などが保有し、年に数回稼働させるくらいであることが多い。

　大雪になることが「たまにある」新潟市では、流雪溝は普及していない。そのため、いざ雪が1メートルくらい積もると、私的領域にある自家用車を公的機関が機械を用いて除雪した公道に出すために、様々な工夫をこらして除雪作業を行うことになる。

　タイヤの軌道を目分量で計算して最小の作業量で駐車場からの脱出ルートを算

出する、植栽の脇のちょっとしたデッドスペース、あるいは契約者のいない駐車スペースなどを見つけだして、当座の雪捨て場とするなどは基本技術となる。トラクターの後部につけた土砂運搬用のバゲットを利用し、バックして大量の雪を押し込む技術もある。土木建設業者を頼み、雪をトラックで運び出してもらう「金で解決」型もある。わたしは見たことはないが、四輪駆動の小型自動車に即席の除雪ブレードをとりつけて雪を押す技術もあるらしい。ともあれ現場の状況と持っている道具、技術、知識を利用して、やっつけではあるが、効率的に目的を達成することを目指すことになる。

　レヴィ゠ストロース（Claude Lévi-Strauss）は『野生の思考』の中心概念として「**ブリコラージュ**」という語を近代的な思考法に対比するかたちで用いた。この語はフランス語の「その場にあるもので器用に仕事をこなすこと」を意味し、構造主義のキーワードとなった。冬の新潟市で雪に埋もれたマイカーを掘り出す作業をしているとき、わたしはしばしば「その場にあるもので器用に」除雪しようとする自分を発見する。客観的に見れば、その場しのぎのダメな感じのブリコラージュである。

▪4▪ 「文化人類学的雪かき」をめぐって

　村上春樹の小説『ダンス・ダンス・ダンス』に「文化的雪かき」というフレーズがある。創造性は求められないが誰かがやらなければならない仕事、例えば商業誌の PR 記事の執筆などを、雪かきになぞらえた表現である。

　村上春樹にならって「文化人類学的雪かき」を構想するなら、社会的な側面では雪かきの労働をめぐる助け合いや雪の搬出方法の取り決めなどになろう。小西信義は、北海道の高齢化したコミュニティにおける除雪をめぐる互助について報告している［上村ほか 2018］。人文的・身体論的な側面を考えるなら、先に紹介した、やっつけ仕事的な除雪法を含む労働や身体をめぐるものになろうか？　これは、人間の即興性をめぐる問題であり、「その場しのぎ」をめぐる問題である。

　こういった問いは、雪の少ない地域の雪かきという特殊な状況でのみ発生するものではない。多くの知的労働者を悩ませているオフィスワークでも日夜発生している現代的な問題でもある。例えば、PC を用いた文章や表の作成では、くり返し作業が頻繁に発生する。こういった作業について、私たちは、自分の持って

いるスキルと当座の作業効率とをはかりにかけながら、とりあえずその場をしのぐ作業に臨んでいる。

　現代の日本社会では、とかく丁寧で精緻な仕事が評価される傾向がある。「文化的雪かき」というフレーズが共感を得るのもそういった価値観を反映している。しかし、新潟県内各地の雪かき作業の例を通してみてもあきらかなように、課題の発生頻度とそれを解決するためのしくみをめぐる知恵と工夫のありようは多様であり、そこは知的な面白さとダメな感じに満ちているのである。

（岩野　邦康）

Further Studies　**手元の機器を使って、1 から 100 まで計算方法を明示して加算してみよう**

ダメな感じのブリコラージュについて実感するには、単純計算を手元の機器をつかって行ってみるとよい。あなたがオーガニックな感性の持主で手元にスマートフォンでもあったら、おもむろにメモ紙に数字を書き出し、電卓アプリで猛然と計算しはじめるかもしれない。PC があって、表計算ソフトをつかいこなしていれば、セルに数字を打ち込んで 1 から 100 までの数字を入力するだろう。プログラミングを学んでいたら、簡単なコードを書いて実行するのが楽だと考えるかもしれない。また、数学者ガウスの故事を知っていれば、サラサラと数式を書くだろう。1 から 10 まで、あるいは 1 から 1000 までなど、条件が変わることにより、自分あるいは周囲の人たちがどのような手段を選ぶか、人それぞれの段取りはバラエティに富んだ結果になることが予想される。

Book Guide

上村靖司・筒井一伸・沼野夏生・小西信義，2018，『雪かきで地域が育つ――防災からまちづくりへ』コモンズ

川端康成，2013，『雪国』角川文庫

村上春樹（2004）『ダンス・ダンス・ダンス』講談社文庫（初版 1988）

Chapter 2

祖先の歴史
コピペではダメですか？

▪1▪ 「本当の事実」を探そうとする人々

「本当の事実」を調べて書くためにはどうしたらいいだろうか。大学のレポートでは事実（とされるデータ）を調べ、それを分析して自分の意見を述べるというのが一般的である。事実を調べる際には、剽窃ではなく引用を、と指導される。「正しいもの」を「写す」ことは、一定の留保を付けたうえで認められている。

　自分の祖先の「本当の」歴史を知りたい場合は、どういう方法があるだろうか。もし家系図があるようなイエならば、それを探して分析するという方法がある。また、一族の歴史に詳しい人に聞いてみるというのもあるだろう。また、アクセス可能であれば、役所の戸籍や寺の過去帳などにあたるという方法がある。墓石などを調べるという方法もあるかもしれない。

　では、他の家の歴史をコピーして貼り付ける、というのはどうだろうか。わたしは自分の家の歴史を調べたことはないけれども、曾祖父くらいから先はよくわからないだろう。では仮に、同じ姓で約300年の歴史をもつ家（そんな家もそうないだろうけれども）の系図を持ってきて、そのなかからうちの曾祖父の父はこの人、といってくっつける方法はアリだろうか。

▪2▪ 記憶と歴史

　中国は**文字**社会であるとされる。もちろん、広大な地域なので文字を使わなかった人々も多くいた。しかし中国は、世界の諸文明のなかでも古くから文字を使ってきた地域のひとつであり、その歴史は紀元前にさかのぼる。

　オング（Walter J. Ong）は、直接会って話をしている場合と違い、書かれたテクストに直接反駁することはできないという。論文の書評などで、完膚なきまでにその本の唱える説を論破したとしても、その本は存在するかぎりずっと同じ内容を語り続ける。「書かれたもの＝真実」と信じる人は多く、権力者らによる焚書が行われてきたわけはこのあたりにもあるのだ。

さて、かつて人類学では、**親族**研究が主要トピックであった時代がある。そして、その中心は、エヴァンズ゠プリチャード（Sir Edward Evan Evans-Pritchard）やフォーテス（Meyer Fortes）など、アフリカをフィールドとした研究であった。フリードマン（Maurice Freedman）は、そうしたアフリカの事例から抽出、分析されたリニージモデルと中国東南部の**リニージ**（＝**宗族**：姓を同じくし、共通の祖先をもつと考える人々のグループ）の比較を企図し、『東南中国の宗族組織』［フリードマン　1991］『中国の宗族と社会──福建と広東』［フリードマン　1995］を発表した。

　フリードマンは、（私たちのイメージするような）国家のないアフリカの「**部族社会**」でのリニージの在り方と、階層化された社会および集権化された政治システムをもつ社会である中国とでは、リニージの在り方がどのように異なるのかに着目した。彼は中国のような複雑社会では、内部にエリート層を含む大規模宗族が、地域社会と国家とを仲介する重要な役割を果たしてきたことなどを指摘している。また、アフリカでは口頭でその歴史を伝えていたが、中国の由緒ある宗族では「族譜」という書物でその歴史を伝えていることも広く知られている。

▦3▦　現代中国における族譜の編纂

　しかし現在、かつてのように大規模宗族が国家と地域社会の**中間集団**として機能するようなことはまれである。中華人民共和国は、これまでの諸王朝とは比較にならないほど国家の隅々まで直接統治をするシステムを確立したし、土地改革や文化大革命などによって、大規模宗族は共有財産を失い、政治的にも経済的にもかつてのようなパワーはもっていない。また、古くから伝わってきた族譜の多くは社会的混乱のなかで失われてしまった。では、現在の中国の宗族は、もはや注目するに値しないのだろうか。

　ところが、1980年代以降、「族譜」の編集・出版が盛んな地域がある。そこでは、かつて失われたものをもう一度つくりだすという作業が行われる。わたしの調査地においても、いくつかの宗族が族譜の編纂を行っている。かつての族譜が残されていれば、それを土台にして近年の出来事のみ付け足せば新しい族譜を完成させられる。しかし、ここ50年ほどの社会変化のなかでかつての族譜がないケースのほうが多い。

　そこで、いろいろと「調べる」必要が出てくる。まずは、残された墓石や祠堂

の記録をみて祖先の名前や生没年などを調べる。しかし、それには限界がある。前述のような歴史を経た現在、日本と比べて「古いもの」があまり残っていないのだ。

　ここで登場するのが「写す」という方法である。香港などで出版された自分たちと同じ姓の人の族譜を参照し、写して自分たちの歴史と接続するのである。こうすることで、二千年以上前に中原（ちゅうげん）で暮らしていた祖先と、現在広東で暮らしている自分たちをつなぐ族譜ができあがる。もちろん、やみくもに写せばいいわけではない。同じ姓であることは必須だし、例えば「福建省寧夏から広東省の五華へやってきた」というような経路の一致などは最低限必要である。

　こうして「写した」族譜は、日本で昨今言及される「コピペ」にあたるようにも思える。「写した」のがバレたら、世間から糾弾されるだろうか。だが実際には、そのことを責められることはあまりなく、「立派な族譜ができた」とみな喜ぶのが常である。それはなぜだろうか。

　族譜を写す元ネタは、省立図書館にある族譜だったり、香港の同姓がもっている族譜であったり、はたまた山奥にある墓に刻まれた文字であったり、「文字で書かれたモノ」である。代々〇〇と伝わっている、というようなことはあまり書かれないし、文字資料をもたないがために伝聞をもとに書かざるをえない人々（元水上居民など）の族譜はあまり信用されない。日本のレポートでの「引用の作法」とは異なるものの、近年発行された族譜をよく読むと、「〇〇に住む同族の協力を得た」とか、「〇〇図書館の族譜を見た」などといったことはきちんと書いてある場合が多い。

　中国においては、日本以上に「文字で書かれた資料」を使って作成された「文字で書かれた族譜」への信頼・信仰はゆるぎない。オングが指摘したように、あるいはそれ以上に、「書かれたもの＝真実」なのである。

■4■　各社会における「写す」ことの意味

　20世紀のある時期、盛んに行われた「人類に普遍的な親族」を探求する研究はもう（ほとんど）ない。ただし、親族やそれにまつわる事象（書かれたモノや口頭伝承）が、それぞれの社会で重要性を失ったわけでは決してない。現代中国（少なくともその一部）において族譜は、**歴史的な正統性**を主張し他者との差異化を

図るためのツールとして、現代社会のなかで重要な価値を帯びるものとなっている。つまり、『写して』でも族譜をつくることのできる人々は、そういう『関係』や財力をもたない人から差異化され、より『伝統ある宗族』であると見なされることになる。写し元が「図書館にあった族譜」「由緒正しい一族の族譜」であれば、書かれたものはそれで十分に力をもつのだ。

　では、わたしが「稲澤家の歴史」なる本を「写して」書くとしたら、それにはどんな意味があるのだろうか。わたしの親戚にはそんな「本」はないから、つながりのない「稲澤」さんの家、それでもみつからなければ「稲○さん（どこかの大名などであれば系図があるに違いないので）」の家を探して、そこと結びつけて書くことになろう。日本でその成果をディスプレイしてみても「ただの物好き」「しかも写したって何？」となるのかもしれないが、もし中国で生きていくつもりなら、何らかの評価がなされそうである。社会全体のなかで、その行為にはどんな意味があるのか。あるいは意味がないのか。それぞれの社会における意味を考察することは重要だし面白い。

（稲澤　努）

Further Studies　　**イエの歴史を調べてみよう**

自分のイエの歴史を調べてみよう。文字で書かれたモノがあればそれにあたり、なければよく知っていると思われる人々にインタビューしてみよう。祖父の話、祖母の話、伯父の話、叔母の話……、いろいろ聞いて比べてみよう。ちなみに我が家では、祖母の白寿を祝う集まりで、叔母が作成した祖母の「歴史」が家族に配られた。私はこれを保存している。意外なところで「文字の記録」は生産されているかもしれない。

Book Guide

オング，W. J.，1991，『声の文化と文字の文化』桜井直文・林正寛・糟谷啓介訳，藤原書店
瀬川昌久・川口幸大編，2016，『「宗族」と中国社会──その変貌と人類学的研究の現在』風響社

Chapter 3

複数の歴史を生きてはダメですか？
祖先を選んで「未来」を創る

▪1▪　修学旅行はどこへ？

　修学旅行と聞いてみなさんはどこを想像するだろうか？　昭和生まれ東京出身であるわたしがすぐに思い浮かべるのは、「京都・奈良」である。わたしの母校（小学校、中学校、そして高校も）は修学旅行先として「京都・奈良」を選択した。また林間学校や遠足などで、鎌倉、日光などを訪問した記憶もある。現在では、修学旅行は海外、あるいは多数決で決定、ということもあろうが、昭和生まれ（かつ関東地方）の修学旅行の行き先は「京都・奈良」と相場が決まっていた。では、なぜ修学旅行先が「飛騨高山」や「小笠原」ではなく、「京都・奈良」であったのだろうか。京都、奈良、そして鎌倉、日光の延長線上にあるものは何か？

　察しのよい方であればすぐにおわかりのように、これらの場所は、かつての「日本」が行政的中心を置いていた場所（日光に関しては統治者の墓）である。これらの地を学校教育の一環として巡ることで、私たちは日本の歴史の一端に触れることになる。たとえアフリカや南米からの移民の子どもであっても、学校教育の中では日本の歴史を学び、修学旅行ではその場を実際に訪問する。歴史は単なる過去の出来事ではなく、ある社会で共有されている（共有すべき）過去なのである。それは戦前の修学旅行先として、軍事施設や伊勢神宮や橿原神宮が選定されていたことからもうかがい知ることができるだろう。わたしが調査地とする中国にも、「革命聖地」というものがあり、共産党の歴史を学ぶ場（レッドツーリズムとも呼ぶ）として整備されている。私たちは歴史の授業のなかで、庶民の歴史ももちろん学習するが、基本的に学ぶのは、ある社会集団（例えば日本人）が共有すべきと判断した**過去**である。

▪2▪　複数の歴史を生きること

　私たちはともすると、世界中の誰もが同じ歴史を共有していると錯覚しがちである。つまり、誰でも参照すべき「客観的」な過去が存在すると思いがちである。

しかしそれは「事実」ベースであれ、解釈ベースであれ、一致を見ないことは多々ある。たとえば、第二次世界大戦中における朝鮮半島から日本への「強制連行」を「事実」と位置付ける研究者もいれば、「神話」と見なす研究者もいる。また同じく第二次大戦中の原爆投下を、「戦争を早期に終結し、さらなる被害を生み出さないために必要不可欠であった」とする見方もあれば、「すでに日本は戦闘能力を失っていたので、不必要な攻撃であった（冷戦状態になる前に、原爆の抑止力を確認・検証するためだった）」とする見解もある。

　このような歴史の史実性をめぐる問題は、**歴史学**においてもさかんに議論されてきた。たとえばカー（Edward Hallett Carr）は、歴史を「過去と現在の不断の対話」としているし、ノラ（Pierre Nora）は、「記憶の歴史化」の問題を政治性の面から問うている。いずれも歴史を単なる過去の（客観的な）出来事として片づけてしまうのではなく、現在、そして未来へ向けて選ばれた過去であり、数多ある事実のなかから政治的（社会的）に取捨選択された過去であることが論じられる。

　文化人類学者は、いわゆる「**未開社会**」と呼ばれる人々との接触で誕生してきた学問分野であり、文字をもたない人々の歴史を「得意分野」としてきた。文化人類学者は調査地における歴史を（文字の有無に関係なく）単なる過去の出来事ということ以上に、現在の彼らを説明するものとして捉える傾向がある。では、実際のフィールドワークにおいて文化人類学者はどのような歴史と遭遇しているのであろうか。

■3■　始祖を選んでアイデンティティを決める

　わたしの調査地の人々（漢族）は、自分たちがどのようなグループに属しているかを分厚い本にまとめている。それは「族譜」と呼ばれ、遠い祖先から隣に住むオジサンまで、**親族**関係が辿れる人々を幅広く記録している本である。わたしは一族の族譜を片手に、調査地の家々を回っては「あの人は〇代目の△の系譜の人だ」と、それとなく確認作業を行っていた。ところがある日、村人と墓地を訪れた際、思わぬ事態に遭遇する。ある祖先（仮にＺ氏としよう）の記録が、族譜に記載されている世代と墓石に刻まれている世代とでズレていたのである。

　わたしはすぐに族譜を編纂した村人の家に行って、Ｚ氏の世代はズレているのではないか？と指摘した。すると彼は、落ち着きを払って「そうだよ」、とさも

当然かのように答えた。彼の説明によれば、19世紀半ばに祖先たちが話し合い、世代の数え方を変えたのだという。つまり19世紀より前の墓は、今とは違う祖先が基準となり世代を数えていたということである。（これの何が問題なのか？と読者は思うかもしれないが）これは漢族にとって**非常に大きな問題**で、始祖（1世代目）というのは一族の中心を意味し、誰を基準に一族がまとまるかということを意味している。つまり一族の始祖を変えるということは、彼らが背負う歴史（共有する歴史）をガラッと変えてしまうということになるのである。それはたとえるならば、19世紀半ばまではイタリア系移民だったけど、それ以降はドイツ系移民になりました、というように**エスニシティ**の変更すら起こりうるのである。

　彼らももちろん始祖の変更は重要なことであると認識している。だが、墓石の記録と族譜の記録のズレはなんら齟齬をきたさないと考えている。墓石と族譜とは形式上、**父系の系譜**で「つながって」はいるものの、それはあくまで形式上であり、実際は始祖を変更することで、あるグループから別のグループへ統合・包摂された可能性が高い。つまり、その当時の村の人々が「所属するグループを変えようか」と話し合って、祖先を「ねつ造」した可能性が高いわけである。そんなことは戦国時代の日本でもあっただろうし、個人のアイデンティティの問題でしょ？と思うかもしれないが、そうではなく、一族全体（数百人単位）で帰属を変えてしまうのだから面白いのである。

　後に彼らは「客家(はっか)」というアイデンティティをもつようになるが、もし19世紀半ばに始祖を変えていなかったら（あるは別の始祖であったら）、彼らは今ごろ「閩南(びんなん)」という別のアイデンティティをもっていたかもしれない。実際、調査地から5キロメートルほど離れた山間では閩南系の人々が住んでおり、当時の始祖の選択次第では、調査地の人々も閩南人になっていた可能性がある。

■4■　福建農村の歴史学習（親族ツーリズム）

　近代的な教育システムで育った私たちは、口頭伝承は可変的で、文字記録というものは不変的であると思いがちである。実際、わたし自身も同じ情報であれば、口頭伝承より文字記録の方を重視する傾向にある。しかし、文字記録は時として非常に巧妙に私たちを騙すことも確かであり、その点に関しては、はじめか

ら疑わしい口頭伝承と比べて、厄介であり、注意が必要である。調査地では口頭でも文字でも歴史が紡がれるが、いずれも非常に可変的である。

　冒頭で修学旅行の話をしたが、これは調査地の村でも同じような光景を目にすることができる。それは何かというと、祠堂への参拝や墓参りである。調査地では（清明節ではなく）春節のときに墓参を行うのだが、上位世代から下位世代へと（10世→25世のように）、各自が集まって順々に墓参を行っていく。これには3日ほどの時間を要し、1日目はみんなで10世祖の前で宴会をし、次の日は11世から順に16世まで……と続く。あまりにも遠い祖先になると、一族のなかから代表団が選ばれて墓参に行く。彼らにとって墓参は、修学旅行同様、一族が共有すべき歴史を学ぶ体験学習となっているのである。

　史実はひとつしかないという観点から、一族の記録である「族譜」を見ると、これは虚実か、または史実の補助的史料としてのみ映るだろう。しかし、彼らが共有する世界観と考えるのであれば、それは、どのような過去を背負い、どのような未来へ向かおうとしているのかを示す資料となる。学校教育で使用される歴史教科書もそのような点から見ると、違った見方ができるかもしれない。

（小林　宏至）

Further Studies　その「過去」はいつの時代における「過去」ですか？

同じ「過去」を対象としたものの時代変化を感じてみよう。例えば、社会学習としての修学旅行先の変化でもいいし、ゲーム「信長の野望」で登場する武将の能力値や顔立ちでもよいし、忠臣蔵（赤穂浪士）を描いた映画、文学作品でもよい。それぞれの時代に発表された作品を通して、「過去」の描かれ方の変化を感じてみよう。

Book Guide

保苅実，2018，『ラディカル・オーラル・ヒストリー──オーストラリア先住民アボリジニの歴史実践』岩波現代文庫（初出 2004）

「記憶」が「歴史」になるとき

活字で残さないとダメなんです

■ 1 ■ 昔の暮らしを記録する活動・仕事

1990年頃、わたしは学部と修士課程で日本民俗学と文化人類学を学び、聞き書きで民俗誌をまとめる国内の民俗調査を経験した。都会の人間が地方を訪ね、根掘り葉掘り"昔の暮らし"を聞き、望まれてもいないのに活字化する——そんな行為に違和感を抱きながらの参加だった。が、ひとたび重い扉を開けると、そこは宝の山のように思えた。日本なのに、たった数十年前のことなのに、知らないことばかりだったからである。問いかける勇気があれば、未知の事柄や人との出会いが待っている。わたしは、すっかりハマってしまった。

数年にわたる長野県下水内郡栄村の民俗調査では、調査地の人々から「あいつらは何をしに来ているのか？」という疑念の声が聞かれるようになり、中間報告書を作った。完成したのは厚さ1センチほどの薄い冊子だったが、全戸に配布したことで私たちへの信頼が高まった。土地の若い世代が知らない伝承的生活（記憶）について、記録に残してくれたという評価だった。

数年後、埼玉県富士見市の公立歴史民俗系資料館の学芸員となったわたしは、地域の歴史を紡ぎ、市民に知らせ、後世に伝える仕事をはじめた。

■ 2 ■ 民俗学における「記憶」論

2000年代初頭の岩本通弥の論考に、**歴史学・社会学・人類学**の分野で活発化しているという記憶をめぐる議論の概要が報告されている。以下では、その一部を紹介する。

歴史学では**歴史と記憶**の関係性が多方面から論じられ、日本民俗学でも記憶をテーマにした論考が目立つようになった。民俗学は「記憶」を対象化し、「聞き書き」という技法で、人々の「語り」や「対話」を通し、その暮らしや意識を扱ってきた学問だといえる。ならば民俗学にとって、記憶は最も本質的な存在だが、従来ほとんど論究されてこなかった。唯一、記憶と記録の違いに言及したのは、

社会経済学者・古島敏雄が 1949 年に発表した民俗学批判の論考だった。古島は、記憶は「その人の生存した時代より以前の事実を伝えるものとしてはそのままでは利用できない」とした。これに対する民俗学者の反論は少なく、むしろ適切な助言として、記憶は曖昧なものと排され、記録の劣位に置かれていく。そして、文書に対応する素材として曖昧さを排除する傾向は、1970 年代における民俗学の方法論的検討においてもみられた。つまり、古島の議論が再評価され、民俗学は歴史学の補助学であって「書かれていない歴史の欠落を補う」といった自己規定さえ登場したのである。

しかし、日本民俗学の開拓者である柳田国男は口碑（口承伝承）の重要性を提言していた。記録は、ある時代の伝承を固定化し、正しい型を保存する一方、自由な進化を抑制する力をもつ。これに対して、口碑は新しいものをつくり上げる力をもつ。すなわち昔話や言葉が他の地方に伝わるうちに変化する過程に意義を見出し、これを起点に構築されたのが、民俗学であった。

ゆえに、「消えてしまうから埋没していく記憶を記録化すべき」という主張や、共同想起を惹起する場として「民俗」を記憶装置と言い換えるような静観的なとらえ方ではない、より動態的で、本質的な民俗学的記憶論を模索していく必要がある、と岩本は主張する［岩本 2003：1-3］。

■3■ 市民からの希望で「歴史」を書き残す

では、わたしが実際にどんな記憶と向き合い対応したのか、ひとつの事例を紹介したい。

1996 年、勤務 2 年目のことだった。稲作地域の揚水組合のリーダーA さん（当時 40 代・男性）が資料館に相談に来た。「我々の先祖が苦労して開拓（改良）した耕地約 11 町 5 反歩（約 11.4 ヘクタール）を埼玉県に売却し、調節池を兼ねた公園にすることになった。耕地開拓の歴史を後世に伝えたい。揚水ポンプを引き取ってもらえないか」と。しかし、収蔵場所や運搬の問題で重量のある機械は受け入れられなかった。わたしは上司と相談し、「代わりに聞き取りをして冊子にまとめましょう」と答えた。1 年後に完成した『蛭沼陸田開拓のあゆみ～ソトノに米が作れたら～』は、組合の解散式で組合員 42 人に配布された。また、概要を刻んだ記念碑も建立された。内容は以下の通りである。

蛭沼陸田開拓碑

この土地（字名：蛭沼）は旧荒川の堤外地で、「外野」と呼ばれている。江戸時代に耕地として開発され、ずっと畑作地だったようだ。昭和初期には半分が桑畑だった。終戦直後、食糧増産を目的に埼玉県の指導で1949（昭和24）年に荒川第一地区開拓事業が始まり、この耕地の区画整理が行われた。水はけを良くする排水路も設けられた。旧荒川は、大正時代～昭和初期の荒川河川改修工事により、1938（昭和13）年に廃川・廃川敷・廃堤敷となっていたので、開拓事業の対象地だったのだ。

畑が整然となると、すぐに陸田化計画が生まれた。陸田とは、元の地目（土地の用途による区分）が畑の土地を水田にした耕地を指す。畑の所有者たちは堤内地に田をもっていたが、1941（昭和16）年からはじまった米の供出割り当て制度が厳しいうえに、1945（昭和20）年から続く凶作で、農家でも白米だけのご飯は食べられなかった。供出対象外の陸田で米が穫れれば、自由に扱えるのだ。

まず、西半分の28人が行動した。すべて人力で、桑の木を抜き、揚水機場を建て、用水路を設けた。川の水を汲み上げる揚水ポンプは中古を入手し、1950（昭和25）年には米を収穫できた。3年後には残りの東半分も陸田になった。米と小麦の二毛作が可能になり、1反当たりの収穫金額が3～4倍になった。

しかし、昭和40～50年代（1965～84）になると、減反政策の開始などで農業を続けることに疑問をもつ農家が増え、ソトノの耕地以外の活用が検討されるようになった。県から新河岸川流域の治水対策への協力依頼があったのは、その頃だった。農家にとって、先祖から受け継いだ耕地を手放すことは辛いことだったが、人々を水害から守るための事業に最大限の協力をした。そしてソトノは、2002年、調節池を兼ねた富士見市立びん沼自然公園として生まれ変わったのである。

■ 4 ■ 「記憶」から「歴史」へ

紹介した事例のほかにも、「活字化されていない歴史」との多くの出会いがある。いずれの場合も、ワクワクし、文章にしたくなるが、実現するのはほんの一握りである。

人々の記憶を記録し、歴史にする作業について、以下3点をまとめておきたい。

　①記憶を記録したことがもたらした影響　揚水組合の歴史を刻んだ記念碑をたまたま見つけた男子大学生が興味をもち、卒業論文のテーマに富士見市の耕地改良を選んだ。彼は今、某資料館の学芸員になっている。活字化は新たな調査・研究の呼び水となった。

　②記憶を記録するときに気を付けなければならないこと　記憶を記録し活字化する際には、次の2点に十分留意する必要がある。1点目は、聞き書きで得た記憶の「事実」は、事実そのものではないということ。話者が過去を振り返り、再構成したものである。2点目は、無意識的にせよ、調査者は得た情報を「編集」して活字化しているということである。

　③歴史を紡ぐのは誰か　地域の歴史を紡ぐのは、市民と学芸員との共同作業といえる。学芸員の興味から市民の記憶を調べる場合もあれば、市民からの積極的な要望で学芸員が動く場合もある。両者の縁で記憶は文章に紡がれ、後世に伝えられるのである。

（駒木　敦子）

Further Studies　紡がれた歴史にふれる

・埼玉県富士見市立難波田城資料館
2000年に開園した難波田城公園にある。常設展示室では富士見市の中世から現代までの歴史を学べる。難波田城公園は、中世に活躍した難波田氏の城館跡（埼玉県旧跡）の一部を整備した歴史公園。面積約1万7000平方メートル。城跡ゾーン、明治時代の古民家等を移築復元した古民家ゾーンがある。資料館の前身は、1973年開館の富士見市立考古館である。

・富士見市立びん沼自然公園
2002年4月に開園。面積約5万7000平方メートル。園内には、在来種を中心にシラカシ、クヌギなど4700本の植栽、段差のない園路、見晴らしデッキ、芝生広場などがあり、野鳥・昆虫観察などで市民に親しまれている。河川氾濫時の調節池を兼ねている。文中で紹介した「蛭沼陸田開拓碑」は公園北側に隣接する富士見市立老人福祉センター「びん沼荘」の脇にある。

Book Guide

赤坂憲雄・玉野井麻利子・三砂ちづる，2008，『歴史と記憶——場所・身体・時間』藤原書店
岩本通弥編，2003，『現代民族誌の地平3　記憶』朝倉書店

キーワードリスト

エスニシティ　弘：103、キー：206〔エスニシティと民族問題〕、丸善：132〔集まる　人種とエスニシティ〕

過去　最新：206〔歴史と記憶〕

近代的　最新：124〔伝統と近代〕

自然環境　弘：367〔照葉樹林文化〕

親族　弘：380

生態人類学　キー：26

宗族　弘：430

中間集団　丸善：548-549〔治める　中間集団〕

非常に大きな問題　最新：148〔風水思想〕

父系の系譜　弘：819〔リネージ〕

部族社会　丸善：530-533〔治める　国家なき社会〕

ブリコラージュ　最新：160

未開社会　弘：738

文字　丸善：712-715〔口頭伝承と文字資料〕

リニージ　弘：819〔リネージ〕

歴史学　丸善：754-755〔学ぶ　歴史学〕

歴史的な正統性　丸善：754-755〔学ぶ　歴史学〕

歴史と記憶　最新：206

第9部

メディア・表象

Chapter 1

民族とエスニシティ
漁業をしない漁民はダメですか？

▮1▮　名は体を表す？

　名は体を表すという言葉がある。「名はそのものの実体を言い表している」「名と実体は相応じる」という意味である。わたしの名前は「努」である。もしわたしが努力家であれば、名は体を表すということになり、そうでないなら「名前負け」とか「看板倒れ」とか言われるだろう。英語にも Names and natures do often agree. という表現があり、名前と実体が、結びつくべきだと考えられる傾向は日本だけの考え方というわけではない。

　ある**民族**やエスニックグループは、共有する歴史があり、同一の性質をもつ、という思い込みも強く存在するのではないだろうか。○○人は△△だ、という言説は好ましいものも、忌まわしいものも、世間にあふれている。残念ながら、「○○人は、日本人ではないので、日本国にはマイナスの作用しか及ぼさない。日本から追い出すべきだ」という意見(実際にはもう少し表現の過激なものが多い)をネット掲示板などで目にすることもある。しかし、民族とは一体何だろうか。それほど同一の性質をもつ集団なのだろうか。

▮2▮　固定的な「部族」から「エスニックグループ」へ

　リーチ（Edmund Ronald Leach）は 1954 年に著した『高地ビルマの政治体系』において、現地の人々による「民族」的単位の認識と、観察者による「文化的」差異が一致しないことを議論した。それまでは固定的な「**部族**社会」というものを人類学者が作り上げていただけ、ということにもなった。

　また、リーチによる問題提起以後、調査地における分析単位について、観察された文化的特徴により観察者の基準で設定すべきとするナロル（Raoul Naroll）らと、現地社会の区別に従って設定すべきであるとするモアマン（Michael Moerman）らの議論が起こり、その結果モアマンらが優位に立った。さらにバルト（Fredrik Barth）は、「**エスニシティ**」が、客観的文化内容そのものではなく、

集団認知の主観的**プロセス**であることを明らかにした。これは「境界（ethnic boundary）論」と呼ばれる。

　バルトの「境界論」登場以後は、バルトのいう「境界」を維持させる（生成させる）ものとは何かという問いが中心的な論点になった。バルト以後の「エスニシティ」へのアプローチは、民族的紐帯や性質はもともとあるのだという原初論的（primordial）アプローチと、あとから作り出されるものだとする用具論的（instrumental）（あるいは動員論的）アプローチの2つに大別される。しかし、「用具論と原初論、実態派と虚構派の議論は、研究史を振り返る上で、または『エスニシティ』や『エスニックグループ』の特色を考える際には重要であるが、それ以上の意味は持たない。より重要なのは対象者の言説やその状況を把握することであろう」［シンジルト 2003：308］とされるように、この議論に拘泥するよりは、フィールドで人々がどう認識し、行動するかに注目すべきであろう。

　また、**構築主義**的立場で議論を進めると、エスニックグループが「集団」であるという前提自体が疑われる。ブルーベイカー（Rogers Brubaker）は『集団なきエスニシティ（*Ethnicity without Groups*）』において、エスニシティに関する研究は「集団」をいったん外し、カテゴリー、文化的イディオム、認識枠組みなどの研究にシフトすべきであるという主張をしている［Brubaker 2004］。

▣ 3 ▣　漁業をしない「漁民」

　わたしは中国南部の港町をフィールドとして研究を行ってきた。そこには、「漁業をしない漁民」がいる。彼らに出会うと「この人は漁民で、職業はレストラン経営」とか、「この学生は漁民だ」と紹介されたりする。これはいったい何だろうか。「勉強しない学生」とか「研究をしない研究者」であるならばわかるが、それと同じものだろうか。

　実は、ここでいう「漁民」というのは、元水上居民を指す言葉である。かつて船に暮らしていた水上居民やその子孫たちは、現在は陸に家をもっており、もはや水上居民ではない。しかし、元水上居民だった人々、というカテゴリーは社会に残っており、その人たちを指す「漁民」という呼称が、自称・他称の両方で使用されている。一方、漁業を職業とする人、という意味での漁民という単語も同時に存在する。この町には「浅海漁民」「中海漁民」「深海漁民」というカテゴリー

があるが、このうち「浅海漁民」は水上居民とは関係ない、いわゆる普通の漁民のことである。「中海漁民」は「漁民」すなわち元水上居民のうち、地元方言を話す人々を指し、陸上がりしたときに作られた「漁村」に住むので「漁村人」ともいう。「深海漁民」は珠江デルタや粤西などからやってきた広東語を話す元水上居民のことを指す。もともと、それぞれ浅海、中海、深海、というのは、メインの操業海域の陸からの遠近ないしは水深の深さを指していたようだが、現在では中海漁民が遠洋まで出かけていたりもするので、話がややこしくなっている。

　この町で、魚を海で捕ってきて売ることを生業とするある人に、「あなたは漁民ですか」と質問したとしよう。この人が元水上居民でない「浅海漁民」である場合、職業を聞かれている状況であれば「自分は漁民だ」と答える。しかし、「漁民は昔、差別されていた」「漁民は解放前には船に住んでいた」という話をしている流れで「あなたは漁民ですか」と聞けば「自分は『漁民』ではない」と答えるはずだ。

　これとは逆に、現在は商売をしていたり工場に勤務していたりして、船をもってもいないし、そもそも船にすら乗らない人であっても、「あなたは漁民ですか」という問いに対し、それが元水上居民を指していると理解されれば、「自分は『漁民』だ」という答えが返ってくるだろう。また、たとえ「漁村」の範囲外の新しいマンションに住んでいても、自分が「漁民」であると認識している人であれば、「自分は漁村人だ」というだろう。

■4■　文脈・状況依存的な「自分たち」「あの人たち」

　「漁民」に職業を指すという用法と、元水上居民を指す用法との2つがあるように、本来「〇〇人」の指すところの意味は、当該社会の歴史や言及される文脈で決まるものである。このことは、第2節で述べたモアマンがタイ・ルーを事例に1960年代にすでに指摘している。

　日本人とは誰なのか。それも本来文脈によるのであり、「日本人」という民族が無条件に存在するわけではない。国籍が日本国である人を指す場合もあるが、国籍は他国でも日本人の「血を引いていれば」日本人として語る場合もある。逆に「日本出身横綱」という言い方は、日本に帰化して国籍は日本であるけれども、外国出身の横綱を除外するために使う言葉である。

在日韓国人という言葉も、単に日本にいる韓国人を指す場合もあるが、韓国出身で日本に帰化した人を指すこともある。また、日本に来ているといっても、留学して数年いるだけの人と、数世代にわたって日本に住んでいるのとでは状況が違うということもある。

　ある人を「〇〇人」と呼ぶこと、呼ばれること自体に意味があることは事実である。しかし、その〇〇人が常に同じ人々を指すわけではないこと、同じ人物であっても、あるときは〇〇人であるが、あるときは〇〇人には入らない、というのが珍しくはないことは留意しておくべきだろう。

（稲澤　努）

Further Studies　　カテゴリーとイメージ

自分たちやその周囲の学科や専攻、あるいは所属する会社の部や課などにどんな「イメージ」があるか、それはどのようにできあがったのかを考えてみよう。また、自分のもつ「イメージ」は、同じ所属の人、違う所属の人とどう違うのかを調べてみよう。かつての東京学芸大学を例にすると、「アジア研究」専攻からみた「欧米研究」「日本研究」専攻のイメージというのはあるのか、逆に「欧米研究」から「日本研究」「アジア研究」専攻をみるとどうか、ということである。

Book Guide

綾部真雄，2018，「同時代のエスニシティ」桑山敬己・綾部真雄編『詳論文化人類学——基本と最新のトピックを深く学ぶ』ミネルヴァ書房，pp.92-105
シンジルト，2003，『民族の語りの文法——中国青海省モンゴル族の日常・紛争・教育』風響社
リーチ，E. R.，1987，『高地ビルマの政治体系』関本照夫訳，弘文堂

メディアが文化を創ってはダメですか？
その話、誰から聞いた？　何から聴いた？

▪1▪　近所のオジサンとトランプ大統領

　あなたが住む場所から5軒先に住むオジサンと、第45代アメリカ大統領であるトランプ氏とでは、あなたにとってどちらがより「身近」な存在であろうか。もちろん5軒先のオジサンと仲良しな人もいるだろうが、「顔も見たこともないし、そんなこと考えたこともない」という人もいるだろう。それに比べてトランプ大統領は顔も知っているし、言動も目立つし、常にニュースの話題にのぼる有名人である。場合によってはトランプ大統領の方が「身近」に感じる人も多いだろう。

　このような現象を可能にしているのはメディアである。日本のアニメである「ドラゴンボール」や「ナルト」が世界中で視聴されたり、セクシャルハラスメントを告発した #MeToo 運動が世界的なムーブメントを喚起したように、テレビや YouTube、Twitter や Facebook などの**電子メディア**は、現代社会における文化（とりわけポップカルチャー）考えるうえで決して無視することのできない存在である。

　文化人類学という研究分野が主たる対象としているのは、様々な社会における「文化」なのだが、これもまたメディアと無関係ではいられない。日本文化や○○族の文化といったものも、古くは出版メディア、近年では電子メディアを介して、発信され流通され受容されてきた。

▪2▪　ウインクからサイバー空間まで

　一般にメディアをめぐる議論は、身体拡張とコミュニケーションの領域において議論されてきた［MacLuhan 1964, 1967］。つまり身体拡張との関連で言えば、スマホ（あるいは VR ゴーグル）といった機器を使うことによって、近所のオジサンよりトランプ大統領の方が「身近」に感じるというのは、メディアによる身体拡張によるためだといえる。自分の目や耳で視聴可能な物理的範囲を超えて、メ

ディアが私たちの身体を「拡張」させ情報を送ったり、届けてくれたりするのである。

　一方でメディアは、コミュニケーションの方法・領域であるという議論がある。つまり情報を届けるメディアそのものを含めて情報なのだということである。スマホで見た情報、本で読んだ情報、ラジオで聴いた情報、口伝で聴いた情報が、たとえ「同じ」内容であったとしても、情報としては異なってくるのである。例えば、漫画で慣れ親しんだある登場人物が、アニメ版では声のイメージが違って困惑したという経験はないだろうか。また、祖父の膝の上で読んでもらった絵本と Youtube で視聴した動画とは、画や文字が完全に一致していたとしても、やはり体験としては異なったものとなる。

　メディアが社会・文化に与える影響に関しても、これまで多くの研究者によって論じられてきた。例えばアンダーソン（Benedict Anderson）は、出版資本主義が国民という「**想像の共同体**」の誕生に大きく貢献したと主張する。すなわち、廉価かつ大量に複製可能な出版物が出現したことにより、これまで意思疎通がほとんど不可能であった者同士が出版物を介して連携し、あたかも同じ歴史的・社会的背景を共有する共同体として意識されるようになったとする［アンダーソン1997］。また近年のサイバー空間に関しては、法学者であるレッシグ（Lowrence Lessig）がこれを「アーキテクト（設計）」された空間であると議論している。つまりサイバー空間は、何かしら管理側の意図とは異なった行動を起こそうとしても、それが不可能なように設計されていると指摘するのである［レッシグ 2007］。このように古今を問わず、メディアと社会・文化は切っても切れない関係にある。

■3■　メディアによって創られる民俗知識

　わたしは中国福建省の山岳地帯を主な調査地としているが、当地は 2008 年に大きな変化を迎えることとなった。それは調査地に点在する土楼（どろう）と呼ばれる建造物が、世界文化遺産に登録されたためである。これは地域一帯に大きな変化をもたらした。政府は莫大な費用を投じて宿泊施設や道路を整備し、現地の人々も農業から**観光**業へと生業を変え、世界各地からやってくる観光客に対応するための準備が急ごしらえでなされていった。そこでわたしは、まさに「文化」が創られていく現場に立ち会うことになる。

わたしが滞在していたのは、土楼と呼ばれる民間建築であったのだが、その建物がもつ構造の象徴性が、メディアを介していくことで創り上げられていったのである。具体的にいうと、土楼の中心に位置する小屋の意味が、冠婚葬祭の場としての「多目的ホール」から祖先を祀る「祖堂（祠堂）」へと変化したのである。住民はこれまで通りの生活をしていたのだが、ユネスコや行政府などの学術機関・公的機関によって、小屋は「祖堂（祠堂）」であるとされ、様々なメディアを通して広報され、入口には看板が掲げられ、多くの観光客から「祖堂（祠堂）」として見られるようになったのである。これは外部から見れば、非常に微細な変化に思われるかもしれないが、共通祖先を中心に生活している現地の人々にとっては大きな変化といえる。これを誤解を恐れず日本社会的に（無理やり）あてはめれば、これまで町内の「集会場」として使っていた場所が、突如、歴代町長を祀る「慰霊の場」としてメディアで扱われるようになり、人々から見学されるようになったということである。

　しかし、わたしは 10 年以上にわたる実地調査のなかで、これまで一度もこの場所において祖先祭祀が行われたのを見たことがない。なぜなら、祖先を祀る祖堂（祠堂）は、今だに土楼という建物の外にあり、土楼中心の小屋（多目的ホール）では民間信仰、冠婚葬祭のみが行われているからである。だが、10 年以上にわたってユネスコ、国内外のマス・メディア、旅行会社、個人・法人のウェブサイトによって、中心部の小屋が「祖堂（祠堂）」として取り上げられ、「一族は建物の中心に位置する祖堂を囲むように祖先を中心にまとまっている」というようなアナウンスを聴き続けると、現地の人々もそれが「祖堂（祠堂）」なのではないか、また「祖堂（祠堂）」でもよいのではないか、と思うようになってくる。

　近年、調査地を歩くと、次第に土楼の中心部の小屋は、祖堂（祠堂）として演出されるようになってきていることに気づく。そこに祖先の写真を飾るようになったり、祖先の人形や祖先に関する遺品を置いたりする土楼も散見されるようになったのである。だが、未だかつてこの場で祖先祭祀が行われたことは「ない」。

　かつてこそ土楼一帯は、メディアに取り上げられることもない、福建の山奥に位置する静かな農村地帯であった。しかし世界文化遺産登録以降、（ユネスコを含む）多くのメディアによって取り上げられることになり、現地社会における民俗知識は、それを越えた領域から強い影響を受けることとなった。わたしがある

日、村の老人に、彼が居住していた土楼の来歴を尋ねたところ、彼は「ちょっと待ってろ、今インターネットで調べてみるから」と返してきた。そして、多くの他者が介入し「アーキテクト」されたサイバー空間を通して、彼はわたしに現地の「民俗知識」を教えてくれたのであった。

4 メタレベルから文化や伝統を再考する

嘘みたいな本当の話であるが、文化人類学者が現地社会の伝統文化や民俗知識を調査していたら、それらは皆、以前その地域を調査していた（先輩）文化人類学者の本や論文を参照していた、ということがある。よりひどいパターンになると、その文化人類学者自身がまとめた本や論文の知識を参考にして、現地の人々が語るということもある。まさにマッチポンプである。

21世紀前半において、**文化や伝統**が語られる主戦場は本や雑誌という出版メディアであった。しかし後半以降はラジオ、テレビといったマス・メディアそのものが主流になる。21世紀に入ると、今度はサイバー空間においてそれらが語られるようになった。先に述べたように、情報は何を介して伝えられるかというメディアそのものを含めて情報なのである。わたしたちが普段何気なく使っている、文化や伝統という言葉も、何を介して伝えられているかというところに注意を払うと、また新たな視点から捉えることができるかもしれない。

（小林　宏至）

Further Studies　　**カテゴリーとイメージ**

ラジオ（あるいは音声だけ）のスポーツ中継を聴いてみよう。テレビや動画サイトとは違って、アナウンサーはどのような言葉を使うだろうか。また、見えないスポーツ実況に対して、あなたはどのような体験をするだろうか。

Book Guide

アンダーソン，B.，1997，『想像の共同体──ナショナリズムの起原と流行』白石さや・白石隆訳，NTT出版

羽渕一代・内藤直樹・岩佐光広編，2012，『メディアのフィールドワーク──アフリカとケータイの未来』北樹出版

レッシグ，L.，2007，『CODE　VERSION2.0』山形浩生訳，翔泳社

Chapter 3

情報化社会を生き抜くヌエル人
閲覧者数＝真実と考えるのはダメですか？

▥1▥　インターネットの信じ方とは？

　インターネット（以下、ネット）空間は、信用ならない情報であふれている。どこの誰が書いたかわからない出典不明の情報、それをコピーしてつくられるサイト、そうとも知らず「いいね！」と言ってしまう人たち……。大学では、ネットからの転載や無断引用をめぐって、それをチェックする教員と、楽をしてレポートを書きたい学生とのあいだで日々戦いが繰り広げられている。私たちはさほど重要でなければ、ネット上の情報を鵜呑みにすることもあるし、真偽はともかく面白いから、という理由でその内容を楽しむこともある。

　しかし、信用ならないと言いつつも、私たちはネットへの書き込みひとつで人生を「炎上」させてしまった者たちを知っている。つまり、ネットにある情報は、偽であるかもしれないが、人の人生を左右するほどの、ある種の事実をつくり出してしまうものでもあるのだ。このなかにあって、果たして私たちはどの程度ネットにあふれる情報を疑い、あるいは信じる必要があるのだろうか？

▥2▥　真実を作り出すものは何／誰か

　そもそも、私たちの行動原理は、ある情報が純然たる真実であるかどうかに基づいているわけではない。社会学者のマートン（Robert King Merton）が「予言の自己成就」と呼んだ事例が参考になるだろう。ある信用金庫が倒産しそうだという偽の情報が、信用金庫が倒産しかねない状況をつくり出した事例をご存じだろうか。女子高生同士の「信用金庫が危ない」という会話が発端となり、その話が人に伝えられる過程で様々な尾ひれがついて伝わり、しまいには特定の信用金庫の預金者たちが預金を下ろしに窓口に殺到した。信用金庫が倒産するという根も葉もない「予言」は、人々の不安を煽り立て、実際には安定した経営状態であった信用金庫を窮地に陥れたのである。

　同じような事例として挙げられるのが、第一次オイルショックの日本で起きた

トイレットペーパー買い占め行動である。当時の政府が紙の節約を呼びかけたところ、「紙がなくなる」との噂が広まり、実際の紙の生産量は安定していたにもかかわらず、各地のスーパーにトイレットペーパーを求める人で行列ができた。結果として、トイレットペーパーは実際に売り切れてしまった。

　これらの事例は、たとえ偽の情報であっても、その誤った「予言」を信じた人々が行動することによって、その「予言」が成就してしまうことを示している。では、これらが偽の情報だと知っていれば、人々はパニックにならずに済むのだろうか。残念ながら、それでもやはり、私たちは預金を下ろしに行き、トイレットペーパーを求めてスーパーに並ばざるをえない。というのも、たとえ私たちが偽の情報に惑わされない賢明な人物であったとしても、隣人はそうとは限らないからである。「真偽はともかく」、偽の情報が多くの人を不安にさせるのは間違いなく、人々が信用金庫や店に殺到するであろうことは賢明な人物にとっては明らかである。こうして賢明な人物もまた、偽の情報を「真実化」するのに一役買うことになるのである。

　人類学者の浜本満［2007］は、人間集団が共有する観念の問題について、特定の観念の誕生や製作者よりも、それに関する語りが転送される一連の**プロセス**に目を向けるべきであると指摘している。上の事例で見たように、ある集団で真として流通する観念は、実際にその観念が真であるか偽であるかとはあまり関係しない。真実をつくり出すのは、情報それ自体というよりも、それを「真実」だと信じ、別の人に伝え、行動した人々なのである。

　では、偽の情報がたやすく真実になってしまう今日、私たちはネットにある情報といかに向き合っていけばよいのだろうか？　アフリカの牧畜社会で出会ったネットの「信じ方」を紹介しよう。

■3■　アフリカで出会った真偽判定のロジック

　毎年、元旦を迎えると、わたしの Facebook のタイムラインは、大量の「今日は○○さんの誕生日です！　メッセージを送りましょう」であふれかえる。わたしの知る南スーダン共和国の村落部に暮らすヌエル（ヌアー）人の多くは、自分の誕生日を知らないし、あまり興味もない。Facebook を利用する際は誕生日を登録しなければならないので、とりあえず「1月1日」としておく人が多いか

ら、このような事態になる。

　アフリカ社会も、今や情報化と技術革新の渦中にある。固定電話が普及するよりも早く携帯電話が普及したアフリカでは、田舎であっても、携帯電話、所によってはスマートフォンを持つことがもはや常識となっている。技術大国として知られる日本からやってきたわたしの旧式の携帯電話を見て、「お前はどんな種類の日本人なのか」と人々に落胆されたことは一度や二度ではない。

　ネット上の動画サイトや論文検索も、人類学者が関心をもってきた対象社会の「文化」や、調査そのものにも大きな影響を与えている。ネット上では、過去になされた調査やそれをもとに執筆された**民族誌**を読むことができる。もしかしたら、人類学者が懸命にフィールドノートにメモしている情報は、対象社会の人々が某検索サイトで調べた結果であるかもしれない。対象社会の人々はネット上で「私たちの伝統文化とはこういうものだ」と知り、人類学者はそれを再生産していく。こうなると、何が「本当の」伝統で、「現地の人々の知識」なのかもうわからなくなる。

　わたしが出会ったヌエルの人々は、驚くほどネット上にある情報を参照していた。わたしがヌエルの文化について知りたいと言えば、すぐさま検索サイトで「Nuer culture」や「Nuer tradition」などと検索し、「ほら、わざわざここに来なくてもネットに書いてあるよ」と笑いながら教えてくれる。日本でネットのインチキ情報に常に苦しめられているわたしは、そんな友人にすぐさまネット上の情報の信用ならなさを伝える。すると友人は次のように答えた。

　「このサイトのヒット数（閲覧者数）を見てごらん。それだけこのサイトが参照されているということでしょう。それはつまり、多くの人がこのサイトを見て、ここに書かれていることを信じていることになるんじゃないの？　多くの人が信じていることが真実なのだから、ここに書かれていることも真実なのだよ。」

　つまり、彼にとって真実とは情報それ自体ではなく、ヒット数のことなのである。もちろん、ヌエル人のすべてがこのように考えるわけではなく、たまたまわたしが出会った人物の主張にすぎないかもしれない。しかし、「多くの人が信じていることが真実」という彼の主張も一理ある。たとえそれが偽の情報であるとしても、私たちはそれを信じる人が多数いる可能性がある限り、その情報を信じたフリをして行動せざるを得ない。私たちが信じているのは、その情報というよ

りも、人間の信念の可能性なのである。

■4■ 強大な真実生成装置

　ネットのみならず、私たちが目にする新聞、教科書、あるいは科学論文にすら
誤った情報はまぎれている。私たちは神ではないので、一個の個人が、どれが真
に正しい情報なのかを見極めることなどできない。その代わりに私たちができる
のは、自分の周りの人々が、何を信じそうかを見極めることである。ネットの情
報なんて……と言いつつも、私たちは、今日もどこの誰がつくったかわからぬウェ
ブページを開いている。偽の情報かもしれないと知りながらもこれを無視できな
いのは、その背後に偽の情報に踊らされかねない大衆や世間が存在することを私
たちが感覚的に知っているからかもしれない。

　ネット空間は、様々な信念を有する集団が交わる場でもあり、同時に新たな信念
が生成される場でもある。真実が人間同士のコミュニケーションのなかで形作られ
るものならば、何十億もの人類とのコミュニケーション空間であるネットは、個人
の人生など簡単に破壊してしまう、強力な真実生成装置にもなりうるのである。い
つか自身の人生を「炎上」させないために、私たちは自らが知らない間に作り上げ
ている「真実」の存在に、少しばかり気をまわしてみるとよいかもしれない。

（橋本　栄莉）

Further Studies　☆の数を気にせず、店に入って自分なりの「真実」を見つけよう

肝心なデートのとき、上司との飲み会のとき、あなたはネット上に☆マークで示される評価を気
にしながらお店を決めている。でもその☆マークは、どこの誰が、どんな意図でつけたかまるで
わからない。あなたやあなたの周りの人の舌は、ネットに操られたままでよいのだろうか。もち
ろん☆マークがあれば安心なのは理解できるが、たまには自らの舌を信じて、☆のない店に足を
踏み入れてみよう。そして☆が 4.0 以上の店と比べて、本当にネット上の評価が自分の舌にとっ
ても真実なのか、確かめてみよう。

Book Guide

長谷正人，1991，『悪循環の現象学──「行為の意図せざる結果」をめぐって』ハーベスト社
浜本満，2007，「イデオロギー論についての覚書」『くにたち人類学研究』2：21-41
マートン，R. K.，1961，『社会理論と社会構造』森東吾ほか訳，みすず書房

Chapter 4

高齢者とコミュニティ

高齢者が神前でエアロビをしてはダメですか？

■1■ 「高齢者」は弱者？

「高齢者」は支援されるだけの弱い存在だろうか？

日本では、戦後、核家族化の進展、3世代同居の減少が進み、今日では、若者が日常的に「高齢者」と接することが少なくなった。自分の祖父母だけでなく、近所に「高齢者」が住んでいたとしても、接点がない場合が多い。

近年、高齢者の認知症や自動車事故が話題となっており、「弱者」のイメージが強くなっているが、実は元気な高齢者も大勢おり、様々な活動を繰り広げている。**老人クラブ**でカラオケなどを楽しむ人たち、海辺で集う元漁師の人々、バンド活動を行う人々、喫茶店で友人たちと集う人々など、その内容は多様である。そうした高齢者たちが実は若者たちの身近に住んでいて同じ時間を共有している。このことに目を向けることは、年代、性別、障害の有無など様々な人が地域を形作っていることを見直すきっかけとなる。

日本はアジアのなかでいち早く高齢化の進んだ国であるが、ほかのアジア諸国も高齢化が進んでいる。ここでは、タイの一農村の高齢者の活動に焦点をあててみたい。それに先だって、次節ではまず、人類学における「高齢者」というカテゴリーについて考えてみたい。

■2■ 福祉の人類学、老年人類学そしてポピュラー文化研究からみた「高齢者」

人類学的に「**福祉**」を捉える研究において重要な問いは、「弱者」とは誰かということである。福祉行政ではサービスを受ける対象となる社会的「弱者」として「高齢者」「障害者」というカテゴリーが存在するが、「高齢者」「障害者」だからこそ発揮できる能力に注目した場合、必ずしも「弱者」とはいえないのではないか、という問いである。そこには、高齢者の人生経験、統合失調症の人々の豊かな発想など様々な側面への注目がある。医療福祉の現場では、目前の問題を解決するための実践に重点をおく傾向がある。これに対し人類学には、そもそも

「問題」とは何か、別の角度からみれば問題ではないのではないか、など、問題そのものを見つけ考える営みがある。人類学者は、フィールドワークにより現場に密着し、現場のリアルな姿、ニーズを感じ取ることができる。問題解決指向の医療・福祉の専門家と問題発見指向の人類学者の協力によって、現場のニーズを踏まえた意味のある医療・福祉の実践を生み出すことが可能になると思われる。

　老年人類学では、老人は、生産に役立たないというマイナス面と生活の知恵の伝承者というプラス面があり、世界の伝統社会のあり方をみると、前者を強調する社会と後者を強調する社会があり、効率を重視する近代産業社会では、前者を強調するようになったといわれる。この結果、「老人」は知恵の伝承者から「弱者」として「高齢者」とカテゴライズされ、公的支援の対象となっていったと考えることができる。東南アジアも高齢化が進み、タイも21世紀になって高齢化社会に入り、同様の**プロセス**をたどった（タイでは60歳以上を「高齢者」としている）。

　しかしながら、日本の高齢者もタイの高齢者も、支援を受けるだけでなく、「高齢者」と位置づけられた上での新たな社会での役割を模索する姿もみられる。この点を考えるため、「ポピュラー文化（大衆文化）」を再考する必要がある。

　近代の大衆社会状況において現われた「ポピュラー文化」は、従来、前近代に措定される「**伝統的民俗文化**」と対照されるものとして位置づけられ、都市的文化、若者文化に焦点があてられてきたが、グローバル化の進展により農村にも都市の文化が浸透し、その生活は都市と切り離されたものではなくなってきた。このような状況においては、「農村のポピュラー文化」といえるものを考える必要がある。高齢者の新たな役割・活動はこうした文脈のなかで考えることができる。このことを、タイ北部の農村の事例から考えてみよう。

■3■　守護霊儀礼での高齢者による「奉納エアロビ」：タイ北部のフィールドから

　高齢化社会に入ったタイでは、都市的文化の流入による生活の変化による伝統的生活の知恵の受け皿の喪失、少子化・教育の普及などによる孫を育てる役割の喪失など、老人の役割の喪失がみられる。その結果、社会での位置づけがコンタオコンケー（老人）から公的サービスの対象としてのプースーンアーユ（高齢者）へと変化したのである。

　ここでは、ナーン県ターワンパー郡のタイ・ルー（タイ系**民族**のひとつ）村落

守護霊にエアロビを「奉納」する高齢者

を例に、「プースーンアーユ（高齢者）」と位置づけられた人々が、その上で創出した新たな役割の例を考えてみたい。

　この村落は、3年に1度、チャオルアンムアンラーという守護霊を祀る儀礼を行ってきた。1990年代終わりから2000年代をピークとして、この儀礼において、**「高齢者健康増進クラブ」**というグループが、守護霊の祠の前で、ほかの奉納舞踊とともに、タイ・ポップスのBGMでエアロビを踊った。霊媒に憑依した守護霊による「エアロビが好き」との託宣に従った、いわば「奉納エアロビ」である。90年代より高齢者人口の増加により、全国的組織「高齢者クラブ」が創設され、健康寿命を延ばすための公的な保健・福祉政策が実施されるようになった。エアロビもこうした保健政策の一環として全国の地方村落にまで普及するようになったのである。公的な指導で紹介されたエアロビは、村の指導者の自主的活動により、村の文脈に合わせて実践・運用されていった。エアロビはまず、主婦層を中心として広まったが、高齢者のエアロビのBGMは、主婦層のものよりテンポの遅い曲が用いられている。「奉納エアロビ」は、男性**プリースト**の祈りの眼前で行われた。この村がかつて経験したことのない光景が現れたのである。

　このエアロビのBGMにはタイ・ポップスなどが用いられているが、これは、農村人口の都市への流出（進学、労働など）、テレビやSNSなどメディアの影響、都市からの商品の浸透など、農村の生活スタイルの変化ともかかわっている。守護霊儀礼においては、1993年以降ステージが設けられ、村人による様々な演目が演じられるが、伝統的舞踊・音楽のみならず、他地域の芸能やポップスの歌合戦などが一時帰郷した他地域への移住者などによって行われ、高齢女性の「美老女」コンテストなど、高齢者の新たな活躍も見出される。こうした意味で、高齢者の神前エアロビは、農村のポピュラー文化のひとつの例でもある。

■4■　儀礼を見直す、そして高齢者の新たな役割・居場所を考える

　以上は、タイ北部の守護霊儀礼でエアロビを「奉納」する高齢者を切り口に、現在の都市と関係を深めた農村における高齢者とコミュニティについて考えた。

「高齢者が神前でエアロビをやってはダメなのか？」という問いは、高齢化に伴って登場した「高齢者」という新たなカテゴリーを問題にするとともに、「神前のエアロビ」という、「伝統的儀礼」のイメージとかけはなれた事態が現場では起こりうることの重要性を示している。そこには、都市と連続して生活が成り立つ今日のタイ農村にみられるポピュラー文化の存在がある。

　重要なことは、儀礼・祭礼を形作る「伝統的」部分のみならず、「どうでもよい」と思われがちな人々の営みに注目することである。いわば、祭りの場で売られ、年々変化するウルトラマンなどお面のキャラクターから祭りの現在を考えるような営みである。そこには社会の変化や人々の指向がうかがわれる。現場の豊かな動きをとらえ問題を発見する人類学の目の大切さはここにある。「弱者」として支援の対象とされた「高齢者」が、神前のエアロビにもみられるような様々な活動を行う豊かな姿は、このような営みを通じてとらえることができる。そして、そのことが、世代間の理解も含めたコミュニティにおける様々な人々の営み、つながりの理解にも結びつき、より現実をとらえた提言にもつながるのである。

（馬場　雄司）

Further Studies　バーン・タイ・ルー・カフェ

タイ・ルーは、現在の中国雲南省西双版納タイ族自治州に、かつてシプソーンパンナー王国を築いたタイ系民族であり、19世紀の戦乱で多くのタイ・ルーの人々がナーン県に移住した。ターワンパー郡に隣接するプア郡には、タイ・ルー・カフェと呼ばれる新たな観光スポットがある。田園のなかに、竹でつくられた「渡り廊下」で結ばれたいくつかの小屋でコーヒーを飲みながら、自然を満喫することができる。その隣には、織物を売る店が開かれている。水の流れを表す巻きスカートなどタイ・ルーの独特の織物は古くから注目されており、本文で触れた村も、壁画と織物で有名である（CHIANGMAI 43、トリップ・アドバイザーwebサイト）。

Book Guide

青柳まち子，2004，『老いの人類学』世界思想社

馬場雄司，2011，『海辺のカラオケ、「おやじ」のフォーク——高齢社会の音楽をフィールドワーク』京都文教大学文化人類学ブックレット7，風響社

馬場雄司，2018，「農村のポピュラー文化——グローバル化と伝統文化保存・復興運動のはざま」福岡まどか・福岡正太編著『東南アジアのポピュラーカルチャー——アイデンティティ・国家・グローバル化』スタイルノート

キーワードリスト

エスニシティ　弘：103、キー：206〔エスニシティと民族問題〕、丸善：132〔集まる　人種
　とエスニシティ〕

学生とのあいだで日々戦いが繰り広げられている　最新：198〔メディア・キッズ〕、丸善：
　504〔携帯とインターネット〕

観光　最新：48〔観光人類学〕、キー：192

境界　弘：200

構築主義　弘：270〔構造主義〕、20：101〔構造主義〕、キー：20〔構造主義〕

高齢者　最新：34〔老い〕、丸善：36〔老い〕

高齢者健康増進クラブ　丸善：30〔健康ブーム〕

弱者　丸善：398〔ケアと介護〕

想像の共同体　最新：68〔国民国家〕

電子メディア　最新：198〔メディア・キッズ〕、丸善：504〔携帯とインターネット〕

伝統的　最新：124〔伝統と近代〕

名　丸善：404〔癒す　名前〕

福祉　丸善：400〔福祉と生権力〕

部族　弘：650

プリースト　弘：296〔祭司〕

プロセス　丸善：266〔信仰の伝播〕

文化や伝統　丸善：560-561〔治める　伝統の創出〕

民族　弘：749

民族誌　弘：756

老人クラブ　丸善：104〔グループホーム〕

第10部

国民国家とガバナンス

Chapter 1

"文化資源"とお国自慢
大河ドラマと博物館は、タイアップしなきゃダメですか？

■1■ "文化資源"の登場と地域の博物館

"文化資源" という語を聞く機会は年々増えている。

この語の出発点は学術用語であった。2000年代初頭から大学の課程名に採用されるなど脚光を浴びるようになり、2018年には文化庁に文化資源活用課がおかれるまで普及した。現在では、文化をめぐる専門分野や行政のほかにも、出版、観光、広告など諸分野で頻出する語となっているので、社会的にみてもこの20年間で一気にスターダムに駆けのぼったキーワードだといえるだろう。

1990年代末に地域の博物館の学芸員の職に就いたわたし（および同世代の同業者）は、文化資源というひとつの用語が人口に膾炙していくさまを博物館という現場で同時代的に目撃した。そしてこの語を掲げる諸事業に、博物館における社会教育や文化財保護がよくも悪くも翻弄される時代を過ごしてきた。

振り返れば、文化資源という語は、"文化" と "資源" というそれまで別領域にあった概念を結び付けたところが新鮮であった。同時期に **"観光資源"**、"地域資源" など "資源" をうしろにつけた語がいくつか登場したので、ひとまとめにくくれば、これらは「資源」ブームということだったのかもしれない。これらの○○資源という語は、国・都道府県・市町村の観光政策、文化政策の分野で現在もトレンドワードであり続けている。

■2■ 文化資源とは？

人類学の一分野である資源人類学は、文化資源を含む資源と人間との関係について、様々なフィールドワークや理論研究を行ってきた。

内堀基光は、資源という概念が捉えづらいものであることを指摘した上で、ドイツの経済地理学者ジンマーマン（Erich Walter Zimmermann）の、資本・資産と資源とを対比させつつ「資源とは『環境』を構成するもののうち、人間の利用に供されるもの」と考える資源論に注目している［内堀ほか 2007］。

日本国内で文化資源研究をリードする文化資源学会は、2002（平成14）年に採択された文化資源学会設立趣意書で"文化資源"を次のように定義している。

> 「ある時代の社会と文化を知るための手がかりとなる貴重な資料の総体であり、これを私たちは文化資料体と呼びます。文化資料体には、博物館や資料庫に収めきれない建物や都市の景観、あるいは伝統的な芸能や祭礼など、有形無形のものが含まれます」。

文化資源という新しい語が普及した背景には、文化財保護法による法的な枠組みによって、日本ではかえって「文化財保護」の外側にある様々な文化を捉えづらくなっているという問題意識があり、文化を資源として広く捉える枠組みを構築しようとする企図があった。

資源、文化資源という語が日本の文化行政でどのように用いられていたかについては、民俗学において岩本通弥が2000年前半に「ふるさと文化再興事業」という名で登場した一連の政策に注目している。岩本は、それまでの文化財保護のあり方、さらには農村〜農業政策が、政治（与党―行政府）によって、民主的な手続きを経ないまま大きく変化したことを「ふるさと資源化」として捉え批判している［岩本　2003］。

文化資源という語は、短期間で広く社会に普及したこともあって、概念的に整理されることなく使われることが多い。それまで、名勝・旧跡や特産品など別の語で示されていたものを、レッテルの貼り替え的に"文化資源"として扱っている例も少なくない。

■3■　文化資源としての地域の歴史と「お国自慢」

地域の博物館の現場では、かつては文化財保護や社会教育の対象であった歴史や文化が、文化資源として再認識され、地域振興の中核と位置付けられる事例にしばしば遭遇する。典型的なものに、NHKの大河ドラマの素材として地域の歴史上の人物、出来事が取り上げられ、活用される例がある。

大河ドラマの誘致は文化資源という語の普及以前から行われていたが、文化資源という語の普及とほぼ軌を一にして、地域の歴史を素材とした大河ドラマの経

済効果に注目が集まった。都道府県や市町村が設立した歴史系の博物館ではタイアップした特別展を開催する動きが定番となった。

2010年代終盤の現在、こういったタイアップ企画は、東京・大阪などの都市圏と、ドラマの舞台となる博物館・美術館を巡回する特別展を開催し、そのほかに大河ドラマ館のような特設会場を設ける形式が一般化している。

大河ドラマをめぐる一連の動きは、地域の歴史に対する一般市民の関心を高める効果をもつことは評価すべきである。一方で、戦国時代末期や幕末など大河ドラマになりやすい時代や、戦国武将、幕末期の志士などの人気のある歴史コンテンツに偏る大河ドラマ特有の性質が、地域の歴史に対するイメージを偏らせていく弊害もあわせもつ。

大量消費的な文化の活用は、近年の大河ドラマやポップカルチャーにおける地域の歴史に限ったことではない。文化資源という語が普及する前の1970年代にも、大阪万博、およびその後に日本列島を席巻したディスカバージャパンブームがあり、文化人類学の研究対象だった異文化や、民俗学の対象であった自国の民俗文化が、大量消費的に人気を得た時代を経験している（**フォークロリズム**）。

ここで思い出されるのは、大正時代に**柳田国男**が『郷土誌論』において展開した「お国自慢」批判である。柳田国男は、当時盛んに編纂された郷土誌の多くが、

- よそ者向けの遊覧案内
- 郷土の住民を読者にするものでもお国自慢の種を提供するだけのもの
- 好事家趣味に偏したもの

であると批判した。この批判は、約100年前のものであるが、近年の文化資源の大量消費的な活用への批判としても有効である。

■4■　文化資源の掘り方——露天掘りから採掘方法の模索へ

大河ドラマの題材のように、すでに一定の知名度をもつ事柄を文化資源として多面的に活用していく方法は、来館者や観光入れ込み客数などのわかりやすい指標で成果を測定できる。一方で、地域の文化を固定化し大量消費に適したものに変質させてしまう弊害を伴う。良くも悪くもおおらかな現在の「露天掘り」的な資源化は、あるケースでは早々に消費され尽し、あるケースでは「オーバーツーリズム」的な過熱状態が発生したりして、別種の悩みを生み出している。

文化の資源化をめぐっては、より人文学的な問題として、それまで地域の人々が大切にしてきた歴史や文化財を資源として扱う倫理的な問題も内包している。

　『ジョジョの奇妙な冒険』（荒木飛呂彦）第一部ファントムブラッドに、人間の命をエネルギー的に消費する怪物、石仮面と化したディオ・ブランドーが主人公ジョナサン・ジョースターの師匠、ツェペリに、「おまえは今まで食ったパンの枚数をおぼえているのか？」と問う名シーンがあるが、資源化という行為は、しばしばこの台詞のと同質の不遜さを漂わせる。他者が大切にしているものを、定量的なものとして扱うという態度を、資源化という行為は伴いがちである。

　先に挙げた柳田国男の『郷土誌論』は、望ましい郷土誌は、「箇々の郷土がいかにして今日あるを致したか、またいかなる拘束と進路とを持ちいかなる条件の上に存立しているかを明らかにし、その志ある者をしてこの材料に基づいて、どうすれば今後村が幸福に存在して行かれるかを覚らしむるように、便宜を与え」るものでなければならないと主張した。

　文化資源をアナロジーとしての地下資源になぞらえれば、おおらかな露天掘り的な採掘方法を経て、次なる方法へ移行する時期となっている。

（岩野　邦康）

Further Studies　　地元の歴史で大河ドラマを企画してみよう

住んでいる地域、あるいは生まれ育った地域の歴史について思い出し、ひとつのテーマで1年間のドラマを構想してみよう。地域によっては先行作品が多数存在しているかもしれないし、まったく手探りになるかもしれない。インターネットで調べるほかにも、地元の図書館や博物館に行って調べてみると意外な発見があることも多い。構想がある程度固まったら、A4一枚程度にまとめ、周囲の人の印象を聞いてみよう。

Book Guide

野村典彦，2011，『鉄道と旅する身体の近代——民謡・伝説からディスカバー・ジャパンへ』青弓社
橋本章，2016，『戦国武将英雄譚の誕生』岩田書院
宮坂広作，2010，「歴史意識の形成と生涯学習——『風林火山』フィーバーをめぐって」『生涯学習と自己形成』明石書院
柳田国男，1922，『郷土誌論』
山下晋司編，2007，『資源化する文化　資源人類学2』弘文堂

Chapter 2

茅葺の家ではダメですか

地域社会を形成していた年齢階梯集団

▪1▪　災害と地域社会

　地震、洪水、台風被害など、日本は毎年のように様々な災害に見舞われており、いつ誰がどこで被災してもおかしくはない状況が続いている。みなさんは、災害に直面したときに自分がどのような行動を取るべきか、日々考えているだろうか。

　未曽有の被害をもたらした東日本大震災が起こった当時、わたしは海外におり実際に震災を体感することはなかった。しかし海外から家族や知人に連絡を取る手段が希薄であることなど、非常時に自分が行えることの無力さを思い知った。

　帰国後、東日本大震災をはじめとした災害研究に関する報告を聞く機会があった。そこでは、災害時における地域社会の対応について、特に地域の人と人との結びつきが減災や地域復興に役立った事例などから、地域の社会組織の役割を見なおす指摘も多くみられた。内閣府の発表した平成26年の防災白書にも、一般的な地域活動（地縁活動）の活性化が防災活動の活発化につながり、それが地域防災力の強化にもつながると記されている。

　震災は、図らずも村落社会の構造や人的ネットワークの価値を再分析、再認識する契機となったともいえる。

▪2▪　日本の村落と年齢階梯集団

　村落社会の構造に関しては、これまで地域を問わず様々に研究が行われてきた。そのなかで本節では日本を例に取り上げる。日本の村落社会構造を考えるとき、**血縁**集団と並んで注目すべき組織が年齢階梯集団である。**年齢階梯制**とは、ある地域社会のなかに年齢に基づく集団が編成され、その年齢集団の階層からなる制度のことである。年齢階梯制は世界中の様々な社会でみられる。

　日本では、特に西日本や南日本で年齢階梯制が多くみられ、それが社会構造の中核的な要素を為していた。全村民が「長老」「中老」「若衆」「子供連中」などに区分され、上位の年齢階層と下位の年齢階層との間に指揮＝服属関係が形成さ

れていた。さらに、それぞれの階梯に社会的な地位と役割が課されることにより、社会全体が統合されるシステムとなっていた［江守　1976：89-91］。なかでも近代の地方政策の一環として若者集団として再構築された**青年団**は、農村、漁村問わず全国に広く存在した。彼らは村の警備や水害、火災などでの救護活動や神事、祭りの担い手、結婚における仲介、交渉役など様々な役割を担っていた。このような役割を機能的に担うためには、階梯の構成員が結束して活動する必要がある。「**同じ釜の飯を食う**」という言葉があるように、階梯の結束力を高めるために、同階梯の集団（特に若者集団）が「寝宿」「若者宿」「青年宿」などにて寝食をともにする地域もあった。

　近年では日本の地方農村では高齢化が進み、村落社会の人口構成員に年齢的偏重がみられるケースも多い。そのため純粋な意味での年齢集団は構成しづらくなっており、青年団が消滅した地域も多い。しかしその一方で、青年団を還暦を超えた構成員で支えるケースも珍しくない。村の神事や祭りの運営には青年団の存在が欠かせないため、青年団の社会的役割、機能が重要なのである。

　日本における年齢階梯集団の研究としては、各地域の年齢階梯集団の事例報告のほか、年齢階梯制に基づく村落構造と**血縁**を主とした同族共同体に基づく村落構造の差異に着目して分析した研究や、集団と家や家族との関係性に着目した研究などが進められてきた。さらに現在では、ソーシャル・キャピタル（**社会関係資本**：物的資本や人的資本などと並ぶ新しい概念で、社会・地域における人々の信頼関係や結びつきを表す概念）のひとつとして年齢階梯集団を取り上げる研究もみられる。次の節では、年齢階梯集団が基となり、地域振興につなげた事例を見ていきたい。

■3■　常識にとらわれない町おこし

　新潟県 T 町では、地区ごとに青年団が設けられていたが、O 地区では 1970 年代半ばには青年団と呼ばれる組織はなくなっていた。しかし、1988 年にその代替組織である「わらじ会」が生まれた。きっかけは昭和 60 年、人口減少率が県内で一位になり、このままではいずれ町がなくなると、若い世代が危機感をばねに動き始めたことであった。

　「わらじ会」のメンバーは、かつて青年団が存在していたときにメンバーで

あった人たちであった。12〜13 人くらいで、年齢層は上が 40 歳位から、下は 20 代後半くらいまでであった。当時 O 地区の人口は 80〜100 人であったので、村民の一割程度がわらじ会のメンバーであった。

　わらじ会は町の存続のためにあらゆることに挑戦した。例えば、村の御神木である大杉にイルミネーションをつけたことがあった。それに対し、村人の反応は賛否両論だった。村の会長には「御神木っちゅうもんはそんなことするようなもんじゃねぇんだ」と怒られた一方で、年齢が上の人のなかに理解者もおり、イルミネーションをつけるために 30 トンクレーン車を貸してくれた人もいたという。

　そしてわらじ会が行った、地域振興に結び付く活動の最たるものが、茅葺の家を残す活動であった。当時の村民の感覚では、「茅葺の屋根ははずかしい」ものであった。茅葺の家は貧しさの象徴であり、"お金がなく、近代的な家に住むことができない人が住んでいる家"というイメージであった。村人のなかには「茅葺の家をよそ様に向かってアピールして人目にさらすとはいかがなものか」という意見の人もいた。茅葺の家の存続活動に関する話し合いでは、最初は村のなかが二つに分かれて対立したという。理解が得られず、わらじ会のメンバーが 1 年半程度村八分になったこともあった。それでもわらじ会は、先駆的事例であった長野県栄村に足を運び、茅葺の家を残すことで村を活性化させる夢を見ていた。結局、「ダメだったら行政に頭下げたらいいじゃないか」と開き直り実施に乗り出す。その結果、国土交通省の外郭団体の補助金 120 万円を獲得し、屋根の補修を行うことができるようになった。1992 年には「体験かやぶきの家」が整備され、またフォトフェスタ等も開催されるなど活動を広げていく。そして、2015 年の日本郵政株式会社の年賀状である「新年ご挨拶葉書」には、茅葺の里として O 地区の風景が採用された。茅葺の里としての知名度は、現在では全国区となったのである。

　現在では、茅葺の家の宿泊施設設置、レストランの誘致、空き家のギャラリー利用等の活動をすすめており、また定期的に都会から人が訪れ田植えや雪掘りを行うシステムも構築されている。村人たちのなかで異端のように思われながらも夢を追った年齢階梯集団が築き上げた、新しい村の姿を垣間見ることができる。

■4■　変わりゆく社会集団

　このように、かつての年齢階梯制とは異なるかたちではあるものの、年齢階梯

集団は新たなかたちで地域社会に貢献する例がある。その一方で、近年各地で青年団は消滅してきており、社会内部の住民間の関係性を大きく変えている。同学年の横のつながりに対し、年齢階梯集団のなかで上級生から学んで活動を行うしくみは、縦のつながりを生む役割がある。また、「社会の難儀」をともに経験することにより、団内の結束力が高まり、青年団や消防団の活動力の素地になっていた。しかし年齢階梯集団の消失により、消防団などの活動の低迷や住民内部のコミュニケーションの希薄化、さらには先に述べた地域防災力の低下も懸念される。

　その一方で、現在他人とコミュニケーションを取る手段として欠かせないのがＳＮＳだろう。SNS の登場はこれまでの人間関係の構築を覆すものである。顔をあわせなくてもオンライン上でネットワークを構築でき、人と人の結びつきは実際の生活範囲を超え、世界規模にまで容易に広げられるようになった。一方で、SNS により地縁が維持できる、もしくは強固なものになる可能性もあり得る。いずれにせよ、直接面と向かって接しなくても人間関係が構築・維持できるようになったことは、人間社会の社会的あり様を変える可能性を秘めている。

　O 地区の住民は、「今や地方の社会を支える人は必ずしも地方の住民でなくても構わない」と言い、村落外部との人との関係性も重要視している。ふるさと納税というシステムも、同様の意味をもっているだろう。地域社会のあり方が大きく変わる時期に差し掛かっているのかもしれない。

（中村　知子）

Further Studies　　**新潟文化物語**（Web サイト）

「新潟全域の多様な地域文化の継承と活用、未来へ向けた新たな地域文化の創造に資すること」を目的として、新潟県が開設しているサイトである。新潟の地域文化にかかわっている様々な人々が情報を発信できる形になっているため、見どころが多い。特に“特集”の項目では、各地域の村興しに関する活動の実態や歴史にふれることができる。本章で取り上げた新潟県 T 町に関する記事も挙げられている。またイベントカレンダーでは、各地で行われている祭りや体験学習などもチェックできる。（https://n-story.jp）

Book Guide

江守五夫，1976，『日本村落社会の構造』弘文堂
高橋統一，1998，『家隠居と村隠居——隠居制と年齢階梯制』岩田書院
波平恵美子，1999，『暮らしの中の文化人類学』出窓社

Chapter 3

国家の指示通りではダメだから
イデオロギー国家における国営農場の運営戦略

▓ 1 ▓ 東西冷戦時代とわたし

　ベルリンの壁が崩壊したのを TV で見たのは小学生のときであった。社会主義に関して知らなかった時分ではあったが、まさに今、時代の節目を目にしていることに心が震えたのを覚えている。当時わたしの通っていた小学校では、新聞を毎日読み、気になる記事を一つ選んでスケッチブックに貼っていくという宿題があったが、わたしのスケッチブックは東西冷戦の終焉に関するもので埋まっていった。父がドイツで買ってきた真贋不明のベルリンの壁の欠片は、当時のわたしの宝物となった。わたしの小学生時代は、まさに東西冷戦終結とともにあった。

　時は変わり現在、大学にて社会主義やソ連に関し講義で話をすることがある。社会主義とは、生産手段を共有しそれらを共同管理して、計画的に生産を行うと同時に平等に分配することを求める思想、運動、またその結果あらわれた社会体制のことを指すことを説明し、かつては 38 か国にも上る国が社会主義を掲げたことがあると説明すると、驚く学生も多い。よく考えると、今の学生は 2000 年代生まれである。それだけ東西冷戦は過去になってしまったのだ。

　一方で文化人類学においては、時が経った今だからこそできる研究が行われている。以下で、社会主義に関する隣接分野や文化人類学での研究を概説してみよう。

▓ 2 ▓ 社会主義国に関する研究動向

　社会主義に関してこれまで一般的には、世界史上の**近代化**がしばしば西欧化と同値とされ、さらに西欧化とは資本主義化にほかならないとされがちであった。しかし、社会主義国家に着目する歴史学者の一部からは、「近代化＝西欧化＝資本主義化」という単純な定式化が不可能であること、社会主義的な近代化には資本主義化とは異なる様相があり、社会主義国家のなかでもその近代化の内実には多様性のあることが指摘された［鳥山・外川　1966］。よって、「近代」をより実体に迫ってどうとらえるべきかという観点において、社会主義の研究はかねてから

重要な意義をもっていた。しかし、ロシアやモンゴルなどでは社会主義崩壊以前は、細かな統計資料の入手や現地調査が難しく、研究の発展は崩壊後に可能となった。

　人類学では、積極的な現地調査が可能になった 1990 年代から、各地域における社会主義イデオロギーの実践や変容に関し、生業、芸術等多岐にわたる視点から研究が報告されてきた。なかでも、旧社会主義国の実態を通文化的に分析した『社会主義的近代化の経験』［小長谷・後藤編 2011］では、政府の公的見解では「伝統」を否定し「近代化」を推進すると思われる一方で、ローカルの生活実態では依然として「伝統」が維持されていたり、「伝統的」とされている共同体の姿が実は「社会主義的近代化」の結果であったりするなど、公的見解と実践との間のズレが指摘されている［小長谷・後藤編 2011］。**これらの研究**は、歴史学、社会学など隣接分野を含めた研究の空白部を埋めるべく役割を果たしている。

　次に挙げる実例は、モンゴル国の**国営農場**運営に関する実態である。国営農場は、一般的に国の決めたノルマや方法に従って運営されるのが基本であるが、実態はどうであったのだろうか。

▒3▒　すべてはノルマ達成のため

　社会主義時代、モンゴル人民共和国政府はソ連の指揮の下、沙漠地域の**牧畜**が干ばつや雪害の際に乾草や飼料を使用する政策を推進した。それに伴い、飼料を製造する農場を全国に 20 か所つくった。その中の一つ、E 飼料農場では、1,500〜2,000 キロ平方メートルの畑で飼料作物を育て、それを潰して粉にし、蒸気をあてて圧を加え、ペレット状の飼料をつくっていた。本農場は全国で最初に「10年優秀工場」として選ばれ、また農牧省主催の農牧用製造製品コンクールにて金メダル、銀メダルを獲得し、全国的に名を響かせた農場であった。わたしはこの農場長を務めた D 氏に、社会主義時代の国営農場の実態を聞く機会に恵まれた。

　彼は農業大学で機械技術を学んだ。その後小麦粉製粉工場のエンジニアなど様々な資格を取り、農場長となった。D 氏が就任したとき、農場の経営が芳しくなかったため、彼は経営改善の手段を考えた。当時の農場は自前の収益で経費を賄うシステムであり、活動成績が悪い場合、国に借金することもあった。国営農場の運営計画はソ連が企画しており、10 年での黒字化が見込まれていた。しか

国営農場中心部遠景（奥に見える高い建物が飼料を製造していた工場である）

しD氏は、「ソ連がつくったプロジェクトはモンゴルには合わない」と考え、自分たちで計画し直す方針をとった。

彼は具体的に4つの方法をとった。

1つ目は作付け作物の転換である。ソ連の計画では、畑には燕麦など飼料作物を播種することが求められており、当初はそれに従っていた。しかし災害用の飼料は自然災害が発生しない年には売れ残り、農場の赤字の一因になっていた。そのためこれまで飼料作物を播種していた畑のうち、70パーセントで小麦を、30パーセントで飼料作物を栽培することにした。小麦は農場で消費できるほかウランバートルの製粉工場にも売却でき、飼料作物と比べても安定的に需要があるため赤字削減につながる。また小麦を加えて飼料をつくると品質向上がのぞめたという。

2つ目は職員の食糧用**家畜**を自家飼育することであった。当時農場労働者用の肉は、大半を国の食肉倉庫保管分から調達するのが通常であった。しかし国に直訴し、生きた家畜を1,000頭提供してもらい、それを増やして自家消費する方法で食肉を賄うことにした。家畜の飼料には飼料作物の茎などを活用できた一方で、それまで毎年食用として購入していた食肉の費用が不要になったため、結果的に経費削減にもつながった。最終的に家畜は4万頭まで増加し、十分採算がとれる経営となった。

3つ目は、専門家育成の見直しである。これまで製粉工場で働く専門家を育成するために、ソ連へ人員を派遣し6か月から1年の研修をうけさせていた。派遣費用はもちろん農場が負担しなければならない。そこでソ連への派遣を廃止し国内の製粉工場で人材育成することによって派遣にかかる経費を削減した。

4つ目はソ連から派遣されたロシア人専門家の処遇改革である。当時農場で迎えていたロシア人専門家の給料や、住宅、食事などはすべて農場が負担しており、それが大きな赤字要因となっていた。ただ、ロシア人専門家の受け入れを直接的に拒否すると、両国の友好を傷つけたという理由で農場長の責任が問われてしまう。そのため、「わたしたちの農場の優秀なロシア人専門家を、わたしたちよりももっと赤字の農場へ行かせてください」と上手に持ち上げながら、ソ連の

専門家を受け入れないようにしていた。

　このような対策の結果、E飼料農場の赤字はわずか3年で回復することができ、安定的な経営が可能になったという。D氏は「ほかの農場がなぜ赤字ばかりかというと、国の指示通りに動いていたからだ」と述べており、意図的に国の指示には従わなかった様子がわかる。

■4■　微視的視点からみる社会主義社会

　D氏は、「わたしは成果を上げたにもかかわらず、労働英雄（経済や文化において偉業となる業績を残した者に対して贈られる、最高位の栄誉称号のこと）にはなれなかった。その理由は、上の人の決定に従わなかったため評価されなかったということだ」と語っていた。これはあくまでも彼の解釈であり、労働英雄になれなかった真の理由はわからない。確かにカザフスタンで出会った労働英雄の女性は、労働英雄になれた理由として、ソ連の計画を発展させるかたちでノルマ以上の成績を上げたことを挙げていた。しかし逆説的に考えてみると、当時政府は、E飼料農場がソ連の計画に沿わない運営を行っていることを認識しつつも、罰せず許容していたともいえる。すなわち、文化人類学的な微視的視点で社会主義社会をとらえるならば、必ずしもトップダウン形式ではなく、時には国の決めた方針を逸脱しながらすすめられた、社会主義の実践実態が見えてくるのである。

（中村　知子）

Further Studies　　モンゴル国立博物館（Монголын Үндэсний музей）

> モンゴル国ウランバートル市中心部にある、モンゴルの歴史や民族文化を扱った博物館である。民族衣装や装飾品、民具、ゲル内部など伝統文化を伝える文物が展示されているほか、社会主義時代や民主化時代の展示も充実しており、モンゴル国の歴史を学べる。受付に日本語版のパンフレットもあるので、モンゴル語がわからなくても楽しめる。（http://nationalmuseum.mn/）

Book Guide

小長谷有紀・後藤正憲編著，2011，『社会主義的近代化の経験——幸せの実現と疎外』明石書店
小長谷有紀・川口幸大・長沼さやか編，2010，『中国における社会主義的近代化——宗教・消費・エスニシティ』勉誠出版
佐々木史郎・渡邊日日編，2016，『ポスト社会主義以後のスラヴ・ユーラシア世界』風響社

Chapter 4

ダメなガソリンスタンド
違法だが不正ではない？　村社会のルール

■1■　傷んだバイクで走りだす

　これはあるフィールドワーカーの物語である。彼は 2008 年から 2 年間、中国のある村に滞在することになったが、村人の好意でバイクを借りることができるようになった。交通事情が悪かった当時において、バイクは村落間を移動する際に最も利便性の高い乗り物であった。彼が借り受けたバイクは、かなりの年代もので傷んでおり、村のなかのバイク修理屋が保管し、バイクのメンテナンスなどはすべてその修理屋に任せていた。幸運にもバイクが壊れることはなかったものの、些細なトラブルはしょっちゅうであった。

　当然このようなバイクであるから、車検などを通すわけではなく、ナンバープレートもなかった。つまり「管理の外」に置かれたバイクだったわけである。しかしこのような「管理の外」に置かれたバイクは村の至る所にあり、またさも当然のように村落間を堂々と走っていた。地域社会内部では特にナンバープレートがあるバイクとないバイクの違いはなく、たまに県境を越える際に、注意されるくらいのことであった。しかし、2018 年頃からナンバープレートの有無は村落社会内で大きな意味をもつようになる。この頃からナンバープレートをもたない車、バイクへのガソリンの提供が「できなくなった」のである。しかし、村落社会においては今だにナンバープレートのないバイクが走り続けている。彼らはどこでどのようにガソリンを手に入れているのか？　またこの事実が意味することは何であろうか？

■2■　法を越境する村のモラル

　この話の結論を先に述べてしまおう。村落社会内部では、非公式に、ナンバープレートのないバイクにガソリンが提供され続けている。これは表面的には違法である。だが村落社会のなかでは不正ではない、と考えられている。つまり**国家が管理する法**において、ガソリンを提供することはダメなのだが、村落社会内部

のルールにおいてはダメではない行為と見なされているのである。

　つまりダメかどうかということは、状況に応じていかようにも変化しうるのである。当該社会では状況に応じて「正しさ」が判断され、その都度、適切な対応が求められている。このように社会における法とモラルをめぐる問題は、文化人類学において古くから議論の対象となってきた。例えばマリノフスキー（B. K. Malinowski）は法を社会秩序という観点から捉え［マリノウスキー　2002］、ラドクリフ＝ブラウン（A. R. Radcliffe-Brown）は法の肯定的・否定的なサンクションに注目した［ラドクリフ＝ブラウン　2002］。

　日本においては、モース（Marcel Mauss）に師事し文化人類学を学んだ、きだみのる氏の作品も大いに参考になる［きだ　1960］。彼は戦後、東京郊外の農村部で生活することになるのだが、そのなかで法を越えた村社会の掟を軽妙に描き出している。そのなかでも特に注意を引くのは、村の掟のその5「村の恥を警察に届けないこと」であろう。村の掟は時にネガティブに捉えられることもあるが、本作品のなかでは、村の親方監視のもと、ポジティブに作用する側面も描かれている（だからといって肯定的にのみ描かれている訳ではない）。

　近年ではグローバル社会における「違法だが不正ではない」とされる事例が、様々な地域、社会状況において報告されている。例えば中川理は、先のきだみのるの事例、ロイトマン（Janet Roitman）のチャド湖周辺の交易の事例、自身が体験したフランスでの事例を用いて、前近代・近代・現代、地域性・社会性を問わず広くみられるこの状況を「国家の外の想像力」として提起し、読者をその世界にいざなっている［中川　2014］。

　さて、ここで再びフィールドの話に戻ることにしよう。彼はどのようにガソリンを手に入れたのであろうか。そして当該社会ではどのような手法で、法とモラル（違法ではあるが不正ではない状況）が調整されているのだろうか。

▨ 3 ▨　ダメなガソリンスタンド

　村人から借りたバイクは例によってナンバープレートのないバイクであり、いわゆる「管理の外」のバイクであった。彼は山の上の友人の家を訪ねる途中、念のため大きな街道沿いのガソリンスタンドに立ち寄ることにした。いつも通り「ガソリン満タンで」と現地語（標準語とは異なる）で、ガソリンスタンドの店員

に伝えると、店員はこれまでとはまったく違った返事を返してきた。「ナンバープレートのないやつには（ガソリンは）入れられないんだ」と。

　彼は面食らってしまった。なぜならこれまでそのような返事は一度として聞いたことがなかったからだ。彼はしぶしぶもと来た道を戻ることにした。いつからそのようになったのか、今後どのようにバイクを走らせたらいいのか、彼は悩みながらバイクを走らせた。彼がもと来た村へとバイクを走らせている道中、ふと対向車線ですれ違うバイクや車に気を付けて目をやると、多くのバイクや車がいまだにナンバープレートを付けていないことがわかった。なるほど、いまだナンバープレートのないバイクは走り続けている。しかし彼らはいったいどこでガソリンを入れているのだろうか？

　彼は心当たりがあったわけではないものの、滞在先の村堺にある小さなガソリンスタンドを訪ねてみることにした。バイクを小一時間走らせ、小さなガソリンスタンドに立ち寄った彼は、再び現地語で「ガソリン満タンで」と店員に伝えた。すると店員は、「ナンバープレートがないじゃないか」と応えた。しかもその様子は数十メートル先から交通警察と思しき制服を着た2人組に見られていた。「あぁ、ここもダメか」と思った瞬間だった。ガソリンスタンドの店員は、「ちょっと待ってろ」と言葉を付け足した。

　店員はガソリンスタンドの建物の脇へ入ると、そこから黄色い板を持ってきた。ナンバープレートである。それをおもむろに彼のバイクの前面にかけると、機器のノズルを引き抜き、ガソリンを注入し始めたのである。ガソリンスタンドでの一部始終は交通警察にもずっと見られたままであった。彼は少し緊張した

が、止めどもなく平凡に流れ去るフィールドの長い午後に包まれ、とても「静かに」ガソリンはバイクのタンクを満たした。ガソリンの注入が終わると、店員は何事もなかったかのように、今度はナンバープレートを外し、元の場所へ戻した。

ナンバープレートが置かれた彼のバイク

■4■　違法だが不正ではない

　この話、ややもすると単なる笑い話のように聞こえるが、実際のところ村社会におけるモラルを体現している。つまり貧しい者（車検を通すことができないような車やバイクに乗っている者）であっても、ガソリンを入れる権利はあるはずだ、という村社会におけるモラル、意識が、少なからずこの村のガソリンスタンドの店員および交通警察のなかにある。もしガソリンスタンドの店員（あるいは地元の交通警察）がそれを拒めば、彼らは法的には正しいが、村のなかのモラルに反する行為として非難されるだろう。つまり、国家として違法であることが常に村落社会において不正であるとは限らないのである（しかし村落社会内のモラルが常に「正しく」働くわけではない）。

　近年、ネット社会では行き過ぎた「正義感」を背景とした炎上騒ぎやネットリンチといったトラブルが起きている。それらの多くは顔が見える範囲のモラルではなく、顔が見えない範囲における法的な正しさ、「道徳的」正しさのみを強調する傾向が強い。法的な正しさはもちろん重要であり、法を順守することは否定しない。ただこのガソリンスタンドの事例は、ただひたすらに法や正義へ専心することの危うさ［菅賀 2016］、法の外の世界への想像力の重要性について考えさせてくれる。

（小林　宏至）

Further Studies　身近な世界の決まりごとは？

・近所の公園に行って、禁止事項の項目を確認してみよう（球技、花火など）。一方で、それを黙認する近隣住民もいる。どちらかの立場に立つのではなく、両者を眺めてみよう。
・カンヌ国際映画祭でパルムドール（最高賞）を受賞した映画作品、『万引き家族』を観てみよう。万引きは犯罪だが、彼らは万引きで結びついている「偽物」の家族だ。本作で重要なのは、家族であることより家族になること。法や決まりを越境する関係性を考えてみよう。

Book Guide

菅賀江留郎，2016，『道徳感情はなぜ人を誤らせるのか──冤罪，虐殺，正しい心』洋泉社
きだみのる，1960，『東京気違い部落』新潮社
中川理，2014，「国家の外の想像力」『社会人類学年報』40 号：31-56

Chapter 5

平和構築とノープロブレム
自分が世界の中心じゃやっぱりダメですか？

■1■ 自分が中心ではいけない人類学者

　みなさんの周りで、「あいつは自己中（自己中心的）だ」と煙たがられている人はいないだろうか。「自己中」の人は、世界が自分を中心に回っているかのような態度をとる。では、世界は何を中心に回っているのだろうか？　そもそも、世界に中心などあるのだろうか？　文化人類学の問いはここから始まる。

　他者を研究対象とする文化人類学においても、「自己中」的思考や態度は、まず棄却されるべきものとされる。文化人類学の講義を受けて最初に学習するのは、**自文化中心主義**（エスノセントリズム）、そして**文化相対主義**という考え方だろう。自文化中心主義というのは、簡潔に言えば、自身の所属する社会の有する文化が素晴らしく、他者の文化を劣っている、あるいは間違っているとみなす「自己中」的考え方である。

　文化人類学では、自身の文化を相対化して他者の文化を眺めるという文化相対主義の姿勢が求められる。つまり、文化に優劣は存在せず、それぞれの文化にはそれぞれの意味があるとする考え方である。それだけを聞くと、とてもステキな考え方だ。しかし、この文化相対主義の考え方は、人類共通の平和や秩序を考えるとき、思わぬ障壁となる。

■2■ 人類学的平和研究のジレンマ

　文化人類学的**紛争・平和研究**が明らかにしてきたのは、伝統的な政治体系や権力や権威の配分、在来の紛争調停法、敵対と同盟に関する考え方、集団意識や民族的アイデンティティのありようなどである。例えば、東アフリカの**牧畜民研究**では、集団間で定期的に発生するウシの略奪を主目的とする紛争は、その都度平和構築の儀礼などを行うことで、集団間の紐帯を維持・再生産してきた機能を有してきた点が指摘されている。これらの研究からは、必ずしも紛争と平和は対立するものではなく、むしろ相互補完的なものであることがわかるだろう。同時

に、平和概念の相対性、つまり何が「平和」な状態とされるかは社会によって異なるということもみえてくる。

　現在、世界各地で生じている紛争の予防や解決、そして平和構築は、文化人類学者に求められる課題のひとつであるといわれている。確かに、文化人類学的フィールドワークに基づく地道な調査によって得られた資料は、国際機関や国家機関によるマクロレベルの紛争解決や平和構築ではない、実際に紛争を生きる人々の視点にたった草の根レベルの平和構築の可能性を提示できるかもしれない。

　しかし、平和のありようが社会によって異なっている場合、「誰の」平和にその標準を合わせるのかが問題となる。ある意味、平和を構築しようという活動は、構築する側が前提とする「平和」に、相手の「平和」の状態を合わせようとする自文化中心主義的試みであるともいえる。では、私たちには平和的ではないように映るものが、彼らの世界観である場合、文化人類学者はどのような態度をとるべきなのであろうか。

■3■　自文化中心主義？　それともフィールドの世界観？

　フィールドで出会う人々は、しばしば自文化中心主義的である。筆者がアフリカにいた頃、「その年齢で結婚もせずこんなところにいるとは、頭がおかしいのではないか」と真顔で言われたことは一度ではない。文化人類学者は、そんな彼らの言明にやきもきしつつも、それを彼らの「世界観」だとして飲み下そうと試みる。しかし、そこに**暴力**や人権の問題がかかわってくる場合、それを世界観として処理してよいものかどうか迷うことがある。

　アフリカで開催されたとある平和構築とかかわる国際会議に出席したときのことだ。民族同士の対立が問題視される国内情勢について、A民族出身の牧師がプレゼンのなかで衝撃的な発言をした。「神がはじめにお創りになったのは、A族だ」。

　その発言に会場はざわめいた。日本からの参加者——多くは文化人類学者——は周囲の人間と顔を見合わせ、唖然としていた。このような事象を目の前にして、文化人類学者としてどのような態度が望ましいのだろう。おそらく文化人類学者の頭の中では、次のような自己問答が展開しているに違いない。

「民族に優劣はない。『A族は神が初めて創った』という彼の発言は、自文化中心的であり、文化相対主義の観点からすれば断じて許されるべきではない。しかしこの発言が現地の人による場合はどうなるのだろうか？」

そこで、文化人類学者は文化相対主義の意味を考え直す。

「文化相対主義というのは他者の価値観、世界観を尊重する立場であるから、『はじめに神が創った』というのが彼らの『世界観』である場合、私たちはそれを尊重しなければならないのではなかろうか？」

と、ここまで相対主義者であった文化人類学者は、文化相対主義にも様々な立場があることに気づき、やや開き直って次の考えに至る。

「しかし、平和構築という発想そのものが西欧社会に端を発する私たちの社会の『平和』を前提としているのだから、ここは私たちの『平和』的思想にならい、民族に優劣がないこと、文化は相対的であることを教授すべきか」。

だが、「民族は平等」「文化は相対的」であることを唱えたところで、実際に生じている紛争は「解決」しない。人類学者はまた次の壁に突き当たる。

「民族紛争をはじめとするアフリカの紛争は、西欧による植民地主義の結果として生まれたものであり、西欧社会にとって都合の良い『平和』構築の結果だ。西欧がまず自身の世界観を中心に世界を構築していったのだから、アフリカの人たちにも『アフリカ的平和観』があるとすれば、それを軸に社会を築く権利があるのではないか……」。

この自己問答のなかに、文化相対主義／自文化中心主義のジレンマを見てとれるだろうか。「他者の世界観を尊重することは、自文化中心的であることを認めることになるのか」という問いが示すように、文化相対主義と自文化中心主義は対立する考えのようで、実は互いに互いを内包している考え方なのである。

▪4▪　悩ましい「自己中」の問題

結局、この国際会議において上述のような自己問答に言及した参加者は、文化人類学者を含めていなかった。牧師の発表後の質疑応答では（当然かもしれないが）、別の民族集団出身者から次の指摘があった。「神がはじめに創ったのはA族だとか、そんなことは絶対言ってはいけない」。すると、例の牧師は次のように答えた。「そういう考え方もあるかもしれない。でもノープロブレムさ」。

聴衆はしばしあっけにとられた。そこで別の質問者から次の発言が入る。

「ほら、我々のプロブレムはこれなのだよ。我々の国のすべての民族が、神は自分たちの民族をはじめに創ったと考えている。だから紛争は終わらない」。

グローバル化が進む現代、多様な価値や思考様式が認められるべきとされる社会になり、文化相対主義的な考え方はますます必要とされるようになった。その意味だけを聞くと美しい文化相対主義は、実は欺瞞に満ちた、文化人類学者を苦しめ続けている魔術的概念でもある。自分たちに理解可能なことのみを受け入れ、理解できないことについては自身の「常識」をお仕着せようとする……このような二律背反的態度は「グローバル化」のいたるところに見出すことができる。人類学の文化相対主義が抱えてきたジレンマは、そのまま国際化が進む社会そのもののジレンマでもあるのだ。では、本当のプロブレムはどこにあるのか。それとも牧師の言うようにすべてはノープロブレムなのか。答えの出ないまま、議論は続く……。

（橋本　栄莉）

Further Studies　**町内会の集まりに行ってみよう**

町内会というのは、一つの世界観を共有している集団である。町内会の集まり、例えば会議や飲み会に参加してみて、その町内会が前提としている価値観、たとえば男女の役割分担や、権力構造、「年配者／若者はこうすべき」といった規範について分析してみよう。パワハラ、セクハラ、アルハラ、モラハラ……あらゆるハラスメントに敏感なイマドキのあなたは、そこで何を感じるだろうか。それを彼らの世界観として受け入れ、一員として同じようにふるまえるだろうか。それともそれを「時代遅れ」として距離を置いてながめる、「空気の読めない」人間になるだろうか。あなたは試されている……。

Book Guide

エヴァンズ＝プリチャード，E. E., 1978,『ヌアー族』向井元子訳，岩波書店
栗本英世，1999,『未開の戦争，現代の戦争』岩波書店
橋本栄莉，2016,「テントの入口に響く声——南スーダンでみた誘拐，民族紛争，武装解除のもう一つの顔」https://synodos.jp/international/16957

第 10 部　国民国家とガバナンス

キーワードリスト

SNS　最新：198〔メディアキッズ〕、丸善：696〔サイバースペース〕

掟　弘：185〔慣習法〕、丸善：538-539〔治める　慣習法〕

同じ釜の飯を食う　丸善：350〔宴（共食）〕

家畜　弘：148、丸善：290〔家畜が伝えること〕

観光資源　20：284-〔観光人類学〕、キー：192、最新：48〔観光人類学〕

近代化　最新：124-125〔伝統と近代〕

グローバル化　最新：54〔グローバリゼーション〕

血縁　弘：356〔出自集団〕

国営農場　弘：290；569 など〔コルホーズ・ソフホーズなどに関する記述〕

国民国家　最新：68-69〔国民国家〕、20：179-196〔エスニシティ論〕、キー：170-171〔国家〕；180-181〔ナショナリズム〕；198-199〔難民〕；204-205〔エスニシティと民族問題〕、丸善：534-537〔治める　政治体系（政治システム）〕；550-551〔治める　政策の人類学〕；552-553〔治める　意味の政治〕

国家が管理する法　丸善：562-563〔治める　法整備〕

これらの研究　丸善：530〔国家なき社会〕

災害　丸善：120〔災害と支援〕

自文化中心主義（エスノセントリズム）　弘：336〔自民族中心主義〕、最新：191〔民族浄化〕

社会関係資本　丸善：628〔社会関係資本〕

青年団　民俗：301〔青年団〕

年齢階梯制　弘：572〔年齢階梯制〕；573〔年齢集団〕

フォークロリズム　民俗：459、キー：190-〔観光〕、丸善：372-〔旅と観光〕

文化相対主義　弘：671〔文化相対主義〕、20：55-

紛争・平和研究　丸善：578〔民族紛争〕、最新：192〔民族紛争〕

暴力　丸善：530〔国家なき社会〕

牧畜　丸善：186〔働く→牧畜〕、キー：54

村八分　民俗：555〔村ハチブ〕

柳田国男　民俗：573〔やなぎたくにお〕

引用・参考文献
（日本語文献は 50 音順。漢字表記は音読みで統一）

Adhikari, A., A. Sen, R. C. Brumbaugh, and J. Schwartz, 2011, "Altered growth patterns of a Mountain Ok population of Papua New Guinea over 25 years of change." *American Journal of Human Biology*, 23 (3): 325-332.

Brubaker, R., 2004, *Ethnicity without Groups*, Cambridge, Mass.: Harvard University Press.

Bruck, G. and B. Bodenhorn eds., 2006, *An Anthropology of Names and Naming*, Cambridge: Cambridge University Press.

Carlson, T., 1991, *Tainae Grammar Essentials*. Ukarumpa: Summer Institute of Linguistics (Unpublished typescript).

Herdt, G. H., 1984, "Ritualized homosexual behavior in the male cults of Melanesia, 1862-1983: An Introduction." In G. H. Herdt ed. *Ritualized Homosexuality in Melanesia*. pp. 1-81. Berkeley: University of California Press.

————, 1993, "Introduction to the Paperback Edition." In Gilbert H. Herdt ed. *Ritualized Homosexuality in Melanesia*. pp. vii-xliv. Berkeley: University of California Press.

————, 2006, *The Sambia: Ritual, Sexuality, and Change in Papua New Guinea*. 2nd ed. Belmont: Thomson Wadsworth.

Hill, K., and H. Kaplan, 1988, "Trade-offs in male and female reproductive strategies among the Ache." In Mulder, M. B., Betzig, L. L., and P. Turke, eds. *Human Reproductive Behaviour: A Darwinian Perspective*. pp. 277-290. Cambridge: Cambridge University Press.

Hume, E. H., 1945, *Doctors East, Doctors West*, W. W. Norton & Company. Inc., New York.

McLuhan, M., 1964, "The medium is the message", In *Understanding Media: The Extensions of Man*. The MIT Press.

McLuhan, M., 1967, "The medium is the massage", In McLuhan, M. & Q. Fiore, eds. *The Medium is the Massage: An Inventory of Effects*. New York: Bantam Books.

Mead, M., 1935, *Sex and Temperament in Three Primitive Societies*. New York: William Morrow.

Pool, R., and W. Geissler, 2005, *Medical Anthropology*. Maidenhead: Open University Press.

Watson, J. B., 1965, "The significance of a recent ecological change in the Central Highlands of New Guinea." *The Journal of Polynesian Society*, 74 (4): 438-450.

アーリ，J.，2012，『場所を消費する（新装版）』吉原直樹監訳，法政大学出版局（原著 1995）

エヴァンズ＝プリチャード，E. E.，1997，『ヌアー族――ナイル系一民族の生業形態と政治制度の調査記録』向井元子訳，平凡社（原著 1940）

青柳まち子，2004，『老いの人類学』世界思想社

赤坂憲雄・玉野井麻利子・三砂ちづる，2008，『歴史と記憶――場所・身体・時間』藤原書店

秋道智彌，1995，「資源と所有――海の資源を中心に」秋道智彌・市川光雄・大塚柳太郎編『生態人類学を学ぶ人のために』世界思想社，pp. 174-192

秋道智彌責任編集，2007，『資源人類学　第 8 巻　資源とコモンズ』弘文堂

朝倉敏夫・林史樹・守屋亜記子，2015，『韓国食文化読本』国立民族学博物館

アサド，T.，2004，『宗教の系譜——キリスト教とイスラムにおける権力の根拠と訓練』中村圭志訳，
　　岩波書店（原著1993）

芦田裕介，2016，『農業機械の社会学——モノから考える農村社会の再編』昭和堂

阿満利麿，1996，『日本人はなぜ無宗教なのか』ちくま新書

綾部真雄，2018，「同時代のエスニシティ」桑山敬己・綾部真雄編『詳論文化人類学——基本と
　　最新のトピックを深く学ぶ』ミネルヴァ書房，pp. 92-105

アンダーソン，B.，1997，『想像の共同体——ナショナリズムの起源と流行』白石さや・白石隆訳，
　　NTT出版（原著1983）

飯島渉，2009，『感染症の中国史——公衆衛生と東アジア』中公新書

磯前順一，2003，『近代日本における宗教言説とその系譜——宗教・国家・神道』東京大学出版会

李盛雨，1999，『韓国料理文化史』平凡社

伊藤幹治，1995，『贈与交換の人類学』筑摩書房

————，2011，『贈答の日本文化』筑摩書房

岩本通弥，2003，「総論　方法としての記憶——民俗学におけるその異相と可能性」岩本通弥編『現
　　代民族誌の地平3　記憶』朝倉書店

上杉富之，1999，『贈与交換の民族誌——ボルネオ・ムルット社会の親族と祭宴関係のネットワー
　　ク』（国立民族学博物館研究叢書1）国立民族学博物館

上村靖司・筒井一伸・沼野夏生・小西信義，2018，『雪かきで地域が育つ——防災からまちづく
　　りへ』コモンズ

宇田川妙子・中谷文美編，2007，『ジェンダー人類学を読む——地域別・テーマ別基本文献レ
　　ヴュー』世界思想社

内堀基光・菅原和孝・印東道子編著，2007，『資源人類学』放送大学教育振興会

梅崎昌裕，2007，『ブタとサツマイモ——自然のなかに生きるしくみ』小峰書店

————，2011，「近代化と人口増加、適応戦略の変容——パプアニューギニア高地」渡辺知保
　　ほか編『人間の生態学』朝倉書店，pp. 205-233

エヴァンズ＝プリチャード，E. E.，1978，『ヌアー族——ナイル系一民族の生業形態と政治制度
　　の調査記録』向井元子訳，岩波書店（原著1940）

————，1995，『ヌアー族の宗教（上）（下）』向井元子訳，平凡社（原著1956）

江守五夫，1976，『日本村落社会の構造』弘文堂

大塚柳太郎・河辺俊雄・高坂宏一・渡辺知保・阿部卓，2012，『人類生態学　第2版』東京大学
　　出版会

大貫恵美子，1995，『コメの人類学——日本人の自己認識』岩波書店

小川さやか，2016，『「その日暮らし」の人類学——もう一つの資本主義経済』光文社新書

オング，W. J.，1991，『声の文化と文字の文化』桜井直文・林正寛・糟谷啓介訳，藤原書店（原
　　著1982）

カー，E. H.，1962，『歴史とは何か』清水幾太郎訳，岩波新書（原著1961）

河合利光編，2012，『家族と生命継承——文化人類学的研究の現在』時潮社

川田順造，2001，『無文字社会の歴史——西アフリカ・モシ族の事例を中心に』岩波現代文庫（初

出 1976）

川田順造編，2018，『近親性交とそのタブー──文化人類学と自然人類学のあらたな地平』藤原
　　書店（初出 2001）

川橋範子・小松加代子編，2016，『宗教とジェンダーのポリティクス──フェミニスト人類学の
　　まなざし』昭和堂

川端康成，2013，『雪国』角川文庫（初版 1937）

川森博司，2003，「第 3 章　記憶から声へ──共同作業としての民俗誌の可能性」岩本通弥編『現
　　代民族誌の地平 3　記憶』朝倉書店

菅賀江留郎，2016，『道徳感情はなぜ人を誤らせるのか──冤罪、虐殺、正しい心』洋泉社

韓景旭，2001，『韓国・朝鮮系中国人＝朝鮮族』中国書店

韓国法務部出入国管理局，2019，『出入国・外国人政策統計月報』2019 年 6 月号

ギアーツ，C.，1987，「バリにおける人間・時間・行為」『文化の解釈学　II』中牧弘允・吉田禎
　　吾・柳川啓一・板橋作美訳，岩波書店，pp. 295-388（原著 1973）

岸上伸啓編，2016，『贈与論再考──人間はなぜ他者に与えるのか』臨川書店

きだみのる，1960，『東京気違い部落』新潮社

権香淑，2011，『移動する朝鮮族──エスニック・マイノリティの自己統治』彩流社

グディ，J.，1986，『未開と文明』吉田禎吾訳，岩波書店（原著 1977）

久保忠行，2014，『難民の人類学──タイ・ビルマ国境のカレンニー難民の移動と定住』清水弘
　　文堂書房

栗本英世，1999，『未開の戦争、現代の戦争』岩波書店

クロイツァー，R. C.，1994，『近代中国の伝統医学──なぜ中国で伝統医学が生き残ったのか』
　　難波恒雄・難波洋子・大塚恭男訳，創元社（原著 1968）

黒崎岳大・今泉慎也編，2016，『太平洋島嶼地域における国際秩序の変容と再構築』アジア経済
　　研究所

国務院人口普査办公室・国家統計局，2012，『中国 2010 年人口統計普査資料』中国統計出版社

国立健康・栄養研究所，2013，『国民健康・栄養の現状──平成 22 年厚生労働省国民健康・栄養
　　調査報告より』第一出版

小長谷有紀，1996，『モンゴル草原の生活世界』朝日新聞社

小長谷有紀・川口幸大・長沼さやか編，2010，『中国における社会主義的近代化──宗教・消費・
　　エスニシティ』勉誠出版

小長谷有紀・後藤正憲編著，2011，『社会主義的近代化の経験──幸せの実現と疎外』明石書店

小林康正，2009，『名づけの世相史──「個性的な名前」をフィールドワーク』京都文教大学文
　　化人類学ブックレット 4，風響社

小谷野敦，1999，『もてない男──恋愛論を超えて』ちくま新書

小山修三・五島淑子，1985，「日本人の主食の歴史」石毛直道編『論集　東アジアの食事文化』
　　平凡社，pp. 473-499

サーヴィス，E. M. 著，増田義郎監修，1991，『民族の世界──未開社会の多彩な生活様式の探究』
　　講談社学術文庫，講談社（原著 1963）

サーリンズ，M. D.，2012，『石器時代の経済学』山内昶訳、法政大学出版局（原著 1972）

埼玉大学文化人類学研究会，1992，『栄村東部谷の民俗――長野県下水内郡栄村　志久見・長瀬・北野・極野』

埼玉大学文化人類学研究会，1996，『上元郷・本宿の生活誌――東京都西多摩郡檜原村』

崎山理，1999，「オセアニア・東南アジアで流れる言語的・文化的時間」長野泰彦編『時間・ことば・認識』ひつじ書房，pp. 231-247

佐々木史郎・渡邊日日編，2016，『ポスト社会主義以後のスラヴ・ユーラシア世界』風響社

佐々木衛・方鎮珠編，2001，『中国朝鮮族の移住・家族・エスニシティ』東方書店

佐藤俊編，2002，『遊牧民の世界』京都大学学術出版会

島田裕巳，2014，『0 葬――あっさり死ぬ』集英社

清水郁郎，2005，『家屋とひとの民族誌――北タイ山地民アカと住まいの相互構築誌』風響社

下地理則，2018，『南琉球宮古語伊良部島方言』くろしお出版

シンジルト，2003，『民族の語りの文法――中国青海省モンゴル族の日常・紛争・教育』風響社

新本万里子，2018，「生理用品の受容によるケガレ観の変容――パプアニューギニア・アベラム社会における月経処置法の変遷から」『文化人類学』83（1）：25-45

―――――，2019，「パプアニューギニアにおける月経衛生対処に関わる教育と女子生徒たちの実践――月経のケガレと羞恥心をめぐって」『国際開発研究』28（2）：35-49

杉島敬志，1987，「精液の容器としての男性身体――精液をめぐるニューギニアの民俗的知識」宮田登・松園万亀雄編『文化人類学　4　性と文化表象』アカデミア出版会，pp. 84-107

鈴木由加里，2008，『「モテ」の構造――若者は何をモテないと見ているのか』平凡社

スチュアート，H. 編，池谷和信・岸上伸啓ほか，1996，『採集狩猟民の現在――生業文化の変容と再生』言叢社

瀬川昌久・川口幸大編，2016，『「宗族」と中国社会――その変貌と人類学的研究の現在』風響社

ソシュール，F. de，1972，『ソシュール一般言語学講義』小林英夫訳，岩波書店（原著 1916）

―――――，2016，『新訳ソシュール一般言語学講義』町田健訳，研究社（原著 1916）

タウンゼンド，P. K.，2004，『環境人類学を学ぶ人のために』岸上伸啓・佐藤吉文訳，世界思想社（原著 2000）

髙谷紀夫・沼崎一郎編，2012，『つながりの文化人類学』東北大学出版会

高橋統一，1998，『家隠居と村隠居――隠居制と年齢階梯制』岩田書院

ダグラス，M.，1972，『汚穢と禁忌』塚本利明訳，思潮社（原著 1966）

田所聖志，2014，『秩序の構造――ニューギニア山地民における人間関係の社会人類学』東京大学出版会

田中二郎編，2001，『カラハリ狩猟採集民――過去と現在』京都大学学術出版会

谷泰，1997，『神・人・家畜――牧畜文化と聖書世界』平凡社

陳玲，2002，「北小浦の老人たちと宅配便」福田アジオ編『北小浦の民俗』吉川弘文館

地田徹朗，2012，「ユーラシアにおける開発と環境――『自然改造』の歴史と現在（特集境域の北ユーラシア：自然改造から広域環境政策、そして環境リテラシーへ『Seeder：種まく人：地球環境情報から考える地球の未来（6）』昭和堂，pp. 6-12

中国朝鮮族研究会編，2006，『朝鮮族のグローバルな移動と国際ネットワーク――「アジア人」としてのアイデンティティを求めて』アジア経済文化研究所

鄭大聲，2001，『焼肉は好きですか？』新潮社

槌谷智子，1999，「石油開発と『伝統』の創造——パプアニューギニア・フォイ社会の『近代』との葛藤」杉島敬志編『土地所有の政治史——人類学的視点』風響社，pp. 251-274

出口顯，1995，『名前のアルケオロジー』紀伊國屋書店

鉄道博物館，2009，『雪にいどむ——鉄道博物館第 4 回企画展図録』鉄道博物館

暉峻衆三，2003，『日本の農業 150 年——1850〜2000 年』有斐閣ブックス、有斐閣

鳥山成人・外川継男，1966，「『近代化』をめぐる報告と討論」『スラヴ研究』10:71-84

中川理，2014，「国家の外の想像力」『社会人類学年報』40:31-56

中川加奈子，2016，『ネパールでカーストを生きぬく——供犠と肉売りを担う人びとの民族誌』世界思想社

永島剛・市川智生・飯島渉編，2017，『衛生と近代——ペスト流行にみる東アジアの統治・医療・社会』法政大学出版局

中空萌，2019，『知的所有権の人類学——現代インドの生物資源をめぐる科学と在来知』世界思想社

中根千枝，2009，『タテ社会の力学』講談社

中山一大・市石博編，2015，『つい誰かに教えたくなる人類学 63 の大疑問』講談社

波平恵美子，1999，『暮らしの中の文化人類学』出窓社

新潟県，1974，『新潟の米百年史』新潟県農林部（新潟の米百年史編集事務局）

新潟鉄道管理局，1985，『雪にいどむ——新鉄雪害対策調査委員会調査研究報告書』新潟鉄道管理局

ニーダム，R.，1993，『象徴的分類』吉田禎吾・白川琢磨訳，みすず書房（原著 1979）

西田正規，2007，『人類史のなかの定住革命』講談社学術文庫（初出 1986）

日本葬送文化学会編，2007，『火葬後拾骨の東と西（火葬研究叢書）』日本経済評論社

信田敏宏・小池誠編，2013，『生をつなぐ家——親族研究の新たな地平』風響社

野村典彦，2011，『鉄道と旅する身体の近代——民謡・伝説からディスカバー・ジャパンへ』青弓社

ノラ，ピエールほか，2002，『記憶の場——フランス国民意識の文化＝社会史〈第 1 巻〉対立』谷川稔監訳，岩波書店（原著 1984）

橋本章，2016，『戦国武将英雄譚の誕生』岩田書院

橋本栄莉，2016，「テントの入口に響く声——南スーダンでみた誘拐、民族紛争、武装解除のもう一つの顔」（https://synodos.jp/international/16957）

長谷正人，1991，『悪循環の現象学——「行為の意図せざる結果」をめぐって』ハーベスト社

馬場雄司，2011，『海辺のカラオケ、「おやじ」のフォーク——高齢社会の音楽をフィールドワーク』京都文教大学文化人類学ブックレット 7，風響社

————，2018，「農村のポピュラー文化——グローバル化と伝統文化保存・復興運動のはざま」福岡まどか・福岡正太編『東南アジアのポピュラーカルチャー——アイデンティティ・国家・グローバル化』スタイルノート

浜本満，2007，「イデオロギー論についての覚書」『くにたち人類学研究』2:21-41

浜本満・浜本まり子共編，1994，『人類学のコモンセンス——文化人類学入門』学術図書出版社

速水　融, 2009, 『歴史人口学研究――新しい近世日本像』藤原書店

ヒッカーソン, N. P., 1982, 『ヒトとコトバ――言語人類学入門』光延明洋訳, 大修館書店（原著 1980）

平間直樹総監修, 2019, 『東洋医学の教科書』ナツメ社

蛭沼第二揚水組合・富士見市立考古館協力, 1996, 『蛭沼陸田開拓のあゆみ――ソトノに米が作れたら』蛭沼第二揚水組合

福井勝義・谷泰編, 1987, 『牧畜文化の原像――生態・社会・歴史』日本放送出版協会

藤井正雄, 1988, 『骨のフォークロア』弘文堂

富士見市教育委員会, 1994, 『富士見市史　通史編（上）（下）』

フリードマン, M., 1991, 『東南中国の宗族組織』末成道男・西澤治彦・小熊誠訳, 弘文堂（原著 1958）

――――, 1995, 『中国の宗族と社会』田村克己・瀬川昌久訳, 弘文堂（原著 1966）

ベルウッド, P., 2008, 『農耕起源の人類史』長田俊樹・佐藤洋一郎監訳、京都大学学術出版会（原著 2005）

保苅実, 2018, 『ラディカル・オーラル・ヒストリー――オーストラリア先住民アボリジニの歴史実践』岩波現代文庫（初出 2004）

ホール, E. T., 1983, 『文化としての時間』宇波彰訳、TBS ブリタニカ（原著 1983）

真木悠介, 2003, 『時間の比較社会学』岩波現代文庫（初出 1981）

マッケロイ, A.・タウンゼント, P., 1995, 『医療人類学――世界の健康問題を解き明かす』丸井英二・杉田聡・春日常・近藤正英訳、大修館書店（原著 1989）

松村圭一郎, 2008, 『所有と分配の人類学――エチオピア農村社会の土地と富をめぐる力学』世界思想社

松本裕子, 2010, 『贈与米のメカニズムとその世界』農林統計出版

マードック, G. P., 1978, 『社会構造――核家族の社会人類学』内藤莞爾訳, 新泉社（原著 1949）

マートン, R., 1961, 『社会理論と社会構造』森東吾ほか訳, みすず書房（原著 1957）

マリノウスキー, B. K., 2002, 『未開社会における犯罪と慣習（新版）』青山道夫訳, 新泉社（原著 1926）

マルジャン, M.・ジャン＝ドニ, V.・西秋良宏, 2008, 「西アジアにおける動物の家畜化とその発展」西秋良宏編『遺丘と女神――メソポタミア原始農村の黎明』東京大学出版会, pp. 80-93

宮岡伯人, 1978, 『エスキモーの言語と文化』弘文堂

宮岡伯人編, 1996, 『言語人類学を学ぶ人のために』世界思想社

宮坂広作, 2010, 「歴史意識の形成と生涯学習――『風林火山』フィーバーをめぐって」『生涯学習と自己形成』明石書院（初出 2008, 『大学改革と生涯学習』12 号）

宮本勝編, 2003, 『くらしの文化人類学 6 〈もめごと〉を処理する』雄山閣

村上春樹, 2004, 『ダンス・ダンス・ダンス』（上）（下）講談社文庫（初出 1988）

村武精一編, 1998, 『新装版　家族と親族』小川正恭ほか訳, 未来社（初出 1981）

モース, M., 2014, 『贈与論　他二篇』森山工訳, 岩波文庫（原著 1923。ちくま学芸文庫版 2009）

森田敦郎, 2012, 『野生のエンジニアリング』世界思想社

柳田国男，1922，『郷土誌論』郷土研究社（柳田国男，1990，『柳田国男全集』第 27 巻，ちくま文庫所収）

―――，1968，「口承文芸史考」『定本柳田國男集（新装版）第 6 巻』筑摩書房（該当部分の初出は 1932 年、岩波講座『日本文学』〈原題「口承文芸大意」〉。1947 年、中央公論社より『口承文芸史考』発行）

山折哲雄，1990，『死の民俗学』岩波書店

山下晋司編，2007，『資源化する文化　資源人類学 2』弘文堂

山田慎也，2007，『現代日本の死と葬儀――葬祭業の展開と死生観の変容』東京大学出版会

山田光胤・代田文彦，2018，『図説　東洋医学＜基礎編＞』学研

ヨー，ブレンダ，2007，「女性化された移動と接続する場所」伊豫谷登士翁編『移動から場所を問う――現代移民研究の課題』小ヶ谷千穂訳，有信堂高文社

吉岡乾，2017，『なくなりそうな世界の言葉』創元社

吉田禎吾編，1992，『バリ島民――祭りと花のコスモロジー』弘文堂

ラドクリフ＝ブラウン，A.，2002，『未開社会における構造と機能（新版）』青柳真智子訳，新泉社（原著 1952）

リーチ，E. R.，1981，『文化とコミュニケーション――構造人類学入門』青木保・宮坂敬造訳，紀伊國屋書店（原著 1976）

―――，1987，『高地ビルマの政治体系』関本照夫訳，弘文堂（原著 1954）

リーンハート，G.，2019，『神性と経験――ディンカ人の宗教』出口顯監訳，佐々木重洋・坂井信三訳，法政大学出版局（原著 1961）

レヴィ＝ストロース，C.，1976，『野生の思考』大橋保夫訳，みすず書房（原著 1962）

―――，2000，『親族の基本構造』福井和美訳，青弓社（原著 1949）

レーナルト，M.，1990，『ド・カモ――メラネシア世界の人格と神話』坂井信三訳，せりか書房（原著 1947）

レッシグ，L.，2007，『CODE VERSION2.0』山形浩生訳，翔泳社（原著 2006）

ロック，J.，2013，『完訳　統治二論（電子書籍版）』加藤節訳，岩波書店（原著 1690）

ロバーツ，S.，1982，『秩序と紛争――人類学的考察』千葉正士訳，西田書店（原著 1979）

web サイト

CHIANGMAI 43（2019 年 9 月 24 日取得、https://chiangmai43.com/post-23519/）

トリップ・アドバイザー（2019 年 9 月 24 日取得、https://www.tripadvisor.jp/Restaurant_Review-g2237341-d9801978-Reviews-Ban_Tai_Lue_Cafe-Pua_Nan_Province.html

「2016 年度危機的な状況にある言語・方言サミット（奄美大会）・与論」（2019 年 12 月 27 日取得、https://www.youtube.com/watch?v=1pH9_nW7cI4&t=245s）

「『人生 100 年時代』に向けて――人生 100 年時代構想会議」（2020 年 1 月 29 日取得、https://www.mhlw.go.jp/stf/seisakunitsuite/bunya/0000207430.html）

「恒例　明治安田生命の生まれ年別の名前調査　名前ランキング 2019」（2020 年 1 月 29 日取得、https://www.meijiyasuda.co.jp/enjoy/ranking/index.html）

おわりに

　本書の執筆陣の専門分野は、文化人類学を中心としているものの、民俗学、言語学、歴史学と多岐にわたっている。また地域もてんでバラバラである。なぜこのような執筆陣が集まったのか、どのような趣旨のもと、本書『ダメになる人類学』が出版されたのか。最後に、本書が出来上がるまでの経緯を簡単にお話ししておきたい。

　本書は、東京学芸大学教育学部の教養系課程で人類学を学んだり触れたりした卒業生が中心になって書かれたものである。もともと学校教員の養成機関であった東京学芸大学には、1988 年から 2014 年まで教育系課程に加えて教養系課程が設置されていた。教育系課程は学生の大部分を占め、教員免許を取得し小中高校、養護・特別支援学校等の教員になることを目指す学生が集まっていた。一方で教養系課程は、教育学部にありながら教員免許を取得せずとも卒業でき、少人数で専門領域を学ぶという、学内マイノリティであった。教養系はさらに細かく、アジア研究（アジ研）、欧米研究（欧研）、日本研究（日研）、多言語多文化（多言語）等に分かれており、各学年 20 人程度で、4 年間にわたって教員と学生が密度の濃い時間を共有するという恵まれた環境にあった。

　教養系課程の設立と同時に、アジ研の教員として文化人類学者の吉野晃先生が赴任された。しばらくして教育系課程（主に社会科）と教養系課程（主にアジ研と日研）の学生の発案で、毎週木曜日夕方 6 時から吉野先生を顧問とした「人類学ゼミ」が始められた。ゼミとはいっても自主的な勉強会であり、授業科目ではないため学生にとっては卒業に必要な科目単位にならず、先生にとっては学務の範疇を超えた教育負担を増やす（しかも、かなり──当時はまったく気づかなかった）ものであった。しかしそれでも（いや、だからこそ）、毎回のゼミは熱気にあふれていて、文化人類学に関する論文発表や若手研究者（たとえば本書にご寄稿いただいた片岡樹先生など）の研究報告が行われていた。ゼミの終わる時間は夜 9 時を過ぎることもあった。所属課程や学年を問わず誰でも参加することができ、参加学生はこのゼミで勉強を積んで卒業論文を書くのが習わしだった。授業ではない

ので、風通しが良く、民俗学、言語学、歴史学などに関心をもつ学生も集まってきて自由闊達に議論するといった雰囲気だった。

　しかし 2015 年以降、教養系は「時代の流れ」あるいは「大きな力」によって消失してしまうことになる。教養系課程は教育支援課程へと名前を変えて改組されたのである。東京学芸大学は教員養成系の大学なのであって、教員免許を取らずとも卒業できる、白とも黒ともつかない教養系という存在は「不要なもの」「役に立たないもの」、そう、ダメなものになってしまったのである。本書の冒頭にてダメかどうかは実に状況依存的であると述べたが、選択と集中、より合理的な教員養成系大学を志向するということで、アジ研、欧研、日研などの教養系課程はなくなってしまった。しかし、東京学芸大学学長（2003〜2010 年）であった鷲山恭彦名誉教授が退職記念パーティで当時を振り返り、「東京学芸大学として百花繚乱の時代だった」と述べたように、このダメな教養系が存在していたかつての東京学芸大学は、学問の府として非常に豊かな時代であった（この教養系のエッセンスが、現在も何らかの形で継承されていれば、大変嬉しく思う）。

　本書は、アジ研の教員であった吉野晃先生のもとに集まった、当時の学生、そして吉野晃先生とタイ調査で共同生活をされていた、馬場雄司先生、片岡樹先生、二文字屋脩先生のご協力を得て完成したものである。本書の編集会議は、かつてアジア研究演習室で行った人類学ゼミのように非常にフランクな形で行われ、「面白い！」「面白くない！」という言葉が飛び交うものとなった。編集会議では発表者が満を持して報告したにもかかわらず、「ん〜……あまり面白くない！」「学生に伝わらないんじゃ？」「それは哲学の仕事でいいよ」ということでボツになったものもある。逆に編集会議後の宴席で出た話が、「面白い！」ということで採用されたものもある。要は、執筆者・編者らが「面白い！」と思ったものしか本書には記載されていない。

　振り返ってみると、この企画が計画（初回の会議は 2017 年 4 月）されてから、なんと十数回以上もわざわざ膝をつき合わせて（日本各地から集まって）議論を重ねてきたことになる。しかし何度も会議を行っているにもかかわらず、各回の会議で何か明確に方向性が決まることはほぼなく、ただ互いのフィールドの話が延々と続くという状況が多かった。これはある意味でダメな会議なわけだが、好きなように好きなだけ互いの調査地の事例の話を聴き合うというのも、今になっ

て思えば意義あることのように感じる。本書の行間からそのような部分を感じ取っていただければ幸いである。そんな執筆陣がどうにか出版というところまでたどり着けたのは、ひとえに出版を担当してくださった椎名さんの存在がある。

　北樹出版の椎名寛子（多言語卒）さんには、本書の刊行に際して積極的なご参与をいただいた。椎名さんは、第4回の編集会議から、ほぼ毎回ご出席いただき、貴重なコメントや出版に向けたアドバイス、「外」の視点からのご意見・ご指摘等をいただいた。椎名さんのご助言、お力添えがなければ本書が世に出ることはなかったであろう。心より感謝申し上げます。

　最後に。本書を読んでいただければわかるように、本書は抽象度の低い、身近で具体的な文化人類学の事例集となっている。文化人類学者のフィールドワークの多くは、現地の人に質問をしたり、道具や家屋を計測・データ化すること以上に、お茶を飲んだり、ボーっとしたりしている。一見すると、「役に立たない」「非合理的な」「効率の悪い」ダメな調査である。しかし、それこそが文化人類学者（少なくとも本書執筆陣）にとっての偽らざる「仕事」なのである。本書は、ダメの専門家である文化人類学者から皆さんへと投げかける、ダメへのいざないである。

　　2020年2月

編 者 一 同

事項索引

Facebook　113,176,181
genitor　90
pater　90
SNS　110,113,186,197

あ　行

アイデンティティ　103,163,
　164
アチェ　144
アチュアル　10
育児　148,150,151
遺骨　126-129
イスラム教　132
遺体　126-128
一夫多妻婚　55
イデオロギー　90,91,198,199
移動　2
稲作　7,8,29,51,167
イヌイット　11,28,29,76
移牧　2
医療　40-43,140,143,184,185
インセスト・タブー　106,107
姻族　47,107
インターネット　62,65,179,180
インフォーマント　145-146
インフラ　6,154,155
陰陽五行　25,26
ウォブカイミン　54
ウシ　14-16,28,118-120,206
氏子　133
衛生　41,68,127
疫病　3
エスニシティ　105,172,173
エスノセントリズム　206
宴会　77,78,137,165
オーストラリア先住民　90
男らしさ　144-146,148,150
同じ釜の飯を食う　195
親子関係　90,92,93
オロコロ　11
音楽　86,186
音素　102
女らしさ　144,148

か　行

開発　7,8,16,20,54-57,63,64,
　168
家屋　4,38,142,154
核家族　94-96,98,99,110,184
学芸員　166,169,190
家系図　158
家事　98,148-150
火葬　126,127
家族　18,94,96,98-100,106,
　110,111,140,148-150,194,195
家畜　2,14-17,60,118,200
家畜化　2,14,17
カトリック　131
カナク　122
カマノ語　30
カリスマ　85
環境　2,4,17,32,64,154,190
換金作物　95,96
観光資源　190
慣習　132
慣習法　18,131
漢族　102,103,105,163,164
記憶　90,126,158,162,163,166,
　167,169
機械化　7,8
絆　110,112,113
キブツ　99
客体化　131-133
旧暦　33,34
教育　36,37,41,99,100,141,142,
　150,151,162,164,165,185,190,191
境界　122,173
教義　70,130
キョウダイ　74,94,95
共同体　13,77,108,177,195,199
経文　136,137
共有地　10
去勢　15
魚毒漁　10-13
漁民　172-174
漁撈　2,10,28,30
義理　48,111

き　行（右欄）

キリスト教　41,85,129-132
儀礼　12,34,47,48,70,93,95,96,
　118,120,130,136-138,144,145,
　186,187,206
儀礼的同性愛　144,145,147
記録　29,60,85,160,163,165-169
禁忌　24,106,108
近親交配　107
近親相姦　106
近代化　7,8,40,51,94,111,198,
　199
クウォス　119
供儀　48,118-120,123
国　106
供物　25,69,138
供養　128
クラ交換　46
クラン　11
クリー　10
グローバル化　17,99,101,185,
　209
グローバル経済　57
景観　7,8,52,191
携帯電話　56,182
系譜　53,103,104,163,164
穢れ　68,69,145
芥子　3,95,96
血縁　90,111,194,195
結婚　38,47,48,55-57,94,104,
　106,110,111,142,144-146,195,207
結婚式　119
権威　131,206
言語　29,76-78,80,81,84,136,
　138
健康　25,43,54,126,140,141,186
言語学　80-82
原始豊潤社会　63
原初論　173
減反　8,168
考古学　14,17
交叉イトコ　74
降神　137,138
構造　69,74,99,110,178,194

構造主義　156
構築主義　173
合同家族　94-96,99
口頭伝承（口承伝承）　139,
　160,164,165,167
高齢化　43,156,184,185,187,
　195
国営農場　199
互酬性　46
コスモロジー　71
戸籍　105,158
国家　10,15,17,19,36,40,51,59,
　105,119-121,149,159,202,205
孤独死　110
コミュニケーション　78,84,
　107,176,183,197
コミュニティ　105,156,186,187
コメ（米）　7,8,24,50-53,76,78
コモンズ　10,13
婚姻　47,104,106,107
婚姻規則　111
婚資　46,47,91,118
婚前交渉　142
コンドーム　140,142,143
コンバイン　7,8
婚礼　47,48

さ 行

災害　15,194,200
祭司　119-121,136-138
祭式　130
採集　2
採集狩猟　2
サイバー空間　176,177,179
作物化　2
酒　64,76-78,150
サツマイモ　28-31
残骨灰　126-129
参与観察　17
シェアリング　62,64,65
ジェンダー　4,136,139,140,
　143,144,146,148-151
ジェンダータブー　139
時間　32,33,35,38,47,52,64,
　72-75,184
識字　85
識字文化　84

識字力　84
自給自足　50,55,95,96,141
資源　10,13,19,32,51,54,55,57,
　63,65,193
資源人類学　190
仕事　6,36-39,47,54,57,100,111,
　122,123,148-150,156,157,190
市場交換　46,48
自然　16,33,54
始祖　163,164
自文化中心主義　206-208
資本主義　37,61,198
社会関係資本　53,195
社会構造　4,29,194
社会主義　16,59,61,149,198,
　199,201
社会統合　130
社会変容　15,19
弱者　184,185,187
瀉血　145
シャマン　136-139
シャマン祭司　138
シャン語　85
宗教　18,24,71,85,128,
　130-133,137,139
宗教的職能者　119,137
自由恋愛　109,144,145
呪術　11,12,139
主食　7,24,28,29,51
出自　103
呪文　87
首領　30
狩猟　2,10,11,28,54,63
狩猟採集　10,14,18-20,36,51,
　62,63,65,111
障害者　184
称号　73,201
上座部仏教　86,139
象徴　6,8,110,111,141,144,196
象徴性　178
常畑耕作　3,4
食生活　54
食文化　24,25,27
所有　11,51,58-62,64,168
所有権　128
人格　111,122
人権　207

信仰　34,130-133,136,160,178
人口支持力　3
人生儀礼　51
親族　39,55,75,90-93,101,107,
　110,120,126,129-131,144,146,
　160,163
親族研究　110,159
親族組織　90,103
親族名称　73-75
身体観　31,41,145
身体感覚　8,9,68,70,71
水上居民　160,173,174
スティグマ　92
姓　104
生業　2,4,14,36,37,174,177,199
性行為　140,142,143
聖書　85,86,132
成人儀礼　93,141,144,145
生態環境　29
生態人類学　154
青年団　195,197
性別分業　148,149
精霊　19,119,123
世界観　4,68-70,76,165,207,208
世界文化遺産　177,178
セクシュアリティ　140
世帯　4,15,29,91,94,99,100
セックス　106,140,144
宣教師　40,41,85,86
洗骨　126
葬送　51,126
想像の共同体　177
宗族　103,159,161
葬法　127,129
贈与　46,47,50,55,60
贈与交換　46-48
贈与物　52
族譜　159-161,163-165
祖先　30,75,93,96,106-109,
　131,158-160,163-165,178
祖先祭祀　25,75,178

た 行

太陰暦　34
大乗仏教　86
太陽暦　34
タイ・ルー　174,185

託宣　　136-138,186
他者　　21,64,65,106,111-113,
　122,123,160,179,193,206,208
タテ社会　　111
タバコ（煙草）　　38,146,148
タブー　　11,136
タロイモ　　28,29,54
男子小屋　　146,147
血　　90
地縁　　111,194,197
知識　　12,13,85,86,120,121,142,
　143,156,177,178,182
秩序　　10,13,18,68-71,93
血の穢れ　　120
茶　　34,38,39,60,76-78,119
中原　　160
朝鮮族　　98,100,101,148-150
調理法　　27
直系家族　　94,99
陳玲　　52
通過儀礼　　126
つながり　　90,100,107,
　110-113,161,187,194,197
定住　　2,4,14,17,19,20,119
ディンカ　　123
出稼ぎ　　3,4,37,98-100,149
適応　　17,28
テクスト（テキスト）　　86,
　139,158
テクノニミー　　73,103
テレフォルミン　　54
テワーダ　　11-13,28-30,73-75,
　141-143,145
電子メディア　　176
伝統　　34,40,42,51,54,86,97,99,
　101,105,111,119,139,148,151,161,
　179,182,185-187,191,199,206
等価交換　　50
道教　　136,137,139
道徳　　18,106,205
動物愛護法　　59
トゥルカナ　　28
都市　　4,8,9,16,37,61,94,96,
　98-100,105,108,110,111,127,
　129,154,185-187,191
土葬　　126,127,129
ドメスティケーション　　2,15,

17
トラクター　　7-9,156
トランス　　137
トランスナショナル　　98-100,
　191
土楼　　177,178
トロブリアンド　　46,90

な 行

名（名前）　　19,73,76,78,81,83,
　93,96,102-105,108,132,160,172
名付け　　102
ナーヤル　　99
難民　　108,118,119
日本民俗学　　166
乳茶　　59
女人禁制　　136,139
人称　　80-83
ヌエル（ヌアー）　　32,33,35,90,
　106,107,118-121,123,124,180-182
ネットワーク　　38,39,92,194,
　197
年中行事　　51
年齢階梯　　144,194-197
年齢集団　　144,194,195
農業機械　　6-8
農耕　　2,3,11,14,28,29,51,63
納骨　　127,129
ノマド　　14

は 行

輩字（輩行字）　　93,103,104
博物館　　17,52,57,190-193,201
バースコントロール　　15
客家　　164
パトロニム　　93
パトロノミー　　103
バナナ　　28,29,141
バリ　　68-71,73,75
パーリ　　86
ハワイ　　11
晩婚化　　110
東日本大震災　　113,194
引きこもり　　110
美術館　　192
ピジン語　　56
閩南　　164

フォークロリズム　　192
福祉　　184,186
父系　　94,96,103,108,164
父系親族　　93
不浄　　68,69,71,141
部族社会　　159,172
ブタ　　54-57
仏教　　86,127,129,132
物質文化　　15
フリ　　55,57,146
ブリコラージュ　　154-157
プリースト　　186
プロセス　　129,173,181
文化財保護法　　191
文化資源　　190-193
文化人類学者　　57,62,72,163,
　179
文化相対主義　　206,208,209
分家　　94,96
紛争・平和研究　　206
法（法律）　　5,18,20,51,59,127,
　128,130,202,203,205
方言　　80-83,86,174
法事　　130,133
放牧　　15
暴力　　20,112,207
卜占　　123
牧畜　　2,5,14-16,28,33,61,63,
　121,181,199,206
母語　　111
墓地　　84,127,129,163
墓地埋葬法　　129
ポップカルチャー　　176,192
ポピュラー文化　　184-187
伏日　　25

ま 行

マヌス　　11
ミエン　　3,4,47,48,90,91,94,96,
　136,137,139
未開社会　　72,163
ミニマリスト　　62
民族　　3,19,43,61,85,91,92,106,
　111,112,123,131,148,172-174,
　201,207-209
民族（的）アイデンティティ
　92,206

民俗学　51,167
民族誌　17,32,182
民俗生物学　90
民俗知識　179
民俗調査　166
無縁社会　110
無宗教　133
無文字社会　86,87
村八分　196
ムラブリ　19-21,63-65,111-113
名称　74,75
迷信　41,109
命名　93,104
命名体系　92,93
文字　14,21,84-87,104,142,
　158,160,161,163,165,177
文字社会　158
モノ　41,57-61,65,76,78,160,
　161

モヤイ　7
モラル　202,203,205
モンゴル　14-17,59-61,199-201

や・ら・わ　行

焼畑　2-4,19,94,96,137
ヤオ　3
ユイ　7
有蹄類　14
遊動　2,19,20,63
遊牧　14
用具論　173
養子　91-93
養取　91,107
予言者　132
夜這　47
ライフコース　37
ラフ　131,132
陸稲　3,9,96

リーダー　19,167
リニージ（リネージ）　11,103,
　159
琉球諸語　80
霊魂感　4
冷戦　13,198
霊媒　186
歴史　3,6-9,27,28,31,40,43,50,
　52,96,97,158-169,174,191-193,
　197,198,201
歴史学　41-43,163,166,167,199
レトロフューチャー　6
恋愛　106
老人クラブ　184
労働　7,36,58,100,149,151,156,
　186
労働観　36
ロシア人　200
若者宿　195

人名索引

あ　行

秋道智彌　10
アサド，T.　131
荒木飛呂彦　193
アーリ，J.　32,35
アンダーソン，B.　177
飯島渉　40
伊藤幹治　51
岩本通弥　166,167,191
エヴァンズ＝プリチャード，E.
　E.　32,33,35,118,159
小川さやか　36
オング，W.J.　84,158,160

か・さ　行

カー，E.H.　163
川田順造　85
川端康成　155
カンドレ，P.　91,92
ギアーツ，C.　72
きだみのる　203
グディ，J.　84
小西信義　156
サーリンズ，M.　36,46,51,62,63

ジンマーマン，E.W.　190
鈴木晃仁　40
スミス，W.C.　131
ソシュール，F. de.　77

た・な・は　行

陳玲　52
出口顕　102
中川理　203
ナロル，R.　172
西田正規　2
ノラ，P.　163
浜本満　181
バルト，F.　172,173
ヒューム，E.H.　41,42
フォーテス，M.　159
フリードマン，M.　159
古島敏雄　167
ブルーベイカー，R.　173
ポランニー，K.　46,51
ホール，E.T.　72

ま　行

マイルズ，D.　92
松村圭一郎　59

松本裕子　52
マードック，G.P.　99
マートン，R.K.　180
マリノフスキー，B.K.　46,
　203
ミード，M.　148
村上春樹　156
モアマン，M.　172,174
モース，M.　46,203
森田敦郎　7

や・ら　行

柳田国男　167,192,193
山田慎也　51
吉野晃　14
ラドクリフ＝ブラウン，A.R.
　130,131,203
リーチ，E.R.　33,172
リーンハート，R.G.　123
レヴィ＝ストロース，C.
　106,107,156
レッシグ，L.　177
レーナルト，M.　122
ロイトマン，J.　203
ロック，J.　58

著者紹介

(執筆順、＊は編者)

岩野　邦康 ＊（いわの　くにやす）（1-2，3-2，8-1，10-1）

東京学芸大学教育学部卒業、新潟大学大学院博士課程修了（単位取得後退学）。越後平野における低湿地農業の近代化に関わる民俗を研究。民俗担当の学芸員として新潟市歴史博物館の建設に関わったのち、2013年より新潟市新津鉄道資料館学芸員。／現職では「鉄分」の多い健康的な日々を送っているが、旧型車両を見るとテンションがあがるようになったのはダメな感じがしないでもない。

田所　聖志 ＊（たどころ　きよし）（1-3，2-2，3-3，4-2，7-2，7-3）

東京学芸大学教育学部卒業、東京都立大学大学院単位取得満期退学。博士（社会人類学）。東洋大学社会学部教授。著書に『秩序の構造——ニューギニア山地民における人間関係の社会人類学』（東京大学出版会、2014年）。地下資源開発による社会への影響、村落共同体と健康の関連を研究中。／パプアニューギニアの村でダメなこと。冷たい川での入浴。昆虫食。言いたい事を伝えるのに時々苦労する現地の言葉。課題は一杯だ。

稲澤　努 ＊（いなざわ　つとむ）（2-3，4-3，8-2，9-1）

東京学芸大学教育学部卒業、東北大学大学院環境科学研究科単位取得退学。博士（学術）。尚絅学院大学総合人間科学系准教授。主著に『消え去る差異、生み出される差異——中国水上居民のエスニシティ』（東北大学出版会、2016年）。／調査地から広州に戻って数日後、手先が痒くなり、顔が膨れ、左半身全体に発疹がでた。回復を願って食事をとり水も多く飲んで寝たが、翌朝には発疹は全身に広がっていた。「もうダメだ。死ぬかもしれない」と思ったわたしが珍しく病院で診察を受けると「マンゴーアレルギーですね」と診断された。食事と水と睡眠だけではダメだったのである。

小林　宏至 ＊（こばやし　ひろし）（2-4，5-4，8-3，9-2，10-4）

東京学芸大学教育学部卒業、首都大学東京（現・旧：東京都立大学）大学院博士後期課程単位取得満期退学。博士（社会人類学）。山口大学人文学部准教授。主著に『客家——歴史・文化・イメージ』（共著、現代書館、2019年）。／賭博場（カジノ）は世界中どこでも基本的に撮影禁止である。「表」の賭博場ですらそうであるのだから「裏」は言うまでもない。だがフィールドワーク中、どうしても好奇心を抑えきれず「裏」の賭博場を訪れ撮影をしてしまった。相手はプロである。すぐに発見され、わたしは「別室」に連れていかれた。あの時はさすがにダメかと思った。

中村　知子（なかむら　ともこ）（1-4，3-4，10-2，10-3）

東京学芸大学教育学部卒業、東北大学環境科学研究科博士後期課程修了。博士（学術）。茨城キリスト教大学、日本大学兼任講師。主著に『アジアの生態危機と持続可能性——フィールドからのサステイナビリティ論』（共著、アジア経済研究所、2015年）。／大学時代に吉野ゼミで学んだお酒がきっかけで酒愛好家となり、調査のツールとして酒を用いるように。失敗は数知れないが、中国で地方幹部と酒を酌み交わし共産党への本音で意気投合したのはいい思い出。そんなお酒への敬愛から昨年唎酒師となった。

二文字屋　脩（にもんじや　しゅう）（1-5，3-5，5-6）

首都大学東京（現・旧：東京都立大学）大学院博士後期課程単位取得満期退学。博士（社会人類学）。現在、愛知淑徳大学交流文化学部准教授。著書に『トーキョーサバイバー』（編著、うつつ堂、2022 年）、『人類学者たちのフィールド教育』（共編著、ナカニシヤ出版、2020 年）ほか。／古都チェンマイで吉野先生とシェアしていた家でのこと。床を雑巾掛けしようとしたが適当な布切れが見つからず、すぐ近くに落ちていた吉野先生の下着を使用。ちなみに使用したのは 2 枚。（先生、ごめんなさい）

八田　靖史（はった　やすし）（2-1）

コリアン・フード・コラムニスト。慶尚北道、および慶尚北道栄州（ヨンジュ）市広報大使。ハングル能力検定協会理事。東京学芸大学教育学部卒業。在学中の 1999 年より韓国に留学し、韓国料理の魅力にどっぷりとハマる。著書に『韓国かあさんの味とレシピ』（誠文堂新光社、2020 年）ほか多数。ウェブサイト「韓食生活」を運営。韓国料理全般を愛するが、ホンオフェ（発酵したエイの刺身）はいまだにダメ。

福士　由紀（ふくし　ゆき）（2-5）

東京学芸大学教育学部卒業、一橋大学大学院社会学研究科博士課程修了。博士（社会学）。東京都立大学人文社会学部准教授。専門は中国近現代史、東アジア医療社会史。主著に、『近代上海と公衆衛生——防疫の都市社会史』（御茶の水書房、2010 年）がある。／学部時代、吉野ゼミと同じ時間帯に開かれていた別なゼミに所属していたにもかかわらず、ゼミ終了後、吉野ゼミに飲みにだけ行っていたのは、今考えるとちょっとダメだったかもしれない……。

中野　麻衣子（なかの　まいこ）（4-1）

東京学芸大学教育学部国際文化教育課程卒業、一橋大学大学院社会学研究科博士課程単位取得退学。東洋英和女学院大学非常勤講師。文化人類学。インドネシア、バリ社会研究。／バリで調査を始めたばかりのころ、聞き取りのために家々を訪問すると、必ず最後にご飯を食べていけと言われるので食べていた。2 軒、3 軒と梯子し、3 軒目にはお腹一杯だったが、断るのは失礼と思い、無理して食べていた。だが、「ご飯を食べていけ」というのはただの社交辞令で、本当に食べるのは「貪欲」の烙印を押される行為だった。

下地　理則（しもじ　みちのり）（4-4）

東京学芸大学教育学部卒業、オーストラリア国立大学言語学科 Ph.D.。九州大学文学部准教授。専門は言語学。特に、消滅の危機に瀕した琉球語の記述、記録保存に取り組む。主著に、『南琉球宮古語伊良部島方言』（くろしお出版、2018 年）。／父の出身地である伊良部島長浜でフィールドワークをしていた時のこと。生まれて初めて、道の側溝に片足を突っ込んで豪快に寝ている酔っ払いを発見し、救助したところ、ちょっと絡まれた上に、結構近い親戚であることが判明したのであった。

片岡　樹（かたおか　たつき）（4-5，6-4）

九州大学大学院博士課程単位取得退学。博士（比較社会文化）。京都大学大学院アジア・アフリカ地域研究研究科教授。専門は文化人類学と東南アジア研究。著書に『タイ山地一神教徒の民族誌——キリスト教徒ラフの国家・民族・文化』（風響社、2007 年）ほか。／東京都内での研究会の帰りに中央線に乗り、立川で降りるはずが酔って眠りこけて目が覚めたら上諏訪だった。後日吉野先生にその話をしたら、「俺は小淵沢までだったのに」と言われ、心ひそかに勝利の余韻に浸ったものである。

李 華（り　か）(5-3，7-4)

東京学芸大学大学院教育学研究科修士課程修了、東北大学環境科学研究科博士後期課程修了。博士（学術）。現在、中国延辺大学副教授。主著に『中国朝鮮族社会の変動と家族生活』（共著、韓国学術情報、2015年）ほか。／2002年、留学2年目の私。「これはダメだ、きっとダメだろう」と躊躇しながら送り出した手書きの手紙に、ご丁寧に返信を下さった吉野先生。そして、そこから始まった私の人類学への道のり。やはりダメではなかった。人生すべての試しにはそれなりの意義があるのだ。

橋本　栄莉（はしもと　えり）(5-5，6-1，6-2，9-3，10-5)

東京学芸大学教育学部卒業、一橋大学社会学研究科卒業。博士（社会学）。現在、立教大学文学部准教授。主著に『エ・クウォス──南スーダン・ヌエル社会における予言と受難の民族誌』（九州大学出版会、2018年）がある。／フィールドノートがヤギに食べられた。下着がネズミに食べられた。私は蚊にたくさん食われた。大いに嘆き、苦情を申し立てると、南スーダン人に言われた。「ダメなのはお前だ。やつらが生きるためには仕方ないだろう。お前は本当に仏教徒か？」

杉田　研人（すぎた　けんと）(6-3)

東京学芸大学教育学部卒業、首都大学東京（現・旧：東京都立大学）大学院博士前期課程修了。修士（社会人類学）。ジャーナリスト、編集者。／取材後に「あの話だけはやっぱりダメ、書かないで」と請われることがある。書くべきか、書かざるべきか。どちらの選択がダメなのかはケースバイケースだが、取材対象者の思いを優先することの方が多い。どこにも出せない（出ない）エピソードが蓄積していく。これらを抱えたまま、私もいずれ焼かれて骨になるのだろう。

駒木　敦子（こまき　あつこ）(8-4)

東京学芸大学教育学部卒業、埼玉大学大学院文化科学研究科修了。富士見市立難波田城資料館学芸員を長年勤め、2021年より富士見市立鶴瀬公民館主査。／私は"国際人育成"を標榜する新課程に入学したものの、英語の習得がダメだった。その代わり国内での民俗調査に目覚めた。共同調査では十数名が寝食を共にする。某村で借りた施設には電気炊飯器がなく、後輩の女子がガスコンロとアルミ鍋でご飯を炊いた。私は自分のダメさ加減を痛感し、就職後、古民家イベントでのカマド炊きに精を出している。

馬場　雄司（ばば　ゆうじ）(9-4)

名古屋大学大学院文学研究科博士後期課程単位取得退学。京都文教大学総合社会学部教授。専門は、文化人類学・東南アジア地域研究・民族音楽学。著書として『海辺のカラオケ、「おやじ」のフォーク』（風響社、2011年）など。／北タイ農村で、バイクで高僧を訪ね交通事故防止のお守りを授かった帰路、坂道で転倒し怪我を負った。「事故を起こすお守りではないか！」と怒ると、村人たちは、「お守りのおかげでその程度ですんだ」「なかったら死んでいた」と言った。失敗して初めてわかった、人々のポジティブな考え方である。

監修者略歴

吉野　晃（よしの　あきら）（1-1, 3-1, 5-1, 5-2, 7-1）
東京都立大学大学院博士課程単位取得退学。博士（社会人類学）。東京学芸大学名誉教授。専門は社会人類学、ミエン（ヤオ）研究。著書に『ミエン・ヤオの歌謡と儀礼』（共著、大学教育出版、2016 年）、『東南アジア大陸部――山地民の歴史と文化』（共著、言叢社、2014 年）など。／阿佐ヶ谷で酔っ払って電車で寝込み、朦朧としたまま電車を乗り継いでまた寝込み、小淵沢まで行った超乗り過ごし（片岡氏には負けたが）のような、酒に酔っ払った末のダメなエピソードは数え切れない。

ダメになる人類学

2020 年 3 月 31 日	初版第 1 刷発行
2020 年 9 月 25 日	初版第 2 刷発行
2022 年 2 月 10 日	初版第 3 刷発行
2023 年 9 月 15 日	初版第 4 刷発行

監　修　吉野　　晃

編　者　岩野　邦康

　　　　田所　聖志

　　　　稲澤　　努

　　　　小林　宏至

装　画　なかむらるみ

発行者　木村　慎也

定価はカバーに表示　　印刷・製本　日本ハイコム株式会社

発行所　株式会社　北樹出版

〒 153-0061　東京都目黒区中目黒 1-2-6
URL：http://www.hokuju.jp
電話（03）3715-1525（代表）　FAX（03）5720-1488